『経営組織』の体系図

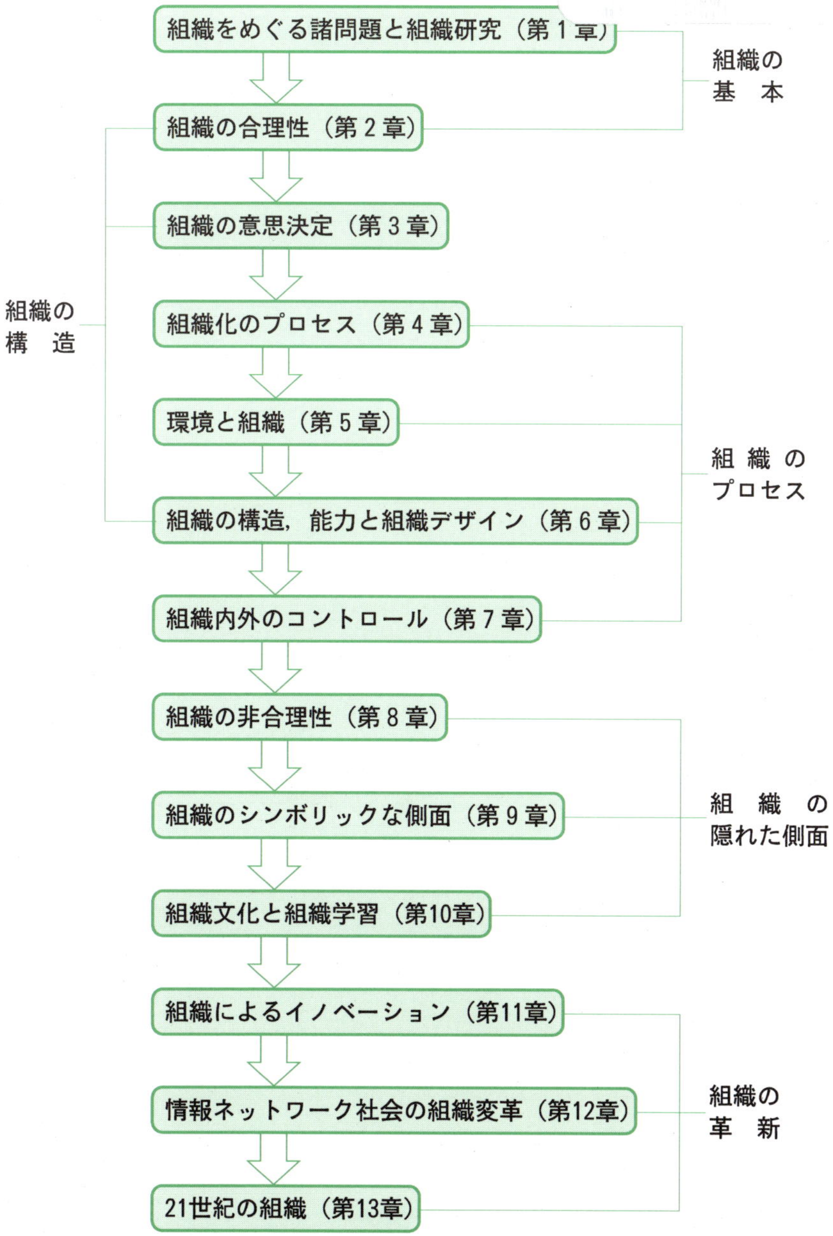

- 組織をめぐる諸問題と組織研究（第1章） ―― 組織の基本
- 組織の合理性（第2章） ――┐
- 組織の意思決定（第3章）　│
- 組織化のプロセス（第4章） ――┐
- 環境と組織（第5章）　　　　　│組織の構造
- 組織の構造，能力と組織デザイン（第6章） ――┤組織のプロセス
- 組織内外のコントロール（第7章）
- 組織の非合理性（第8章） ――┐
- 組織のシンボリックな側面（第9章） ――┤組織の隠れた側面
- 組織文化と組織学習（第10章）
- 組織によるイノベーション（第11章） ――┐
- 情報ネットワーク社会の組織変革（第12章） ――┤組織の革新
- 21世紀の組織（第13章）

21世紀経営学シリーズ 4

経営組織

大月　博司　編
高橋　正泰

学文社

執 筆 者

＊大月	博司	早稲田大学	（第1章，第11章，第12章）
青木	克生	関東学院大学	（第2章，第10章）
稲垣	保弘	法政大学	（第3章）
西本	直人	明治大学	（第4章）
牛丸	元	明治大学	（第5章，第7章）
藤田	誠	早稲田大学	（第6章）
前田	東岐	小樽商科大学	（第8章）
＊高橋	正泰	明治大学	（第9章，第11章，第13章）

（執筆順：＊は編者）

読者へのメッセージ

　社会における多様な分野で組織化が進んだ20世紀において，組織現象の解明が科学的に試みられてきた。とりわけ，組織の成立，成長，発展などのメカニズム解明に関しては一定の成果を収めてきた。とはいえ，情報ネットワーク化とグローバル化が進展する21世紀に入り，組織は次々と新たな問題に直面することになり，組織問題への関心とその解明への期待がますます高まっている。

　本書は，いろいろな角度から21世紀における経営組織の諸問題や考え方について検討することによって，組織研究の面白さとともに，経営学的な発想を身につけてもらうことを意図している。そのため本書は，組織論の基本的な考え方はもちろん，組織研究の動向が反映されるように，組織の構造，プロセス，隠れた側面，組織の革新といった組織の諸論点を中心に，全13章から構成されている。

　組織研究の発展は，組織の直面する諸問題を解明しようとした先駆者の歴史ともいえよう。そこで本書ではまず，なぜ組織研究が必要とされ発展してきたかを理解するために，組織の諸問題と組織研究（第1章）の関係が明らかにされる。

　組織の構造的な側面は，現実の組織がどのような仕組みで構成されているか，という基本的なメカニズムをとらえるものであり，具体的には，組織の合理性（第2章），組織の意思決定（第3章），組織の構造，能力とデザイン（第6章），の各章で検討される。

　組織のプロセス的な側面は，現実の組織活動がどのように運営されているかという観点から組織をとらえようとするものであり，組織化のプロセス（第4章），環境と組織（第5章），組織の構造，能力とデザイン（第6章），組織内外のコントロール（第7章）などの論点から明らかに

される。

　組織の隠れた側面については，客観主義的な分析が組織研究の主流を占めてきたため従来あまり問題とされなかった。しかし，それは外部から容易にみえないが組織活動の中核をなすものであり，組織の理解をするために避けて通れない側面として，近年注目を集めるようになってきている。本書では，組織の非合理性（第8章），組織のシンボリックな側面（第9章），組織文化と組織学習（第10章）の観点から，その実体と内容が検討される。

　組織の革新については，環境変化との関連で問われるようになってきた経緯があるが，本書では，組織が競争優位性を確保するために行なう多様な行動側面に焦点をあて，組織によるイノベーション（第11章），情報ネットワーク社会の組織変革（第12章），21世紀の組織—ポストモダンの組織論—（第13章）の観点から明らかにされている。

　本書の執筆者はいずれも，新しい組織論の構築に興味をもつ経営学者である。本書を通じて，読者が，21世紀という新しい時代（グローバル化や情報ネットワーク化の進展）に即した経営組織の基本的な論点を十分に学習・理解し，経営組織を研究する面白さを発見するとともに，さらなる専門的研究への挑戦意欲が高まることを期待するものである。

　本書がようやく完成にこぎつけられたのは，執筆者の協力はもちろん，学文社の田中千津子社長の配慮ある調整作業をはじめ，同社スタッフの手際良い編集作業があったからにほかなく，心より感謝する。

2003年7月

大月　博司
高橋　正泰

第1章　組織をめぐる諸問題と組織研究 …………………………… 1

1　組織のとらえ方　2
2　環境変化と組織研究　4
3　組織研究の発展　6
4　組織をめぐる諸問題　9

個人行動と組織行動　9／　組織の分析方法と諸問題　12

第2章　組織の合理性 ……………………………………………… 17

1　合理性と非合理性　18
2　合理性概念についての検討　19

目的合理性と価値合理性　19／　形式合理性と実質合理性　21

3　組織の合理性についての理論モデル　22

伝統的組織論の理論モデルとその限界　22／　近代組織論の理論モデルと組織均衡　24／　組織の環境適応とトンプソン・モデル　26

4　日本企業の合理性と非合理性　31

日本企業の合理的側面　31／　日本企業の非合理的側面　33／　合理性のロジックと今後の課題　35

第3章　組織の意思決定 ―「意図せざる結果」をめぐって― …… 39

1　サイモンの直観論　40

サイモンのいう「直観」　40／　チェスのゲームから　40

2　意思決定と「制約された合理性」　42

意思決定への関心　42／　「制約された合理性」の意味　43

3　意思決定と階層的秩序　44

目的と手段の体系　44／　目的体系の階層性　45

　4　2つの「意図せざる結果」　46

　　　2つの過程の存在　46／　意図せざる結果の発生　47

　5　目的の先与性への疑問　48

　6　意思決定の「ゴミ箱モデル」　49

第4章　組織化のプロセス　………………………………………　53

　1　ものごとのあり方とプロセス　54

　　　プロセスの意味　54／　「ある」とは，どういうことか　56

　2　組織のあり方　58

　　　実体的組織観　58／　目的論的組織観　59／　組織の構成要素としての相互行為　60

　3　組織とそうでない相互行為　62

　　　両者を区分する基準　62／　組織の3特性　63

　4　そして意味の世界へ　64

　　　多義性の削減　64／　組織のシンボリックな局面　66／　バケツリレーのメタファー　67／　流れと河床　68

第5章　環境と組織　………………………………………………　73

　1　オープン・システムとしての組織　74

　2　環境と組織との関係　75

　　　組織のコンティンジェンシー理論　75／　バーンズとストーカーの研究　76／　ウッドワードの研究　77／　ローレンスとローシュの研究　79

　3　環境適応の論理　80

　　　トンプソンの不確実性削減パラダイム　81／　情報処理パラダイム　84

　4　組織・戦略・環境の関係　86

　　　戦略と組織　86／　組織の主体性と戦略的選択アプローチ　87／

5　新たな分析視点の提示　　87

第6章　組織の構造，能力と組織デザイン　……………………　91

　　1　組織構造のとらえ方　　92

　　専門化・分業　92／　部門化　92／　標準化　93／　公式化　93／　分権化　94

　　2　経営資源と組織能力　　94

　　経営資源の概念　95／　経営資源と組織能力　97／　組織能力の階層性　99

　　3　組織能力と組織デザイン　　100

　　組織デザイン　100／　組織能力測定に関する先行研究　101／　経営資源，組織能力と組織デザイン　102

　　4　知識と組織デザイン　　104

　　5　まとめ　　105

第7章　組織内外のコントロール　……………………………　109

　　1　組織均衡と組織のコントロール　　110

　　組織均衡　110／　組織のコントロール　111

　　2　不確実性の削減　　111

　　対外コントロール　112／　対内コントロール　112

　　3　資源依存関係の解消　　114

　　対外コントロール　114／　対内コントロール　115

　　4　取引コストの最小化　　117

　　対外コントロール　117／　対内コントロール　118

　　5　正統性の獲得　　119

　　対外コントロール　120／　対内コントロール　120／　おわりに　121

第8章　組織の非合理性 ………………………………… 125

1　組織における非合理的要素　126

組織の構成要素　126／　事業部制組織における過度のシステム化と合理化　127／　非合理的な要素の機能　127

2　組織の運営における非合理性　129

マネジャーの求める情報　129／　マネジャーの仕事の現実　130／　非合理的な経営戦略　131／　「ゆとり」と非合理性　134

3　組織構造の非合理性　135

「ゆとり」をもつ組織構造　135／　前提条件〜「個人の確立」と「組織の文化」〜　136／　官僚制と非合理性の意義　137

第9章　組織のシンボリックな側面 ……………………… 141

1　シンボリックな側面への注目　142

組織のシンボリックな研究の重要性　142／　シンボルの意味　143

2　組織のシンボリック・アプローチ　145

構造的アプローチ　145／　ヒューマン・リソース・アプローチ　146／　ポリティカル・アプローチ　147／　シンボリック・アプローチ　147

3　「シンボリック・システム」としての組織　148

4　管理者のシンボリックな役割　150

管理者に関する諸研究　151／　シンボリック・アクションとしての管理　154／　シンボリック・マネジャーとしての管理者　155／　管理者のシンボリックな役割の重要性　158

5　組織のシンボリックな側面の重要性　159

第10章　組織文化と組織学習 ……………………………… 165

1　組織と人の価値観　166

2　トンプソン・モデルの限界と残された課題　167

トンプソン・モデルの限界　167／　組織論に残された課題　168

3　組織文化論の意義と限界　169

　　日本企業の躍進と「強力な企業文化」　169／　シャインの組織文化論　171／
　　組織文化論の意義と限界　172

　4　組織学習と主体的環境適応　173

　　組織学習論の意義と初期的な研究　173／　組織学習とルーティン　175／　組織
　　学習プロセスと情報解釈　176

　5　社会的構築主義と組織論　178

　　社会的構築主義の特徴と組織論　178／　組織学習と実践共同体　180

　6　新しい管理のあり方の模索　181

第11章　組織によるイノベーション　……………………………… 185

　1　イノベーションの意味　186

　2　イノベーションのとらえ方　187

　　イノベーションの種類　187／　漸進的イノベーション　189／　破壊的イノベーション　190

　3　イノベーション・ダイナミクス　191

　4　組織のイノベーション創出メカニズム　195

　　組織におけるイノベーション　195／　組織のイノベーション特性　198／　イノベーション・ストリーム　199／　イノベーションによる成功のワナ　201

　5　組織能力とイノベーション　202

　6　組織の知識創造とイノベーション　204

第12章　情報ネットワーク社会の組織変革　……………………… 209

　1　情報ネットワーク社会の到来　210

　2　組織の編成原理と組織形態の発展　211

　　組織の編成原理による構造化　211／　組織形態の多様化　216

　3　組織変革モデルの展開　218

　　環境適応としての組織変革　219／　組織変革の断続的均衡モデル　222／　組織

変革の継続性モデル　225

　4　新しい組織形態の探求：階層システムを超えて　227

第13章　21世紀の組織—ポストモダンの組織論—　233

　1　プレモダン，モダン，そしてポストモダンの世界　234

　　　プレモダンの世界　234／　モダンの世界　235／　ポストモダンの世界　236

　2　組織を理解するためのパラダイム　236

　　　社会科学のパラダイム　236／　組織のパラダイム　240

　3　機能主義的組織論から解釈主義的組織論へ—ポストモダンへのシフト—　243

　4　「ポストモダニズム」が意味するもの—ポスト構造主義と社会構成主義を中心にして—　246

　　　社会構成主義の組織論への展開　248

　5　新たな組織と研究　250

　　　組織の概念的タイポロジー　250／　組織の新しいモデル　252／　フロントエンド／バックエンド構造組織—高付加価値型企業—　254／　新しい組織タイプの特徴　255

　6　むすび—21世紀の組織への展望—　256

　索　引　261

第 1 章

組織をめぐる諸問題と組織研究

本章のねらい

本書のスタートとして，組織論の基礎と問題領域などを明らかにするが，組織研究の重要性を学習してほしいと考えている。本章を学習すると，以下のことが理解できるようになる。

① 組織とはなにかということに関連して，組織のとらえ方
② 環境変化にともなう組織研究の領域拡大
③ 組織研究の主な潮流
④ 個人行動と組織行動の関連性
⑤ 組織行動の変化と研究方法

1 組織のとらえ方

われわれの生活は，組織とのかかわりを抜きにして不可能である。生まれてから死ぬまで，朝起きてから夜寝るまで，また睡眠中でさえ，組織活動そのものや組織活動の産物に依存せざるをえなくなっている。

すなわち，われわれの生活のほとんどは，一方でなんらかの組織に属するとともに，他方で**企業組織**の生み出した製品やサービス，**行政組織**のサービスの恩恵にあずかっている。もしわれわれの世界から組織がなくなれば，それは大変なことになろう。

組織とはなにか。概してその実態は，われわれの目にはとらえにくいものといえる。企業の本社ビル，工場，市役所の各部局，中央官庁の役人など，組織の構成要素を実感し，目でとらえることは可能であるが，組織全体像をとらえるのは容易でない。

ただ，組織が存在していることは，われわれが共通して認識できるため，組織についていろいろなとらえ方が試みられてきたわけである。たとえば，組織を目標達成の手段とみなすとらえ方，組織を構成要素の関係性とみなすとらえ方，組織をシステムとみなすとらえ方，組織を資源の塊とみるとらえ方，組織を社会的関係としてみるとらえ方など，その考え方・とらえ方は，多様である。

そうしたなかで，それぞれのとらえ方で共通している組織の側面は，「個人では達成不可能な目標を複数の人びとが協働して実現するシステム」という点である。このとらえ方に含まれる組織の特徴は，① 目標，② 複数の人びとの協働，③ システム，である。組織は建物やルールそのものではない。

組織は，目標達成のため複数の人びとから構成され，しかも人びとの相互関係で成り立っている。それゆえ，人びとが相互作用により，目標

達成を実現する基本的な機能を協働システムによって果たすとき，組織が存在することになる（バーナードは，組織の成立要件として，① 共通目的，② 貢献意欲，③ コミュニケーションをあげて，このうちひとつでも欠けたら組織が成立しないことを明らかにしている）。

組織をこのようにシステムとしてとらえる場合，当然，システムを構成する要因間の関係が問題となる。と同時に，システムのクローズド性とオープン性も問題となる。

クローズド・システムは，環境の影響を受けない，自己完結的で，閉鎖され，外部の世界から隔離されている，というシステム特性を表すものであり，現代の組織像としては納得のいかないところが多い。とはいえ，組織が研究され始めた20世紀初期には，組織内部のシステムに焦点がおかれたため，組織は，外部環境の影響を受けないクローズド・システムとみなされた経緯がある。

一方，**オープン・システム**は，環境との相互作用を特性とするシステム観であり，環境から資源をインプットし，それを処理・加工した後，アウトプットとして環境に提供する，という図式で描かれる。企業組織についていえば，存続するために，マーケット環境と相互作用するオープン・システムにならざるをえない。

しかし，現実の組織を詳細に分析してみると，必ずしもすべてオープン・システムだとは断言できない。なぜなら，組織には**コア・テクノロジー**（core technology）とそれを環境の影響から守るバッファーゾーン（緩衝部分）が存在しているからである（Thompson, 1967）。組織には，環境の影響をうけないクローズド・システムのロジックと環境の影響を受けるオープン・システムのロジックが並存せざるを得ない。

組織という言葉が氾濫しているなかで，「組織とはなにか」という問いに，誰でもが納得のいく答えを直ぐにだすことは容易でないようだ。しかし，組織を理解することは，それがわれわれに大きな影響を与える

という点からいっても，きわめて重要なことである。

　組織を理解するために，組織研究の蓄積を振り返ってみると，いままでみえなかった組織の役割や本質がみえてくるであろう。組織は，社会において多様な役割を果たしているが，その代表的なものをあげれば，以下のようである。

① 仕事の効率性向上
② イノベーション（創造性）の実現
③ 情報ネットワーク技術の活用
④ 価値創造
⑤ 希少資源の活用

環境変化と組織研究

　21世紀になり，企業組織をとりまく環境の変化はますます激化し，不透明感を増している。マーケットのグローバル化が促進されるとともに競争が激しくなり，先が読めない状況になったといえる。

　わが国の場合，企業環境は，戦後一貫して経済の右上がりといったある程度先がよめる環境状況のもとにあった。しかし，1990年代初期のバブル経済の崩壊，さらに情報ネットワーク化とグローバル化の進展，通信技術や遺伝子工学技術のイノベーションなどによって，企業の環境状況は従来と比して一変し，不透明で複雑化の様相をますます示している。そのため，環境変化のなかで**競争優位性**を確保しようとする企業組織は，ますます未知の問題に直面し，それに対する組織的対応が必須の懸案事項になっている。

　こうした実状の反映は，エレクトロニクス業界を始め，多くの業界でみられるところである。たとえば，戦後一貫して成長路線を歩んできた**松下電器**でさえ，1990年代後半から急激な業績不振に陥り，企業の生き

残りをかけた戦略転換を余儀なくされた。それは,家電メーカーからエレクトロス・メーカーへの脱却を図るものであり,松下の成長路線を支えてきた事業部制の見直しという組織の大変革をもたらすことになった。

マーケットが情報化やグローバル化進展の影響によって変貌したことに対して,組織は**規模の経済**や**範囲の経済**を求めるばかりでなく,イノベーションを起こせるような**組織能力**の開発がより求められるようになったのである。家電メーカーの多くが,グローバル・マーケットにおいて,規模の経済を実現しようとした拡大路線をとると同時に,製品開発に邁進してきたのは,まさにそうした事情からである。

松下電器のような大規模化した組織の戦略転換とその行動は,社会に大きな影響を及ぼすことになる。それは当然として,多くの組織が,それぞれの事業分野で,グローバル化の流れに適応しようとした戦略転換とその実施を図る組織デザインを模索しているが,その内容はどのように理解できるのか。このような組織行動の変化が,組織研究の領域を拡大するとともに,その重要性をますます高めている。

こうしたことを踏まえて現代の組織研究の内容は,おおざっぱに識別すると,以下のようにとらえることができよう。

① 組織が組織メンバーにおよぼす影響
② 組織メンバーの特性および行為が組織におよぼす影響
③ 組織のパフォーマンスと存続メカニズム
④ 環境と組織の相互作用
⑤ 組織の戦略的マネジメント
⑥ 組織間関係
⑦ 組織の認識論と方法論
⑧ 組織の知識創造(イノベーション)

これらは,組織のミクロ問題とマクロ問題に区分することもできるが,いずれにせよ組織については多面的な研究が可能であり,理論面におい

て広がりをもっている。また，実践面において，組織には**成功のワナ**が内在化しており，成功した企業組織が同じやり方を踏襲したがため，急激に業績を低下させることがよくみられる。こうした点は，組織の理論と実践が一致しないことを示している。

組織研究の発展

このように，組織は多面的な役割や側面をもっており，現代の組織研究は多様化している。しかし本格的に組織研究が始まったのは，20世紀の初期からであり，たとえば，ドイツの**ウェーバー**（Weber, M.）は官僚制組織の研究によって，階層（ハイアラーキー）型組織の有用性を理論的に明らかにした。またフランスの**ファヨール**（Fayol, H.）は，経営と管理の違いを明らかにしたうえで，分業，権限と責任，規律，命令の統一などといった管理原則を通じて組織の秩序が保てるとした。

さらにアメリカでは，**テイラー**（Taylor, F.W.）が，タスク（課業）管理を軸とする**科学的管理法**（scientific management）を展開するなかで，計画と執行の区分を意図する計画部の設置を主張し，組織の効率的運用に欠くことのできない実践的指針を提供した。科学的管理法は，本来，工場レベルの合理的管理を目指したものであったが，仕事の合理化を組織的に実現するという点で，組織研究の可能性を示唆したものといえる。

そして**フォード**（Ford, H.）は，自動車の大量生産システム（流れ作業方式と部品の標準化）を確立するなかで，組織活動の合理性向上を飛躍的に高め，組織活動の場において理論の実践的適用が可能なことを実証している。

1930年代に登場した**人間関係論**（human relations）は，組織論そのものを扱ったものではなかったが，組織現象において当時はまだ認識さ

れていなかったインフォーマルな組織の存在や**ホーソン効果**（ヒトは注目されることによって喚起される）を明らかにし，組織研究の発展に大きな影響を及ぼしている。その後，科学的管理法による合理性の追求と人間関係論における人間性の追求の同時実現という観点から，**バーナード**（Barnard, C.）が近代組織論とよばれる画期的な組織モデルの構築を試みて，組織研究の発展に大きな貢献をはたした。

　バーナードは，組織における合理性のロジックと人間性のロジックの統合を図り，組織の存続メカニズムを外部均衡と内部均衡の観点から描き，それを**誘因－貢献理論**として展開している。組織の存続には，組織メンバーが組織目的を受け入れ，組織活動に貢献し続けることが必要となる。組織メンバーの貢献に対して，大きな誘因が提供されなければならない。組織が提供する誘因は，個々人に特定化された特殊的誘因（報酬，昇進，仕事環境など）と一般的誘因（良好な人間関係，コミットメントなど）の2種類がある。しかし一方で，ファヨール以来の発想に基づく**組織原則**の探求も相変わらず行なわれ，その成果はブラウン（Brown, A.）による組織原則論に結実している。

　バーナードによる独自な組織観は，その後，サイモン（Simon, H.）らに影響を与え，近代組織論として理論的な発展が図られた。こうして，一方で経験則としての組織原則論が生き残るなかで，科学的分析としての組織論に発展したのである。しかし1960年代に入ると，現実の組織において不確実な環境問題がクローズアップされるようになり，組織の問題は環境との関係で考えざるをえなくなった。こうした状況で登場したのが組織の**コンティンジェンシー理論**（contingency theory）である。

　組織のコンティンジェンシー理論は，**ローレンス**と**ローシュ**（Lawrence & Lorsh, 1967）によって名づけられたが，その基本的な発想は，「**状況の法則**」（Follett, 1942）に遡ることができる。環境が異なれば，組織構造もそれに対応する必要があることを実証したのは，**バーンズ**と**ストー**

カー（Burns & Stalker, 1961）である。彼らは，安定した環境では**機械的システム**，不安定な環境では**有機的システム**が適合することを明らかにしている。

その後，**ウッドワード**（Woodward, 1965）は，「異なる技術環境には異なる組織形態が必要」と主張し，① 単品・小バッジ生産技術ならば，有機的システム，② 大バッチ・大量生産技術ならば機械的システム，③ 装置生産技術ならば有機的システム，という図式に組織が適合すれば，高業績を確保できることを実証している。また，アストン大学の研究グループは，組織と規模の関係に関する研究で，規模の相違によって好業績を確保する組織のあり方が異なることを実証している。

こうした一連の研究を背景に，ローレンスとローシュは，環境の異なる3つの産業（プラスチック，食品，容器）における組織と環境の事象分析を行ない，組織の**分化**と**統合**のパターンと環境の不確実性に応じた組織構造のあり方を明らかにしている。そして結論として，組織デザインにおける「唯一最善の方法」がないことを実証している。

一般に研究といえば**普遍理論**が志向されていた研究動向に対して，コンティンジェンシー理論は，いわゆる**中範囲理論**の有効性を主張するものであり，組織が好業績をあげるには，組織と環境の関係，組織とコンテクスト（技術，規模など）の関係に一定のパターンがあることを理論化し，実証しようとするものである。

コンティンジェンシー理論の特徴は，「もし組織が所与の環境に適合すれば，その組織は高い成果を上げる」という命題を具体化したもので，If-Then 関係の蓄積である。そのため，同じような問題状況に解を与えられる実践的性格を有している。また，コンティンジェンシー理論は，環境に組織業績が依存するという点から**環境決定論**の性格を有し，しかも分析可能という点で，機能主義的なモデルを志向したものといえる。

1960年代から1970年代にわたって，コンティンジェンシー理論は，い

ちゃく組織研究の表舞台に登場し，多くの研究者を引きつけるようになった。しかしながら，コンティンジェンシー理論は，主体性のロジックが欠如しているという点から，次第に批判も出てくることになった。

なかでも，チャイルド（Child, J., 1972）による**戦略的選択論**の主張は，その後，ネオコンティンジェンシー理論として，コンティンジェンシー理論を越えるモデル展開の道を開いた。その趣旨は，「組織は環境によって，その組織構造が決定されるという受動的な立場にあるのではなく，環境に積極的に影響を及ぼすパワーを有しており，環境をみずから実現する」という立場に立脚している。組織研究において，環境決定論と戦略的選択論をどのようにとらえるかをめぐる論争は，現代的な課題でもある。

70年代までの組織研究を振り返ってみると，環境との関係も分析するということで領域を拡大してきたといえるが，研究対象は個別組織が中心であった。ところが，組織の問題は，とりわけ企業活動の多角化，グローバル化の進展を背景に，個別組織を対象とするミクロレベルの問題だけでなく，組織間の問題を含むというマクロレベルの議論も必要になった。

具体的にいえば，戦略論と組織論の融合，組織間関係，ネットワーク組織，組織変革，組織のイノベーションなどの議論である。1980年代以降の組織研究は，組織現象とのかかわりをも視野において展開されているのである。しかも，組織の社会における重要性が認識されるにしたがい，研究の内容も高度化しつつあるといえる。

4 組織をめぐる諸問題

個人行動と組織行動

　組織の存続は，組織が目標達成を継続できる場合に実現する。だが，この目標達成を図る組織行動は，組織内外の環境変化の影響をうけるため，そうすんなりうまくいくとはかぎらない。たとえば，**パラダイム変革**を起こすような技術イノベーションが起こると，組織は大きな影響をうけ，既存の組織行動様式を変容せざるをえなくなる。

　そこで，問題なのは，組織行動の変化を企てることは容易であるが，それを実現するには困難をともなうという点である。技術変化は，組織行動を変化させるきっかけとなるが，それを効果的に実現できる裏づけがないのが実状である。

　元来，組織研究は，合理性を実現する組織のメカニズムやあり方を探求することが中心であり，近代合理主義が立脚する科学的知識・真理の発見を志向したものであった。この近代合理主義の特徴は，客観性，普遍性，要素還元主義として整理できるが，そうした立場に立脚する組織研究は，複雑な組織現象も**機能主義的分析**を行なえば，リニア（線形的）にとらえることが可能であるとし，いくつかの要素に還元してそれを因果関係図式で定式化してきた。

　しかし，環境の変化とともに，組織行動が複雑性を増すにつれ，合理性とは整合しない非合理的な行動の側面がクローズアップされることになり，組織の問題において非合理性をもたらす人間の問題が避けられないことが明らかになった。

　組織行動は，個人の意思決定をベースにした問題解決行動として理解される。そして，組織内では，こうした一連の個人行動を通じた学習結

果として，行動のルーチン化が組織において進められ，一定の問題に対してはルーチン的な処理によって組織行動の合理性を高める傾向がある。

だが，ここで問題となるのは，個人の（意思決定）行動と組織の（意思決定）行動の関係である。個人行動が組織行動の原因になるのは明らかであるが，すべての個人行動が組織行動に転換されるとはかぎらない。しかも，意思決定には，組織によってルーチン化された意思決定とルーチン化できない意思決定，**最適化意思決定**と**満足化意思決定**など，その種類をめぐっていろいろな議論がある。

また，合理的な意思決定に対する**意図せざる結果**が現実によくみられる。そして，この問題も，個人行動と組織行動の関係が複雑なことをあらわしている。

たとえば，今日の組織行動をみると，ひと昔前であったら考えられないようなことが日常的に起こっている。生き残りをかけてライバルどおしが手を結ぶ**戦略的提携**（日立と松下の提携など），持ち株会社を利用した経営統合，新しい事業分野への進出をもくろむM&A，仮想マーケットでビジネスを展開するヴァーチャル企業，組織のあり方を問うガバナンス問題，年功制を見直す雇用システムの変貌などである。しかし，これらが経営陣の意思決定に基づくものとはいえ，意図したとおりにうまくいくとはかぎらないのである。

いうまでもなく，組織の**合理性追求**は，今日でも依然として主要な課題である。それは，TQC（トータル・クオリティ・マネジメント），**リエンジニアリング**，SCM（サプライ・チェーン・マネジメント），**シックス・シグマ**といった合理性追求の手法がつぎつぎと開発されていることからも明らかである。

しかも，現代の組織が抱える課題は，合理性追求にとどまらず，人間性や社会性の追求，創造性（イノベーション）の追求など，組織が解決すべき問題は多様化の傾向にある。そして，それぞれについて，合理性

の場合と同じように，理論面と実践面から研究が行なわれている。

たとえば，社会性の追求問題は組織の社会的責任論や倫理論として，創造性の問題については，企業の**競争優位性確保**に必要なイノベーション論として展開されている。イノベーションの創出とマネジメント問題は，とりわけ組織の現代的課題といえる。

組織の分析方法と諸問題

現代の組織研究では，環境変化にダイナミックに適応する組織に求められる課題の増大を背景に，多様なアプローチが展開されている。しかし，ダイナミックな組織現象を分析するためには，とくに組織行動の変化にかかわる**組織プロセス**（インプットした経営資源を処理・加工し，価値のある製品・サービスを生み出す一連の流れのことであり，具体的には，組織メンバーの相互作用，協調，コミュニケーション，意思決定のパターンなどをさす）に着目することが必要である。そうすれば，これまでみえなかったダイナミックな組織の側面がとらえることができるし，環境変化がもたらす新たな問題の対応策を得る可能性が広がるのである。

また，環境変化が激しさを増し，組織の適応パターンが意味をなさなくなったため，研究の焦点は静態的でなく動態的，部分的でなく総合的，孤立的でなく相互関連的な側面に，移行しつつある。このことは，環境変化に即した**組織デザイン**と，そのマネジメント体制の構築が改めて問われることを意味し，しかも環境変化をもたらす時間要素をいかに扱うかが重要なポイントになってきたといえる。時間経過を前提とした場合，環境の不透明感が増すことになり，組織はどのように対処したらいいのだろうか。そのメカニズムはどのようになっているのか。

予測ができないような環境変化のなかで組織が存続するには，基本的に環境変化に適応できる組織システムの構築が必要である。これは，不透明な環境変化に対応するメカニズムを明らかにする動態的な環境適応

図表1-1 組織のみえる部分とみえない部分

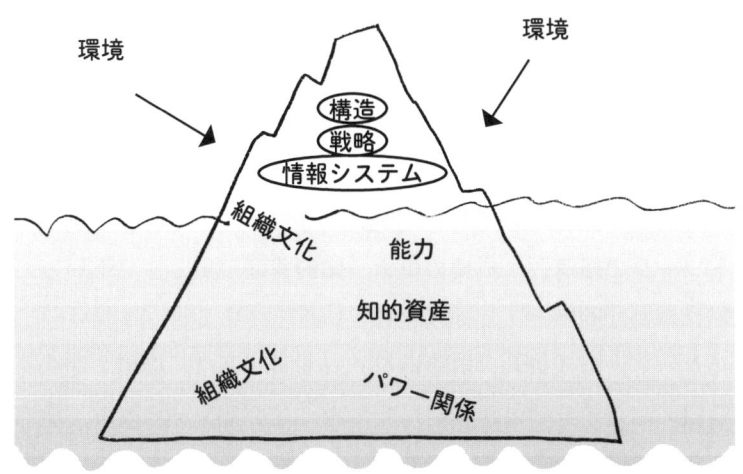

論が必要であることを意味する。

この場合、環境をマーケットに限定して考えれば、解明すべきポイントは明らかである。それは、競争相手に対する競争優位性の確保である。競争優位性を確保できる組織システムが構築できれば、環境が激変しても、組織の存続可能性は確かなものになるはずである。

一般に組織現象は、氷山のように、客観的にみえる表面的な部分ばかりでなく、みえない多くの深層部分もある。しかも、この深層部分はみえる部分より大きなウエイトを占めている。これをとらえるには、従来の客観性を重視する機能主義的分析では不可能であり、それに代わる分析方法が求められる。

そのひとつの試みが、**解釈主義的分析**である。ただし、解釈主義といっても、個々人のバラバラな解釈の記述のみを求めるのでなく、一見バラバラな解釈にみえても、それらに共通したモノに組織の本質が潜んでいるという立場である。

機能主義と解釈主義のいずれにせよ、組織の存続は、組織の直面する諸問題の解決なくしてありえない。組織の存続は、バーナードによって、

① 誘因—貢献理論，② 有効性と能率のロジック，を基軸に解明されたが，それでもって現代社会における組織の問題をすべて解明できるのだろうか。

グローバル化と情報ネットワーク化の進展は組織にとって新たなチャンスの到来であるとともに，新しい諸問題，すなわち，以前は想定されなかった問題の提起を意味している。たとえば，**情報の非対称性**の低減，**ネットワークの経済性，成功のワナ，知的資産**の重要性，といった観点が組織に新たな問題として提起されているのである。

したがって，現代における組織をめぐる諸問題は，環境の変化を前提に，組織のみえる部分ばかりでなく，みえない部分をも含み，組織内の構造変化，組織メンバーの心的変化，時間推移にともなう事象の変化を中心にとらえることが必要である。それは，おおざっぱにいえば，環境のもたらす問題，組織構造の問題，組織プロセスの問題，ネットワークの問題，組織成果の問題としてとらえることができる。

もっと具体的にいえば，組織の諸問題とは，合理性の限界，非合理的側面の効用，組織のシンボリックな行為の意味，戦略的組織のあり方，成功する組織変革，組織的知識創造，組織によるイノベーション，ポストモダンの組織の可能性などである。これらは，従来から問題とされてきたものもあるが，いずれも新しい環境状況のなかで組織が解決しなければならない問題といえよう。

《参考文献》

Barnard, C.I., *The Functions of the Executive*, Harvard University Press, 1938.（山本安次郎・田杉競・飯野春樹訳『新訳 経営者の役割』ダイヤモンド社，1968年）

Child, J., Organization Structure, Environment and Performance: The Role of Strategic Choice, *Sociology*, 2: 409-443.

桑田耕太郎・田尾雅夫『組織論』有斐閣,1998年
Lawrence, P.R., & Lorsh, J.W., *Organization and Organization: Managing Difference and Integration*, Harvard Business School Press, 1967.(吉田博訳『組織の条件適応理論』産業能率短期大学出版部,1977年)
大月博司・藤田誠・奥村哲史『組織のイメージと理論』創成社,2001年
Thompson, J.D., *Organization in Action*, McGraw-Hill, 1967.(高宮晋監訳『オーガニゼーション イン アクション』同文舘,1987年)
角野信夫『基礎コース 経営組織』新世社,2001年
Woodward, J., Industrial Organization: Behavior and Control, Oxford University Press, 1965.(都築栄・宮城浩祐・風間貞三郎訳『技術と組織行動』日本能率協会,1971年)

《いっそう学習(や研究)をすすめるために》

R.L. ダフト著,高木晴夫訳『組織の経営学』ダイヤモンド社,2002年
アメリカで定評のある組織論テキスト。組織論の基礎的知識を得るのに役立つとともに,組織がどのような原理で動いているのか,その原理に基づいてどのように組織をデザインするかを教えてくれる。

大月博司・藤田誠・奥村哲史『組織のイメージと理論』創成社,2001年
これまでに行われてきた組織論研究のアプローチの観点から,組織の多面的側面について整理したテキスト。組織現象の実態がどのようなメカニズムで変容しているかを分析する可能性と限界の基礎的知識を得ることができる。

《レビュー・アンド・トライ・クエスチョンズ》
① 組織の研究が必要な理由を述べよ。
② 組織の構成要素を列挙せよ。
③ オープン・システムとクローズド・システムの違いをあげよ。

第 2 章

組織の合理性

本章のねらい

　伝統的組織論の成立以降,「合理性」をいかにして確保するのか, ということは, 大きな関心事であった。しかしながら, 近年の研究の動向をみると, この合理性を問題とすることの意義が失われつつあるかのように感じられる。本章ではこのような状況にあって, 組織の合理性をテーマとする。本章を学習すると, 以下が理解できるようになる。
① 組織の合理性モデルを構築することの意義
② 組織の合理性モデルを理論の歴史的展開の上でとらえ直すこと
③ 組織のもっている形式合理的側面と実質合理的側面のなかを照らし合わすことから「現実の問題」を考えてみること

1 合理性と非合理性

　近年の経営組織研究においては，合理性や合理主義といった概念をネガティブな意味でとらえる傾向がみられる。**ミンツバーグ**（Mintzberg, H., 1989）は，合理主義的なマネジメントがアメリカ社会をだめにした，とまで主張している。

　確かに，合理主義的なマネジメントを科学的管理や官僚制の理論に見いだすのであれば，ミンツバーグの主張の妥当性は，近年顕著な高まりをみせているという。しかしながら，そのような主張が存在するからといって，組織の合理性について研究することの意義が失われつつある，と単純に解釈することは，きわめて危険である。

　もしこのような解釈が広く普及しているのであれば，それは組織の合理性を即座に科学的管理や官僚制と結びつけて考えてしまうことに起因する。確かに，1970－80年代における日本企業の躍進には，科学的管理や官僚制のロジックでは説明されえない多くの側面が含まれていた。だからといって，日本企業の高業績（パフォーマンス）を「非合理的なもの」に起因すると考えては，多くを見失う危険性がある。

　組織の合理性というロジックから説明されて始めて，そのロジックでは説明されえない限界や，合理的であるがゆえに生じる非合理的側面がみえてくるのである。そこで，合理性のロジックを放棄するのではなく，再構築することこそが現在求められている。このような問題意識から，「合理性概念」そのものの検討と，それにもとづく組織の理論と実際について考察し，それを通して組織の合理性におけるロジックの再構築にアプローチしていきたい。

2 合理性概念についての検討

　合理的な組織といった場合，われわれは一般的になにを思い浮かべるのであろうか。多くの人は，仕事を機械のように素早く正確にこなしていく組織を想像する。確かに，このような組織は，目標を達成するための仕事の手順が明確になっている場合，合理的である。これは流れ作業の組立て工場を想像するとわかりやすい。

　しかし，顧客を獲得するための営業が主体の組織において，同じことがいえるであろうか。すばやくテキパキと行動することにより，1日にできるだけ多くの会社を訪問する営業マンからなる組織は，はたして合理的といいうるであろうか。この場合，すばやく行動することが，必ずしも顧客の獲得に結びつかないことは容易に想像できる。

　以上からいえることは，組織の合理性といった場合，それを規定する唯一の客観的な基準が存在するわけではない，ということである。では，組織の合理性に対して，われわれはどのようにアプローチすればいいのであろうか。以下では，それについて，**ウェーバー**（Weber, M.）の合理性概念の類型にもとづいてみていく。

目的合理性と価値合理性

　ウェーバー（1922ii）は，人間の行なう行為の類型として**目的合理性**と**価値合理性**とを区分している。前者の「目的合理性」とは，なんらかの結果を想定し，そこに至るまでのプロセスを問題としている。これに対し，「価値合理性」とは，結果がどうであろうとも，信念を貫き通すかどうか，ということである。

　東京から大阪へと移動することを例として考えてみよう。もっとも早く到着するために，道路の混雑状況，新幹線の所要時間，飛行機の出発

時間などを考慮して行動している人がいるとすれば，その人間は目的合理的に行為しているということができる。一方，なにはともあれ，自分の車で移動することを信条とし，どんなに混雑していても，あくまでも自分の車を運転して行く人間は，価値合理的に行為しているということができる。

　この区分を組織について当てはめて考えてみたらどうであろうか。企業，学校，病院といった組織体は，われわれの生活にとって欠かすことのできない存在である。これら組織体は，なんらかの社会的使命（財の生産，教育サービスの提供，医療サービスの提供）を有しており，そのような使命の達成によって社会的な存在意義が認められることとなる。

　つまり，これら組織体に対しては，「なんらかの信念を貫くこと」よりは，「社会的使命を達成すること（結果を出すこと）」が，社会から期待されている。ここから，組織の合理性として目的合理性を問題とすることの社会的意義がうかがえる。

　では，組織の合理性を目的合理性に絞りこんで考えると，それはどのようにしてとらえることができるのであろうか。大規模で複雑な組織であればあるほど，それぞれ多様な価値観・目的をもつ多くの人びとと関わりをもつことになるため，期待される結果も多様かつ複雑なものとならざるをえない。

　また，かりにある組織がなんらかの結果を想定し，目的を設定したとしても，進行状況や意図せざる結果に応じて目的を修正したり，他の目的と調整したりするのが，つねであろう。ここから，現実の組織において目的合理性をとらえることは，きわめて複雑な仕事であることがわかる。そこで，組織の合理性を考えるために，以下ではウェーバーの提示した形式合理性と実質合理性の区分に注目する。

形式合理性と実質合理性

　形式合理性とは，合理性が一般的に，そしてその意味において普遍的に考えられる場合に用いられる。これに対して，**実質合理性**とは，合理性が特定の具体的な内容についてあらわれてくる場合に用いられる概念である。

　たとえば，経済活動においては，「**計算可能性**」こそが形式合理性であり，一般性を有するものである。それに対して，実質合理性とは，たとえば社会的な平等の実現というような具体的な価値尺度のうえに立った場合の合理性であって，この場合は計算可能であるから，合理的であるとは必ずしもいえないのである。このような社会的な平等といった社会倫理的理想をもち，この評価観点から現実を考察した場合の非合理性を「**実質非合理性**」とウェーバーはよんでいる。

　現実の組織の目的合理性を考察の対象とすることは，社会的に大きな意義を有する。しかし，それはきわめて複雑な仕事である。このような状況にあってわれわれは，現実を単純化した理論モデルを構築し，それを現実にあてはめることで，「理解」を容易にすることができる。このような理論モデルは，一般的に妥当するものとして構築されて始めて，理解に寄与するため，形式合理的な性格をもつ。しかしながら，ウェーバーの区分によると，このような形式合理的なモデルは，特殊な理論的条件の下でのみ一般性を有するにすぎず，なんらかの社会的な立場からみると，往々にして実質非合理的な部分がみえてくるのである。つまり，合理性の追求を意図して構築された組織モデルを唯一最善の方策（ワンベストウェイ）としてとらえることは，実質非合理的な側面を見逃してしまう危険性がある。

　以上の類型にもとづき，本章における議論の前提を整理すると以下のようになる。①組織の合理性として目的合理性を考察することは，社

会的に大きな意義を有する。②目的合理性についての理論モデルを構築することは，複雑な現実の理解を容易化する。③形式合理的な理論モデルは，社会的観点からするとなんらかの実質非合理性を生じさせる可能性を有する。

3 組織の合理性についての理論モデル

伝統的組織論の理論モデルとその限界

　伝統的組織論として，まず**テイラー**（Taylor, F.W., 1903）の**科学的管理**についてみてみよう。科学的管理を考案するにあたっての彼の問題意識は，科学的根拠にもとづかない**成行管理**の下で生じていた**組織的怠業**（労働者たちの意図的なサボリ行為）の克服にあった。作業目標が明確にならない状況において生じていた集団的サボタージュを，タスク**（課業）管理**の概念を用いて克服しようと試みたのである。このタスク（課業）管理とは，労働者の行う1日の作業量を明確にし，作業の達成度を報酬と直接的にリンクさせることで，「客観的な努力目標」を提示することを可能とするものであった。

　ここで注目すべきは，客観的な努力目標を提示するということは，必然的に作業そのものの**標準化**をともなうということである。作業員がみずから独自のやり方で作業を行なっていては，労使双方において納得の得られる客観的な基準を設定することが困難であるからである。

　こうして，科学的管理のもとでは，方法や手順，速度などについてあらかじめ設定された標準作業が個人に割り当てられることとなる。このような作業の標準化は，みずからの創意工夫が求められる計画的な仕事を現場労働者から徹底的に取り除くことをともなうものでもあった。

　これにより，大量の未熟練労働者を用いて生産性を上昇させることが

可能となった。計画部で設定された規則に従いさえすれば，技能や知識を有していなくとも，作業を効率よく行なうことが可能となったからである。

　この原理を生産システムに適用したのが，**フォード・システム**である。フォード・システムにおいては，標準化された単純作業がベルトコンベアーで結合され，最終的に単一の生産物が大量に生産されることとなる。このようなシステムにおいては，工場内のあらゆる作業がベルトコンベアーの速度に合わせて正確に遂行されているかぎり，高い生産性の獲得が可能となる。

　そこで，個々の組織メンバーには，決められたことを機械のように正確にこなしていくことが要求される。そして，管理的な関心は，作業を正確に遂行させるための規律や規則の適用へと向けられ，上下関係もきわめて厳格なものとなる。このような組織は，愛や憎しみなどの個人的な感情的要素を職務の処理から排除することにより目的を達成する，ウェーバー（1922i）の**「官僚制」**に類似したものとなる。

　計画部で設定された規則に現場労働者を従わせていくというやり方は，労働者の自由裁量を徹底的に排除する一方で，管理者のコントロールを強化するものである。しかしながら，これは，フォード・システムのような複雑な生産システムを稼動させるためには，不可欠である。

　ある一人の労働者に割り当てられた作業は，自動車を完成させるという全体目標からすれば，ごくわずかな一部分にすぎない。しかし，そのような部分的な作業が全体として調整されてはじめて自動車が完成する。各部分が全体を無視して勝手なことをしていては，システムの効率性を維持することはきわめて困難である。

　以上でみた伝統的な組織モデルでは，原材料の加工・組立といった技術的目的を達成する作業レベルでの合理性の追求が意図されている。組織が合理性を獲得するためには，作業レベルがもっとも効率的となるよ

うな一連の規則を設け，それを組織メンバーに厳格に適用すればよいのである。

しかしながら，このようなモデルの妥当性については，以下のようなモデルが前提としている条件を考慮する必要がある。それは，「組織は環境に対して閉ざされたクローズドなシステムである」ということである。しかし，組織を取り巻く外部の環境が変化すると，規則そのものの見直しを考える必要性が生じてくることになる。

伝統的なモデルの限界は，「**労働疎外**」という実質非合理性からも提示されることとなった。個人的な動機を経済的な刺激のみに求め，単純労働を課すというやり方は，労働者の大きな反感を招いた。このような実質的側面からくる限界は，新たな組織モデルの構築を必要とすることとなった。

近代組織論の理論モデルと組織均衡

伝統的組織モデルの実質非合理的側面が明らかになるにつれて，以下のような認識が普及する。それは，組織構成員は，感情や自己目的を有する生ける人間であり，これまでは非合理な感情として片づけられてきた心理的要因こそが組織目的の達成と大きなかかわりをもつ，という点である。このことは，**レスリスバーガー**と**ディクソン**（Roethlisberger, F.J. & Dickson, W.J., 1939），**メイヨー**（Mayo, E., 1945）らによってまとめられた**ホーソン実験**の結果からも明らかにされている。

以上のような人間観にもとづき新しい組織モデルを構築したのは，バーナード（Barnard, C.I., 1938）である。バーナードのモデルにおいては，組織は，調整および統一の原理としての目的（共通目的）と協働に対する人格的な意欲（貢献意欲），それらを媒介する伝達能力（コミュニケーション）の3つの要素から成り立っている。

そして，一方では環境状況との間で均衡（**有効性**）を確保し，他方で

は個人との間で均衡（**能率**）を確保していくことで，組織の存続が可能となる。バーナードの組織モデルは，感情や自己目的を有する個人を前提としたうえで，組織と個人との均衡を達成する新しい組織モデルの構築がなされている。そこで，このモデルは**近代組織論**の原典とされている。

バーナードの枠組みにもとづきつつも，意思決定の問題に焦点をあてた**サイモン**（Simon, H.A., 1945）の組織モデルにおいては，自己目的や選択力を有する個人を前提としつつも，目的合理性を達成するための組織プロセスが示されている。彼によると，① 代替的戦略の列挙，② これら戦略から生ずる結果の確定，③ これら一連の結果の比較評価，というすべての段階を完全に満たすような**意思決定**は，客観的な合理性をもつものとされる。

しかしながら，実際の行動は，① 結果についての知識は，部分的なものにすぎない，② 結果の予測は，不完全でしかない，③ 起こりうるすべての代替的行動のうちほんの2，3の行動のみしか思い出さない，などの理由により，**制約された合理性**しか達成できないことになる。

このような制約された合理性を前提としつつも，組織が合理性を達成するためには，組織目的に適合させるように，個人の意思決定に影響を与えるメカニズムを構築しなければならない。サイモンによると，そのような影響メカニズムは，① メンバー間における仕事の分割，② 標準的な手続きの確立，③ オーソリティーと影響の制度の確立，④ コミュニケーション経路の提示，⑤ メンバーの訓練・教育，からなるとされる。

ここで注意すべきは，このような影響メカニズムは，個人の意思決定を命令と権限によって強制的に組織プロセスに組み込んでいくことを意図しているわけではない，ということである。組織に参加する個人は，自己目的や選択力を有しているため，あくまでも，組織的な意思決定を

受容する心理的枠組みを構築していくことが意図されている。

　すでにみたように，伝統的組織論のモデルにおいては，技術的目的を達成するという作業レベルの合理性が追求されていた。それに対し，近代組織論のモデルにおいては，組織と個人の均衡の達成が追及されている。このような均衡を達成するためには，一方では，作業の分割や規則の確立といった作業レベルの合理性にかかわる問題に対処しなければならない。

　それだけではなく，もう一方では，組織メンバーから貢献を引き出すための誘引の提示，トップダウンにかぎらないあらゆる方向に対するコミュニケーション経路の確保，といった管理レベルの問題にも対処しなければならない。ここから，近代組織論のモデルでは，作業レベルと管理レベルを包摂する合理性の追求がなされていることがわかる。

　しかしながら，近代組織論においても，外部環境に対する組織の適応が十分にモデルに組み込まれていない。そこで，環境が不安定で，規則の適応が困難な状況において，組織がいかにして合理性を確保していくのか，ということについての示唆は少ない。

　外部環境に対する組織の適応は，主に戦略レベルの問題として考えられることであるが，近代組織論のモデルでは，戦略レベルのロジックが十分にモデルに組み込まれていないのである。ゆえに，外部環境が要求する組織目標の変更や技術体系そのものの見直しといったことが，説明されえないのである。

組織の環境適応とトンプソン・モデル

　環境適応を組織モデルに組み込むべきであるという認識は，1960年代以降に顕著となった企業経営における現実的な問題を背景としている。生産体制のオートメーション化，無関連多角化の増大，企業活動の国際化の進展などの要因は，新しい技術や新しい市場への適応を余儀なくし

ている。そして，企業経営を取り巻く環境が，不安定で，不確実であることが明確に認識されるようになった。

このような**環境不確実性**に直面しつつも，合理性を確保していく組織モデルは，**トンプソン**（Thompson, J.D., 1967）によって構築されている。以下では，トンプソン・モデルについて具体的にみていく。

トンプソン・モデルにおいて組織は，不確実性に直面しつつ，確実性を要求するものとしてとらえられている。より具体的にいえば，組織の活動は，インプット活動→テクノロジー活動→アウトプット活動という一連のプロセスとして認識され，インプットとしての諸資源をアウトプットへと変換する組織の**中核的なテクノロジー活動**（自動車メーカーであれば自動車の生産そのもの），その**テクニカル・コア**から不確実性を可能な限り取り除くことによって，組織の合理性が確保されるという。つまり，組織は，環境不確実性に直面するという**オープン・システム**のロジックと，組織は合理性を追求するという**クローズド・システム**のロジックを統合させることが，このモデルでは追求されている。

テクニカル・コアを不確実性から保護するために，組織は，テクノロジー活動をインプット活動（たとえば，購買）とアウトプット活動（たとえば，販売）で取り囲むことにより，環境からの影響を封鎖しようとする。トンプソンによると，このような活動のどこまでを組織が行なうかということが，環境と組織との間に境界を画することとなる。

そのような境界は，環境との間のパワー関係に規定されている。そこで，合理的であろうとする組織は，依存している要素に関連したパワーの獲得や依存関係の分散（競争の戦略），依存する他組織との提携や合併（協同的な戦略）などを行ない，環境からの影響力を削減しようとする。また，自らのコントロール下におかなければ，テクニカル・コアの不確実性を増大させてしまうような諸活動の周囲に組織の境界を設定することも，合理性を確保する上では必要となってくる。このような活動

図表2-1　ドメインの概念図

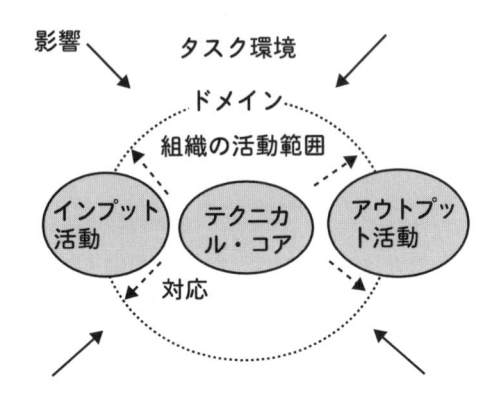

範囲の確定を**ドメイン**の設定という（図表2-1を参照）。

　以上の議論は，外部環境がもたらす不確実性への対処を問題としている。これ対して，以下の組織構造の議論は，内部要素がもたらす不確実性への対処を問題としている。

　トンプソン・モデルにおける組織構造は，ドメインの境界に位置する**境界連結単位**（材料，人材，顧客などと直接関わる諸単位）とテクニカル・コアとの関係によって規定される。以下ではまず，さまざまな活動を行なう組織内の諸単位をいかにして構造化すれば，テクニカル・コアにおいて合理性を確保することができるのかをみていく。

　トンプソンによると，組織が目標を達成するために必要となるさまざまな諸単位間の相互依存関係は，単純でコストのかからないものから順に，ⓐ**集団共有的**，ⓑ**連続的**，ⓒ**互酬的**，の3タイプに分類される（図表2-2を参照）。

　ここで合理的であろうとする組織は，依存しあっているがゆえに，コミュニケーション上の負荷がもっとも大きく，調整にコストのかかる互酬的な関係をまず処理する。次に，連続的な関係を処理し，最後にもっとも負荷の少ない集団共有的な関係を処理することが必要となる。

図表2－2　3種類の相互依存関係

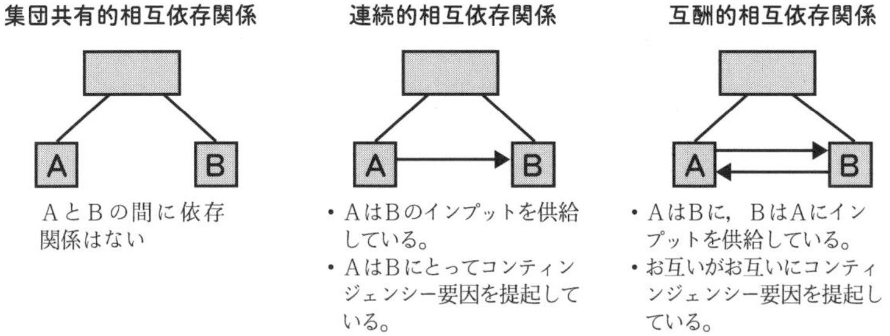

集団共有的相互依存関係

・AとBの間に依存関係はない

連続的相互依存関係

・AはBのインプットを供給している。
・AはBにとってコンティンジェンシー要因を提起している。

互酬的相互依存関係

・AはBに，BはAにインプットを供給している。
・お互いがお互いにコンティンジェンシー要因を提起している。

図表2－3　安定的環境と変動的環境

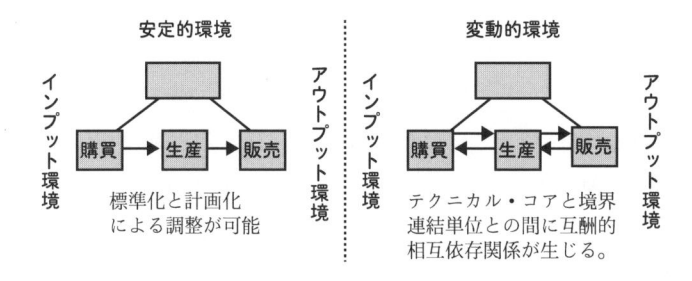

安定的環境

インプット環境　購買→生産→販売　アウトプット環境

標準化と計画化による調整が可能

変動的環境

インプット環境　購買⇔生産⇔販売　アウトプット環境

テクニカル・コアと境界連結単位との間に互酬的相互依存関係が生じる。

　このことを組織に直接的な影響を与える環境（**タスク環境**）との関係でみると，タスク環境が安定的な場合は環境の要請に応じてテクニカル・コアのやり方をかえる必要がない。そこで，テクニカル・コアと境界連結単位を連続的な関係としてとらえ，計画に基づき標準的な手続きを確立することで，調整可能となる。

　しかし，タスク環境が変動的な場合は，これまでの標準的な手続きに従ったやり方に対する将来的な見込みがなくなり，タスク環境（たとえば材料調達の状況や消費者ニーズ）の要求に応じてテクニカル・コアのやり方（たとえば生産物の種類や量）を変更したりする必要性がでてくる。つまり，境界連結単位とテクニカル・コアとの間で互酬的相互依存関係が生じることとなる（図表2－3を参照）。

　その場合，複雑な情報の処理を容易にするために，製品ごとに部門を

図表2-4　3つのレベルの相互作用

戦略レベル	管理レベル	作業レベル
外部環境への対応	諸資源・諸活動の組織化と管理	日常業務の遂行
外部環境がもたらす不確実性への対処 →	内部要素がもたらす不確実性への対処 →	確実性の下での業務の遂行
外部環境へ対処するためのスラック(余裕)がもたらされる ←	複雑性の縮減 ←	テクニカルな合理性の確保

分割したり，直接コミュニケーションを交わすチームを編成することとなる。つまり，環境が不安定で，不確実であればあるほど，標準手続きの確立や計画化による調整は困難となる。

そこで，互酬的な依存関係は増大する。しかしながら，互酬的な依存関係の調整は複雑でコストがかかるため，合理的な組織は互酬的な依存関係の調整を最小化するように努めるのである。

以上のトンプソン・モデルを全体としてみると，戦略レベルでのドメインの設定と，管理レベルでの諸資源の組織化・諸活動のコントロールとが作業レベルでの不確実性の削減・合理性の確保を可能とする一方で，作業レベルで確保された合理性が，今度は管理業務の複雑性を縮減し，戦略レベルに環境に適応するための**余剰資源（スラック）**をもたらす，という構図がうかがえる（図2-4を参照）。ここから，このモデルでは戦略，管理，作業という3つのレベルの相互作用がモデルに組み込まれており，3つのレベルを包括した合理性が追及されていることがわかる。

次節では，このモデルの実質的な側面について，自動車メーカーを例として日本企業の特徴のいくつかを取りあげながらみていく。

4 日本企業の合理性と非合理性

日本企業の合理的側面

　トンプソン・モデルのロジックに従うと，環境不確実性が増大した状況においては，作業を単純化・標準化したうえで規則を適用するという伝統的組織論のやり方では合理性を確保することができない。不確実性が増大した状況で合理性を確保するためには，テクニカル・コアと境界連結単位との間で交換すべき情報量の増大をいかにしてうまく処理するか，ということがポイントとなってくる。

　以上のロジックを自動車メーカーを例としてみてみよう。自動車がひとにぎりの富裕層のぜいたく品であった時代においては，自動車という単一の製品を大量に安く生産することでも，将来的な消費は確保できるであろう。この場合，大量生産システムを開発した**フォード社**の外部環境は，安定しており，伝統的な組織モデルの有効性を発揮することが可能となる。

　しかしながら，自動車が広く社会に普及し，自動車の技術がより高度化し，自動車に対する消費者のニーズも多様化した状況を想定したらどうであろうか。このような状況においては，技術革新の状況，ライバル企業の動向，消費者ニーズなどに柔軟に対応していなければ，自動車メーカーとしての存続も危ぶまれる。

　この場合，自動車の生産システムは，部品調達先や消費者との間で頻繁な相互作用をしていかなければならない。つまり，自動車メーカーのテクニカル・コアと境界連結単位との間での互酬的な相互依存関係が増大するのである。

　不確実性の増大が要請する互酬的な相互依存関係のマネジメントの成

功例は，日本を代表する生産システムである「**トヨタ方式**」(大野, 1978)あるいは「**リーン方式**」(Roos, D., et al., 1990) にみることができる。アメリカの自動車産業がGM流の販売戦略を活用しつつも依然としてフォード・システムをベースとして活動しているなかで，最終工程の要請に応じて多種類の製品をムダなく生産できるようにしたリーン方式は，日本企業の競争優位確立に大きく寄与することとなった。このシステムでは，後工程が必要なモノを必要なだけ引き取るというプル方式を前提とし，生産ラインでも後工程の要請に応じて多様な作業をこなすことが必要とされる。

　このシステムがうまく稼動するためには，ⓐ「**ジャスト・イン・タイム**」(JIT) に部品供給がなされる，ⓑ多様な変化に対応して作業が調整される，という２つの条件が満たされなければならない。トンプソン・モデルのロジックに従うと，この２つの条件を満たすためには，**部品供給企業（サプライヤー）**との間での相互作用の増大と，多様な変化をともなう作業を調整する手間とコストの増大を必然的にともなうこととなる。部品供給企業の工場が，メーカーの組立工場の近くに位置し，頻繁な相互作用が行なわれていたり，また組立作業の現場レベルでチームによる相互調節が行なわれていたりすることが日本メーカーで観察できるのは，このような条件への対応である（Roos, et al.〈1990〉によると，1988年における部品メーカーの１日における納入回数を比較したところ，日本にある日本車工場は7.9であるのに対し，北米にある米国車工場は1.6であったことが報告されている。また，1989年における労働者のチーム編成率を比較したところ，日本にある日本車工場は69.3％であるのに対し，北米にある米国車工場は17.3％であったことが報告されている〈116，195ページ〉）。

　このような相互作用のマネジメントをメーカー，サプライヤー，労働者が対等な立場で行なったらどうであろうか。当然それ相応のコストを覚悟しなければならない。優良な部品メーカーへ詳細な要求を出すこと

は，要求しただけのコスト負担が必要であるし，チームでこなす複雑な作業は一人でできる単純な作業よりもコストがかかって当然である。しかしながら，日本企業は，このような問題への対処を戦略レベルにおいてうまくマネジメントしてきた。

　系列にみられるようなサプライヤーとの間での協調関係の構築は，部品生産のドメインを必要最小限にとどめ，内部調整コストを低く抑える一方で，メーカーの要請にできるだけ低コストで対応させることを可能とする（部品の内製率についていうと，日本は平均して30％であるのに対し，GMは70％であったといわれており，日本においては部品生産のドメインが限定された範囲に抑制されていることがうかがえる）。また，労働組合との間での協調関係の構築も，作業の複雑性増大にともなう労働コストの増大と労働者の不満を抑制することを可能とする。

　ここから，日本企業においては，このような戦略レベルでのパワーマネジメントと一体となって，組織的合理性の追及が行なわれている，ということができる。しかしながら，このような形での合理性の追求がもたらす実質非合理的な側面については，どのようになっているのであろうか。

日本企業の非合理的側面

　以上でみた日本企業の合理的側面は，**サプライヤー**や労働者の立場からみるとどうであろうか。過剰な要求をパワー関係で一方的に押しつけられているという非合理的なイメージを想像することはむずかしくない。しかしながら，近代組織論に遡って考えてみると，そもそも組織が貢献を引き出すに十分な誘因を提供できないのであれば，参加そのものを放棄すればいいだけのことではないか，ということも考えられる。以下では，まず誘因と貢献という点についてみてみよう。

　サプライヤーの側からみて，取引相手であるメーカーの要請に低コス

トで従うことにメリットはあるのであろうか。それが，今後の取引の継続に有利な要因となりうるのであれば，安定した取引という誘因を得ることができよう。

　たとえば，取引を通じて技術や知識を学ぶことができれば，今後の取引に有利に働くし，企業競争力全体を上げていくことにもつながる。実際に，日本のメーカーは，サプライヤーに対して技術指導などを行なってきている。労働者についてはどうであろうか。これについても同様に，企業内での安定したポジションの確保に有利に働くのであれば，安定という誘因を得ることが可能となる。

　しかしながら，安定という誘因が成立するためには，企業そのものも安定的に成長していなければならない。企業が安定的に成長していなければ，サプライヤーの将来の仕事を保証することはできないし，労働者に安定したポジションを提供することもできない。バブル崩壊以降の中小サプライヤーや労働者の不満という実質非合理性の顕在化は，まさに安定成長という最大の誘因を失ったことに起因していると考えることができる。

　では，安定という誘因がなくなったからといって，中小サプライヤーや労働者は，容易に取引相手・企業を取り替えることができるのであろうか。長期的取引や終身雇用といった慣行が社会に根づいている日本では，そうたやすく取引主体を取り替えることはできないであろう。また，かりに取引を継続するとしても，中小企業や労働者はみずからが不利な状況を容易に改善することができるのであろうか。

　おそらく，アメリカなどと比べると，法制度的な側面による不備のみならず，社会的な慣行や風土という点でも，中小企業や労働者がみずから利己的に活動できるチャンスは少ないであろう。一般的に，日本はアメリカと比べて利己的な行動に対する許容範囲は狭く，集団的な利益を優先する傾向が強いといわれている。このような社会的な風土は，中小

企業や労働者に対して，集団的な利益という名のもとに，利己的な行動を抑制するプレッシャーを与えてきたと考えられる。

このようなことから，日本企業の実質非合理性は，誘因と貢献以前の問題としても考えることができる。**誘因と貢献のロジック**は，自己目的をもった個人が主体的な意思決定を行なうことを前提としているが，実際の意思決定は制度的な慣行や社会的な風土といったものに大きく影響されている。ゆえに，利己的な行動を保証する制度的枠組みやそれを容認する社会的風土がなければ，意思決定以前の選択肢もおのずと限られてしまうのである。

本章のこれまでの考察によると，アメリカと比べると前近代的な様相を呈している日本の社会的風土・慣行は，一方でアメリカをしのぐ「日本的な合理性」（組織的合理性）の追及を可能とする社会的枠組みを提供してきた。本章では，このようなミスマッチこそが日本企業における実質非合理性の根本的な原因であると主張したい。右肩上がり成長の時代においては目立たなかったこのような非合理性が，安定成長の終焉を迎えた現在においては，深刻な問題となっている。

合理性のロジックと今後の課題

本章の以上の考察から，組織の合理性についての理論モデルは，現実的な問題を取り込む形で発展してきている，ということがわかる。近代組織論における組織均衡のロジックは，それまでは合理性の阻害要因と考えられていた人間の心理的側面を組織の合理性モデルに取り込むことを可能とした。その延長上にあるトンプソンの環境適応モデルにおいては，タスク環境に位置するさまざまな主体をも合理性のロジックに取り込むことが可能となっている。

また，本章では，トンプソン・モデルを用いて日本企業の合理的側面と非合理的側面を分析する試みを行なった。その結果，日本企業は，環

境適応という点においてアメリカをもしのぐ合理性の追求を実現してきた一方で、その実現を可能とする社会的枠組みが、労働者や中小サプライヤーにとっての非合理性を生み出す原因ともなっている、という示唆を提示することができた。安定成長に限界がみえた現在、われわれはこのようなミスマッチを認識し、組織の非合理性に歯止めをかけることができるのであろうか。

　グローバル規模での競争という状況を考えると、一度確立した合理性のロジックを放棄することは、きわめて困難であろう。ジャストインタイム方式やチーム作業の導入が広い範囲でなされていることから、合理性追求の日本的な方式は、形をかえつつも世界的な広がりをみせていることがわかる。

　その一方で、日本の社会的な制度や慣行そのものも、企業活動のグローバル化の影響をうけ、急速に変わりつつあるかのようにみうけられる。社会的な制度や慣行は、単に企業活動を拘束するだけではなく、企業活動そのものによっても再構築されていくものとして考えることができよう。このような**組織と制度の相互作用**へ注目する必要性を今後の課題としてあげることができる。

《参考文献》

Barnard, C.I., *The Functions of the Executive*, Harvard Business Press, 1938.（山本安次郎ほか訳『新訳　経営者の役割』ダイヤモンド社、1968年）

Mayo, E., *The Social Problems of an Industrial Civilization*, Harvard School of Business Administration, 1945.（藤田敬三、名和統一訳『アメリカ文明と労働』有斐閣、1951年）

Mintzberg, H., *Mintzberg on Management*, The Free Press, 1989.（北野利信訳『人間感覚のマネジメント』ダイヤモンド社、1991年）

大野耐一『トヨタ生産方式』ダイヤモンド社、1978年

Roethlisberger, F.J. and Dickson, W.J., *Management and the Worker*, Harvard University Press, 1939.

Roos, D., Womack, J.P. and Jones, D., *The Machine that Changed the World*, Scribner, 1990.（沢田博訳『リーン生産方式が世界の自動車産業をこう変える』経済界，1991年）

Simon, H.A., *Administrative Behavior*, 1945, 3rd.ed., The Free Press, 1976.（松田武彦ほか訳『経営行動』ダイヤモンド社，1989年）

Taylor, F.W., *Shop Management*, Harper & Brothers, 1903.（上野陽一訳「工場管理法」『科学的管理法〈新版〉』産業能率大学出版部，1969年）

Thompson, J.D., *Organizations in Action*, McGraw-Hill, 1967.（高宮晋監訳『オーガニゼーション・イン・アクション』同文舘，1987年）

Weber, M., (1922i) Soziologie der Herrschaft, *Wirtschaft und Gesellschaft, Grundriss der Verstehenden Soziologie*, 1922, vierte, neu herausgegebene Auflage, 1956,（世良晃志郎訳『支配の社会学1』創文社，1960年）

Weber, M., (1922ii) Soziologisch Grundbegriffe, *Wirtschaft und Gesellschaft, Grundriss der Verstehenden Soziologie*, 1922, Studienausgabe herausgegebene von Johannes Winckelmann, 1964,（濱島朗訳「社会学の基礎概念」『現代社会学体系　第5巻　社会学論集』青木書店，1971年）

《いっそう学習（や研究）をすすめるために》

F.W. テイラー著，上野陽一訳『科学的管理法〈新版〉』産業能率大学出版部，1969年
　「出来高払制私案」，「工場管理法」，「科学的管理の原理」などが掲載されているテイラー全集の日本語版。科学としての管理を成立させたテイラーの業績が集められた歴史的な一冊。

H.A. サイモン著，松田武彦ほか訳『経営行動』ダイヤモンド社，1989年
意思決定という観点から組織論へとアプローチした近代組織論の基本的文献。「制限された合理性」という経営や経済の学問分野で広く用いられることとなった人間仮説が提示されている。

J.D. トンプソン著，高宮晋監訳『オーガニゼーション・イン・アクション』同文舘，1987年
組織におけるクローズドシステム的側面とオープンシステム的側面を合理性という観点から融合するモデルを提示している。組織の環境適応行動を理解する上での必読の一冊。

《レビュー・アンド・トライ・クエスチョンズ》

① ウェーバーの目的合理性と価値合理性の違いについて述べよ。
② 外部環境がもたらす不確実性に対処するための組織の戦略についてトンプソン・モデルを用いて説明せよ。
③ 組織が合理性を追求することから生じる「明」と「暗」の2つの側面について，具体的な事例を用いて述べよ。

第 3 章

組織の意思決定 ―「意図せざる結果」をめぐって―

本章のねらい

　意思決定や行為が,「こんなはずではなかった」という当初には考えられなかった意図せざる結果に終わってしまうことがよくある。本章では, この意図せざる結果をH. サイモンの意思決定理論との関連で検討する。なにが意図せざる結果を生起させるのだろうか。意図せざる結果が起こるのは, 理論に従わなかったからなのだろうか。

　本章を学習すると, 以下のことが理解できるようになる。

① 意思決定において直観が用いられる理由
② 組織行動を理解するために意思決定が重要な理由
③ 意思決定の意図せざる結果
④ 組織の階層的秩序
⑤ 意思決定の「ゴミ箱モデル」

1 サイモンの直観論

サイモンのいう「直観」

　人は，論理的思考では「解」がみつからないとき，**直観**に頼ることがある。それは，論理の飛躍やギャップを直観で埋めようとしているのである。意思決定に焦点をあわせて組織現象や管理活動について「科学的」な理論を構築しようとした**サイモン**（Simon, H.A.）が，意外なことにこの「直観」について論じている。彼の「直観」論を検討することで，意思決定自体の性格と，そこから生起するかもしれない**意図せざる結果**について興味深い洞察が得られるかもしれない。そして，この洞察は，意思決定だけでなく，組織現象の研究に新たな展開の方向性を示すだろう。

　サイモンは『人間の理性と行動』（邦訳）において直観をつぎのようにとらえている。

　「直観とは，いったい，なんであるのか。それは人びとが時として突然に，問題に対する解に到達するような，観察可能な事実である。」

　つまり，問題に対する解に突然に到達するときには，直観がはたらいているというのである。サイモンは，それをつぎのようにチェスの例で示している。

チェスのゲームから

　「理にかなったゲーム展開の中盤から，チェスの局面を名人あるいは大名人に示す。それをたった5秒か10秒みた後で，彼は普通，有無をいわせぬ指し手――それは非常にしばしばその局面では，客観的に最善のものである指し手――を考えだすことができるだろう。もしも彼が手強

い相手とゲームをしているのなら，彼はすぐにその手を指しはしないだろう。彼はその最初の直観が本当に正しいかどうかを決めるために，3分間あるいは半時間，身じろぎもしないかもしれない。しかし恐らく，このような場合，十中八九は，彼の最初のひらめきが実際には彼に正しい指し手を示すだろう。」

　このように，サイモンは，直観をチェスのゲーム展開のなかで即座に「有無をいわせぬ指し手」に到達すること，すなわち，瞬時に問題に対する解を発見するはたらきをするものとしてとらえている。ところが，少し考えればわかるように，この例では直観が2段階で作用しているのである。

　まず，ゲーム展開のある時点での盤面を手がかりにして，将来のあるべき望ましい盤面の状況を想定するために直観がはたらいている。つぎに，その将来の望ましい盤面を実現するための手段，すなわち，その時点でのつぎの一手を導出するために直観が作用する。

　ある時点の盤面を手がかりに将来の望ましい盤面の状況が想定されれば，その将来の盤面の観点からその時点の盤面が意味をもつことになる。ただし，勝ちが決まるときの盤面のパターンはゲームごとに異なるかもしれず，多様であり，多様な将来の盤面が想定される可能性がある。

　そこで，その時点の盤面は，多義性をはらみ，望ましい将来の盤面を想定することは，この多義性に対処することでもある。一方，将来の望ましい盤面が想定されたとき，それを実現するための手段としての指し手も多様性をはらみ，つぎの一手を導出することはこの多様性に対処することである。したがって，直観は，多義性と，多様性が生み出す不確定性にはたらきかけているのである。

　そうであるとすれば，つぎの指し手を決定する意思決定において，「こんなはずではなかった」という意図せざる結果が生起する可能性は，不確定性を生み出す多様性と多義性に求められるだろう。

サイモンの意思決定理論は，この2つの要素を考慮に入れているのだろうか。実は，これは意思決定理論だけでなく，組織理論全般についても妥当する問題なのである。

② 意思決定と「制約された合理性」

意思決定への関心

サイモンは，**意思決定**に焦点をあわせて組織現象を解明しようとする。なぜ組織メンバーの行動ではなくて意思決定なのか。その理由をサイモンは『経営行動』（邦訳）において，つぎのように述べている。

「実際のどのような活動も『**決定すること**』と『**行為すること**』の両方を含むのであるが，管理の理論は行為の過程と同様に決定の過程をも対象とすべきであることが，一般に認識されてこなかった。この決定過程の無視はおそらく，意思決定が組織全体の政策の形成だけに限られるという考え方からきている。ところが，決定の過程は，組織の全体的な目的が決定されたときに終了してしまうものではない。『決定する』という仕事は，『行為する』という仕事とまったく同じように管理組織全体のどこにでも存在し，さらにこの両者は完全に結びついている。」

現実には，どのような活動が形成されるべきかについて決定がなされ，その決定内容にもとづいて実際の行為が行なわれるのであるとすれば，「決定すること」と「行為すること」とは不可分の関係にあり，「行為すること」が存在すれば，必ずそこに「決定すること」も存在していることになる。しかも，行為に先立つ決定によって，実際の行為内容は，すでに規定されているのであるから，意思決定は組織現象を解明するうえで，きわめて重要な位置を占めていることになる。

サイモンは意思決定を，複数の代替的行動のなかからひとつを選択す

る過程，すなわち「選択」(choice) の過程としてとらえる。そして，この意思決定過程をさらに分析して，この過程を構成するつぎのような4つの活動を明らかにする（『意思決定の科学』(邦訳)）。

① **情報活動**：意思決定を必要とする機会を発見する活動
② **設計活動**：実行可能な行為の代替案を探求する活動
③ **選択活動**：行為の代替案のなかからひとつを選択する活動
④ **再検討活動**：選択の結果を再検討しておく活動

　サイモンは，人間がこのような意思決定過程を通じて合理的な選択を行なうことが可能かどうか，を問題にしている。ここでの合理性とは，目的とそのために選択される手段との整合性を示す概念であり，意思決定の合理性は既定の目的を達成するために有効な手段が選択されるときに確保されることになる。

　まず検討する必要があるのは，選択活動において複数の代替案を評価し，それらのなかからひとつの代替案を選択する基準についてであろう。最適化基準の適用，すなわち，最適な代替案の選択を確保しようとすれば，意思決定に先立ってすべての代替案が明らかにされ，各代替案を選択した結果がすべて検討されたうえで最適なものが選択されなければならない（**最適化意思決定**）。

「制約された合理性」の意味

　ところが，人間は，**知識の不完全性** (incompleteness of knowledge)，**予測の困難性** (difficulties of anticipation)，そして**行動の可能性の範囲** (the scope of behavior possibilities) の限定性という要因により，意思決定において目的達成のための最適手段の選択をもたらすような完全な合理性を確保することは不可能であり，最適化基準にもとづくことはできないのである。

　そこで，サイモンは，人間を「**制約された合理性**」(bounded rationality)

しか確保できない存在としてとらえることになる。このような人間が依拠できる選択基準は，満足できる代替案を選択するという「**満足化基準**」である。つまり，あらかじめ満足できる基準を設定しておいて，その基準を満たす代替案が発見できたとき，すべての代替案を探求することなく，その代替案を選択するというかたちをとるものとなる（**満足化意思決定**）。

しかし，サイモンは合理性を否定して，非合理的な立場にくみしているわけではない。人間の意思決定には，完全な合理性が適合しないことを指摘しながらも合理性を放棄するのではなく，「制約された合理性」という概念の提起によって，合理性に課せられる「制約」を意識しつつ，その「制約」を緩和するための装置について考察しようとしている。そして，その装置とは，**組織**にほかならず，より限定的にいえば組織の「**階層的秩序**」なのである。

3 意思決定と階層的秩序

目的と手段の体系

意思決定にもとづく行動，とくに組織における人間の行動は，通常なんらかの目的達成を志向する合目的な行動である。このとき行動はなんらかの目的を達成するための手段であり，意思決定は目的を達成するための手段の選択という性格をもつことになる。

この目的と手段の関係性は，ある目的を達成するために，それに適した手段の選択がなされて完結するという「**ある目的とそのための手段**」からなるだけではなく，多数の階層をもつ目的体系のなかに位置づけられる。サイモンは，『意思決定の科学』において**目的体系の階層性**について，つぎのような具体例で説明している。

「特定の行為を支配する細かな決定は必然的に，目的と方法に関して，より広範な決定が適用される実際の個別的な場合である。歩行者は歩くために足の筋肉を収縮させる。彼は行き先に向かうために歩く。彼が行き先である郵便ポストに向かうのは，手紙を出すためである。彼が手紙を出すのは，ある情報を別の人に伝達するためである，等々。それぞれの決定には，ある目的の選択とそれに適合する行動が含まれている。このような目的は，つぎつぎに幾分か遠い目的に対する中間目的として位置づけられていき，最終的な目的に至るまでこのような関係が続いていく。」

この引用例のなかで，手紙を出すという目的に対して郵便ポストへ向かうという手段の選択がなされているが，この手紙を出すという目的自体がある情報を別の人に伝達するというひとつ上位のレベルの目的に対する手段でもあり，また郵便ポストへ向かうという手段自体も見方を変えれば，ひとつ下位レベルの歩くことの目的として位置づけられる。

目的体系の階層性

要するに，目的体系には，階層性がある。各階層間の関係は，下位レベルの目的がそのひとつ上位レベルの目的の手段となっているという目的—手段の関係であり，全体としての目的体系は**目的—手段の連鎖**により構成される階層的体系なのである。

したがって，目的を達成するための手段の選択としての意思決定も，階層的目的体系に対応して意思決定階層を形成していることになる。組織での意思決定を考えたとき，このような意思決定階層ないし階層的目的体系は，組織階層とほぼ重なりあうことになる。

「制約された合理性」しか確保できない人間は，意思決定を行なうときに不確定性と向きあわなければならない。サイモンは，目的達成のための手段の選択である意思決定において，手段の多様性や考慮すべき要

因の多様性によりもたらされる不確定性を「**意思決定の合理性への主要な制約要因**」としてとらえている。そして，この制約は，組織の階層的秩序によってある程度まで緩和できるのである。

目的が既定のものであれば，それは手段の選択範囲を限定する。**バーナード**（Barnard, C.I.）は，『経営者の役割』（邦訳）において目的の設定を「意思力を行使しうるように選択条件を限定しようとすること」であると述べている。すなわち，目的—手段の連鎖からなる階層的目的体系において，上位の目的は，それを達成する手段としての下位目的を限定する。あるいは意思決定階層に即していえば，上位の意思決定の結果が，下位の意思決定における選択の範囲を限定するのである。

「制約された合理性」しか確保できない人間は，**満足化意思決定**を行なうことになるはずだが，組織メンバーであれば階層的秩序に組み込まれて，意思決定の合理性への「制約」を緩和できることになり，組織階層の下層部へいくほど，意思決定の範囲が限定されて，考慮すべき要因の多様性が削減され，**最適化意思決定**に近い選択が可能になる。ただし，このようなメカニズムが作用するためには，上位目的があらかじめ設定されていること，すなわち，**目的の先与性**が不可欠の条件となる。

4　2つの「意図せざる結果」

2つの過程の存在

再びチェスの例に戻ろう。チェスの名人がゲームの中盤で直観的に「**有無をいわせぬ指し手**」を思いつくとき，そこにはその時点の盤面の状況を手がかりに，将来実現すべき望ましい盤面を先取りする過程と，その望ましい盤面を実現するための指し手の選択の過程とが存在していた。

この2つの過程は，いずれも不確定性をともなうため，チェスの名人は，直観に頼ることになる。しかし，サイモンの意思決定理論が考察の対象としたのは，将来の望ましい盤面が想定された後で，それを実現するための手段としての指し手を選択するという過程である。

　将来の達成すべき望ましい状態を記述したものが，目的であるとすれば，目的を達成するための手段の選択である意思決定において，考慮すべききわめて多様な要因を前にして，「制約された合理性」しか確保できない人間が，その「制約」を緩和するためには，以下のようになる。つまり，チェスの名人は直観をはたらかせ，そして組織メンバーは，階層的目的体系や意思決定階層のもつメカニズムに依存することになる。

意図せざる結果の発生

　意思決定における代替案を選択する際に，考慮すべき多様な要因が存在し，そのなかの重要な要因を把握できなければ，意思決定の結果は**意図せざる結果**をともなうであろう。したがって，組織の階層的秩序による人間の「制約された合理性」の「制約」の緩和は，考慮すべき要因の多様性により生起するかもしれない意図せざる結果を回避するメカニズムなのである。

　しかし，意図せざる結果は，チェスのゲーム展開のある時点での盤面の状況を手がかりに将来の望ましい盤面を想定する過程がはらむ不確定性によっても生起するであろう。ある時点での盤面の状況という手がかりがあっても，多様な将来の盤面が想定される可能性があり，その時点の盤面は多様な将来像に規定されて多様な意味をもつ，すなわち多義性をはらむことになる。チェスの名人は，この盤面のもつ多義性にも直観で対応したわけだが，サイモンの意思決定理論は，この多義性による不確定性を考察の対象から排除してしまっている。

　チェスのある時点での盤面の状況を手がかりに，将来の望ましい盤面

を想定する過程は，将来達成すべき望ましい状態を記述したものである「**目的**」を探求，ないし設定する過程なのである。しかし，サイモンの理論では，目的とは，すでに設定されたもの，すなわち目的の先与性が前提とされている。そして，その既定の目的を達成するための手段の選択だけが，意思決定なのである。

5 目的の先与性への疑問

　意思決定における意図せざる結果は，まったくの偶然による場合を除外すれば，考慮すべき要因の多様性と考慮すべき対象の多義性とがもたらす不確定性から生起する。サイモンは，「制約された合理性」しか確保できない人間が，その「制約」を緩和して，意思決定の合理性を高めるための装置として組織の階層的秩序に注目した。この**階層的秩序**は，意思決定において考慮すべき要因の多様性を限定することで不確定性を削減し，意図せざる結果の生起を抑制することになる。

　しかし，組織の階層的秩序，とくに階層的目的体系と意思決定階層には，目的の先与性という前提が不可欠であり，これは意味形成の多様性を考察の対象から除外することになる。したがって，多義性のもたらす不確定性から生起する意図せざる結果については想定されていない。

　このような傾向は，サイモンの意思決定理論だけでなく，目的の先与性を前提とし目的達成のための手段の探求を研究の基調とする多数の組織理論にも共通している。したがって，『組織におけるあいまいさと決定』（邦訳）における**マーチ**（March, J.G.）のつぎのような一見奇妙に思える指摘が，意思決定理論だけでなく，組織理論の展開にとってもきわめて重要になる。

　「目標形成と選択とが行動的に無縁であるという議論は，明らかに誤っていると思う。目標が先にきて，行為がその後にくるということを想定

した行動の描写は，しばしば根本的に間違っていると，私には思えてならない。人間の選択行動は，目標に向かって行為するとともに，少なくともそうした目標を発見する過程でもある。」

意思決定過程は，目的を達成するための手段の選択だけの過程ではなく，目的を発見する過程でもある。目的の先与性を疑ってみることによって，組織現象について新たな展望が開けることになるだろう。

6 意思決定の「ゴミ箱モデル」

社会学者のモラン（Morin, E.）は，『複雑性とは何か』（邦訳）のなかで，「どんな行為であれ，ひとがそれを企てた途端，行為はすでに当人の意図を逃れ始めている」という表現で，意図と行為の当然すぎると考えられる関係性について，その脆弱さを指摘している。マーチ＝オルセンは，この意図と行為の問題も含めて，組織現象を形成する重要な要素だと考えられてきた多様な因果関係の存在や秩序のはたらきに疑問を示す。そして，あいまい性（ambiguity）がその特徴であり，意図せざる結果が生起してしまうような組織状況での意思決定の様相を解明すべく，組織選択のゴミ箱モデルを提起したのである。

マーチ＝オルセンによれば，組織を特徴づけるのは次の4つのあいまい性である。

○ 意図のあいまい性：組織が，矛盾した不明瞭な諸目標をもっていること。
○ 理解のあいまい性：組織の行為とその結果との関係がよく理解できないこと。
○ 歴史のあいまい性：過去の出来事の記述や解釈が一様でないこと。
○ 組織のあいまい性：個人によってどの意思決定に注意を払うかが異なり，しかもそれは時間の経過とともに変化するので，意思決定へ

の参加のパターンは不確実で目まぐるしく変わること。

すなわち，マーチ＝オルセンは，組織現象に秩序ではなく組織化された無秩序（organized anarchies）を見出すのである。そして，このような秩序なきダイナミズムをはらむ組織状況を，問題，解，参加者，そして選択機会という比較的独立した4つの流れで描き出す。

組織選択のゴミ箱モデルでは，組織の選択，すなわち意思決定は，これら4つの流れがタイミングよく合流したときに行なわれるものとしてとらえられている。「ゴミ箱モデル」というユニークな名称は，何らかの決定が求められる場としての選択機会を，参加者がさまざまな問題や解を投げ込むゴミ箱とみなすことに由来している。

選択機会には，参加者，問題，解の流入や流出があり，選択機会の様相は，その時点で選択機会にどのような参加者，問題，解が留まって相互作用を行なっているかに規定されることになる。このような選択機会が定期的に，あるいは不定期に一定の手続きを経て設定され，さまざまな様相を呈しながら，参加者，問題，解と出会うべく組織のなかを流れているととらえるのである。

ゴミ箱モデルの想定する意思決定状況では，目的の先与性，すなわち目的達成のための有効な手段の選択，あるいは問題解決のための解の発見という発想は稀薄となる。たとえば，コンピュータは，給料支払簿の管理上の問題に対する解というだけのものではない。それは問題を積極的に捜し求めるひとつの解であり，別の選択機会では別の問題と合流するだろう。要するに，手段がそれにふさわしい目的を求めることもあるということである。選択機会は，参加者，問題，解の流れの出会いの場であり，決定にとってはその出会いのタイミングがきわめて重要なのである。

チェスの名人ならば，直観のはたらきに頼るはずの不確定性への対処が，ゴミ箱モデルでは，選択機会，参加者，問題，解という4つの流れ

の合流する「タイミング」に委ねられている。そして、そこには、目的―手段の連鎖によるサイモンの階層的目的体系のはたらきとは逆方向の、手段を手がかりに目的を探求するという動きも包括されているのである。ただし、この手段から目的へという過程には、直観やタイミングに依存しなければならないように、合理性や論理的必然性が貫徹することはない。

《参考文献》

稲垣保弘『組織の解釈学』白桃書房、2002年

Barnard, C.I., *The Functions of the Executive*, Harvard University Press, 1938.(山本安次郎・田杉競・飯野春樹訳『経営者の役割』ダイヤモンド社、1968年)

Simon, H.A., *Administrative Behavior: A Study of Decision-making Processes in Administrative Organization*, 3rd ed., Expanded with new Introduction, The Free Press, 1976.(松田武彦・高柳暁・二村敏子訳『経営行動：経営組織における意思決定プロセスの研究』ダイヤモンド社、1989年)

Simon, H.A., *The New Science of Management Decision*, revised ed., Prentice-Hall, 1977.(稲葉元吉・倉井武夫訳『意思決定の科学』産業能率大学出版部、1979年)

Simon, H.A., *Reason in Human Affairs*, Stanford University Press, 1983.(佐々木恒男・吉原正彦訳『人間の理性と行動』文眞堂、1984年)

March, J.G. & Olsen, J.P., *Ambiguity and Choice in Organizations*, Universitetsforlaget, 1972.(遠田雄志・A.ユング訳『組織におけるあいまいさと決定』有斐閣、1986年)

《いっそう学習（や研究）をすすめるために》

H.A.サイモン著、松田・高柳・二村訳『経営行動』ダイヤモンド社、1989年

　ノーベル経済学賞を受賞したサイモンの代表的著書であり、組織と意思決定の研究には不可欠の文献。溺れるビジネスマンがつかむ藁

のようなビジネス書に時間を浪費するくらいなら，このような本に取り組むべきである。

遠田雄志『あいまいだからおもしろい』有斐閣，1985年
　ゴミ箱モデルについてわかりやすく解説されている。しかし，本書は単にそれだけの書ではなく，組織研究に発想の転換を迫ろうとする著者の心意気が伝わってくるような本である。

《レビュー・アンド・トライ・クエスチョンズ》
① 制約された合理性について説明せよ。
② 最適化意思決定と満足化意思決定について具体例をあげて説明せよ。
③ 意思決定において意図せざる結果はなぜ生起するか，について説明せよ。

第 4 章

組織化のプロセス

―― 本章のねらい ――

　組織とはなにか，という問題に対して包括的な答は，いまだ見いだせない。だが，よく知っているものになぞらえて，部分的にでも組織の理解を図ろうとする試みは，きわめて現実的な方策である。本書のように組織を意思決定や合理性の観点から還元主義的にみていくこともまた，そうした方策のひとつといえる。

　本章を学習すると，以下のことが理解できるようになる。

① 組織の静態的な側面でなく，ダイナミックな側面に関心をもつこと
② 組織をプロセスの観点からみた場合に明らかになること
③ 組織のダイナミックなプロセスにも一貫したものが形成されること
④ 組織が人間の営為であること

1 ものごとのあり方とプロセス

あまりに複雑なものを扱うとき，人はいったんその複雑さを棚上げして，自分たちのよく見知ったものになぞらえてみる。たとえば，組織について考察するとき，**モーガン**（Morgan, G.）は，「機械としての組織」，「文化としての組織」，「頭脳としての組織」，「精神的な監獄としての組織」など，直感的に理解できるイメージをいくつも提起し，そのときどきの組織の相貌に応じ，もっとも合致しそうなイメージを呼び出したり，そのいくつかのイメージを重ね合わせたりしている。本章では，こうした方法による組織の見方を提示してみたい。それは「プロセスとしての組織」という考え方である。

プロセスの意味

プロセス（process）とはなにか。それは，なにかあるものがある状態から別の状態へと移行する一連の変化のことであるが，それについて考察する前に，まずはつぎの小話にお付き合いいただきたい。

「T君はちょっと内気でシャイな青年だ。彼は50ccのバイクで大学まで通っている。大学に行くには大きな河を渡らなければならないが，ある日，橋の上から見える夕日と河の流れの美しさに心動かされた。以来，T君はなにかあると，その河の流れをぼんやりと眺め，心落ち着かせるようになった。

河にすっかり魅了されてしまったT君は，ある日マウンテンバイク（MB）とカメラを購入した。上流までMBを走らせながら，自分がもっとも気に入っている河の表情を何枚もカメラに収めていった。そのとき，T君はすばらしい瞬間をいくつも手に入れられたと感じたし，とくに夕日を背に河がゆったりと流れる光景にはとても満足した。

ところが翌日，現像されてきた写真を見て，T君は奇妙な違和感を覚

えた。たしかに，河はきれいに写っている。水面に夕日が照らし出されてはいる。しかし，せっかく買った一眼レフに捉えられた河には，なぜか「美しさ」が感じとれないのだ。理由は，よくわからないまま，T君はそれら写真を一度見ただけで机の引出し奥深くにしまい込み，せっかくの一眼レフも河に持ち出すことはなくなった。」

　この小話には，**プロセス**を考えるときに重要な示唆が含まれている。T君が日々感じていた河の流れの美しさと，それを収めた写真が決定的に異なる条件はなにか。
　答は，水の流れである。一見あまりに単純なことで驚かれるかもしれないが，写真は河の表面や水泡，水しぶきの滴を写し取ることはできても，その流れまで写し取ることはできない。つまり，写真に収められたものは「河」ではなく，単なる水の集合であり，その外面にすぎない。
　では，人はどのようなものを河とよび，たとえば，水溜まりや池のような流れのない水の集合と区別しているのだろうか。その答を出すには，そもそもものごとの存在のあり様について考えてみる必要がある。

図表4－1　河は流れても写真はその流れをプロセスまでとらえられない

第4章　組織化のプロセス

「ある」とは，どういうことか

　まず，「ある」という言葉について，そしてものごとの「あり方」について考えてみたい。私たちは，日常的に「……がある」とか「……である」という言葉を使っている。ところが，この言葉の用いられる幅があまりにも広いことは気づかれることが少ない。

　たとえば，「手元にペットボトルがある」とか，「インドにはガンジスという広大な河がある」，「T君とIさんの間には愛情がある」，「わが県には○○精機という世界に冠たる精密機械工場がある」，「かつてソ連邦という社会主義国があった」などという。このような事例に示されるように，「……がある」という表現は，その主語が指し示す対象がどのような性格のものであろうと，「ある」という共通項にほぼ無条件にまとめ上げられてしまうので，そのとき主語となっているさまざまな「もの」の「あり方」が問われることはない。

　しかし，ちょっと考えてみればすぐ気づくように，ペットボトルや河，愛情や工場の存在の仕方，あり方はそれぞれいちじるしく異なっている。その多様なあり方を「……である」という言葉で一括し，なにか「あるもの」として認知すれば思考の節約にはなるが，それはこの多様な「あり方」を捨象し，過度に一様化してしまうことにもなる。この過度の一様化という問題に関して，チリの生物学者**マトゥラーナとバレーラ**（Maturana, H. & Varela, F.）は，つぎのように述べている。

　　「ひとつの集合を作っている物の名前をあげることによって，ある組織をさししめすのは，かんたんだ。しかし，その組織を作り上げる諸関係を正確に言語化して描写するのは，複雑で，困難なことである。」（マトゥラーナとバレーラ，1984，邦訳50ページ）

こうした多様なもののあり方を区切る方法として，人は日常的に無数のフレームを用いる。たとえば，もっとも影響力あるものとして「有機／無機」という区別がある。生物とそうでないもの（モノ）とは，かなりの程度明確に区別できるし，子どものときから慣れ親しんできた弁別特性でもある。

　しかし，有機物にあたらないすべての無機物をモノというカテゴリーだけをもって眺めようとすれば，ときに無理や違和感が生じる。それが，たとえば先の小話のようなケースで，河のような特性のものを写真というメディアで写し取ろうとすると，その肝腎なポイントが抜け落ちてしまうことになる。

　では，河を特徴づけ，その他のモノと弁別する性質とはなにか。この問に対して，イギリスの組織理論家ミンガース（Mingers, J.）は，**構造と構造＋プロセス**という2つのレベルを設定することで答を提示しようとする（Mingers, 1997, pp.307-308）。

　橋や山，テーブル，そして写真のような動きのないモノには，それを構成する「構造」が存在する。しかし，河や太陽系，唄のような実体は構造を構成する諸要素がつねに変化し続けながら，ひとつの明確な単体を維持しているという点で，明らかにレベル1とはその存在様式を異にしている。

図表4－2　構造と構造＋プロセスという2つのレベル

レベル1：構造	特性：静態的，空間パタン （例：橋，山，テーブル，クリスタル）
レベル2：構造＋プロセス	特性：動態的，予定された変化 （例：河，太陽系，時計，唄）

つまり，レベル2には，構造に加え，プロセスが備わっていることになる。河はこのレベル2に属し，たとえば，ペットボトルのようなプロセスのない実体とはまったく異なる存在レベルにある。

　この場合，プロセスとは，全体を構成している要素が，つぎからつぎへと移行しつつも，なにかひとつの実体として認知しうるものを作りあげている事態を指している。ミンガースは，このレベル2を代表する例として，河のほかに「唄」をあげている。

　たしかに，楽曲の特性は，ひとつひとつの音素がつぎからつぎへと発現しては消滅し，それでもなにかひとつの単体を構成していると認知される点にあり，その意味で存在様式は河と近似している。このように，日常的に使用されている存在論のフレームとは異なる視点から眺めてみれば，河は湖や氷といった水分子で構成されている他の実体よりも唄に近似しているというまったく別様のリアリティーが立ち現れてくる。

2　組織のあり方

　では，こうしたミンガースの知見を組織現象に適用してみよう。おそらく，かなりユニークな組織観が得られるはずである。しかし，その前に，これまで組織現象を考察する際に，つねに支配的であった2つのフレーム（組織の見方）を簡潔に概観しておきたい。ひとつは，日常生活において用いられている常識的な実体的組織観である。そして，もうひとつは，メンバー間の共通目的に焦点を置いた目的論的な組織観である。

実体的組織観

　さきに引用したマトゥラーナとバレーラの嘆息のように，人は企業や病院，行政府といった「組織」について語るとき，実は「かなり漠とした，安直なフレーム」を使っている。その代表は，「企業（や組織）と

は，**ヒト**，**モノ**，**カネ**，そして**情報**の集合体である」という常識的な組織の見方であり，説明である。

　この説明は，組織という現象のなかになにか実体的で，ソリッドな構成要素を見つけだし，そのもっとも確からしい諸要素に組織を還元させようとする単純さに特徴がある。たしかに，企業やその他の組織が，ヒトやモノ，カネといった構成要素から成り立っていることは誰にもよくわかる。

　しかしながら，それは単に各要素を特定しているにすぎず，それら要素がどのようなパターンで結びついているかを描写しなければ，なにもいっていないに等しい。各要素が存在しても，それら要素間でなんらかの関係性が生まれなければ，人はそこに企業や組織の存在を認知しえない。

　それは，先の小話と同じであり，人は流れる水をもって「河」とはよぶが，流れのない水――たとえば，水溜まりや池――や水の干上がった河床を指して，そうよぶことはないのである，それと同時に，人が複数集まっていても，ひとつの軒先で雨宿りをしているだけなら，それを組織とか，チームとは呼ばないだろう。

目的論的組織観

　前節の実体的組織観に劣らぬ説得力をもち根強く支持されているのが，「目的論的組織観」である。当然のことながら，人間は，個々それぞれに独自の価値観や嗜好，欲求をもっている。そうした個性を有する複数の人間たちをまとめあげ，なにかある事業に協力せしめるためには，なんらかの目的（たとえば，世界一のソフトウェア企業を創りあげるとか，国民の衛生状態を改善する，など）が各人に共有されていなければならないと考える見方が目的論的組織観である。

　その代表者であり，目的論という観点から組織論を精錬し，ひとつの

科学にまで完成させたとして，高い評価を受け続けているのが**バーナード** (Barnard, C.I.) であり，そのバーナードの理論のさらなる精緻化に成功したのが**サイモン** (Simon, H.A.) である。

バーナードの所論の特徴は，組織を，① コミュニケーション，② 貢献意欲，そして③ 共通目的，の3要素から成立すると考える点にある。まったく異なる次元に属する組織の共通目的と個々人の貢献意欲との両者をコミュニケーションによって結びつけ，両レベルを調整し，うまく駆動しうるときに，組織は発生し，発展するという発想が，バーナード理論の全体像である。

こうした所説は，目的合理性という概念と結びつくとき，非常に高い説得力を有することになる。というのも，種々バラバラの価値観や嗜好にもとづく諸個人の行動を調整し，秩序だったものとするためには，事前に共通の目的を設定し，その目的の達成度を合理性という観点から測定するのが，もっとも有効な手法になるからである。

とはいえ，こうしたバーナードの所説では現実の組織の実態をとらえきれないとする限界説が，**ワイク** (Weick, K.E.) や**マーチ** (March, J.G.) をはじめとして，一部の組織論者から提出され始めている。それによると，バーナード理論は，組織の現実を記述するものではなく，組織のひとつの理想像を描く規範論に過ぎないという。

組織の構成要素としての相互行為

本章の目的は，これまで簡潔にスケッチした実体的組織観とも目的論的組織観とも異なり，組織を「河」のようなプロセスになぞらえて考えてみようということにあった。

それには，まず組織を構成する諸要素が問題となるが，河にとって水の流れにあたるものを組織でいえば，それは組織のメンバー間でやりとりされる**相互行為** (interaction) であり，**コミュニケーション**である。

このようにいうと，それはオカシイとか，組織は人の集合体であるから，組織の要素は人にほかならないといわれるかもしれない。たしかに，人なしでは組織はありえない。しかし，単に複数の人がいても，組織が立ち現れないことは往々にしてあるし，むしろそうした場合のほうが多いのである。たとえば，雨宿りしている人たちやバス停に並んでいる人たち，たまたま電車に乗り合わせている人たちを考えれば容易にわかるであろう。結局のところ，行為を通して人と人との間で，なんらかの関係性が結ばれなければ，組織と認知される現象は生じえない。

　それでは，その組織の要素となる相互行為とはなにか。平易にいえば，それは2人以上の社会的行為者がその行為を媒介として互いに働きかけ合うことを指している。経営学であまり聞くことのないこの相互行為という概念は，社会学の領域においてはもっとも重要なトピックである。そして，この概念にもとづいて社会理論の構築を図っているストラウス（Strauss, A.）の言によれば，それはつぎのような特徴を有している。

　　「対面的相互行為は，流動的で，前進的（moving）で，『流れるような』プロセスである。そのコースにおいて，参与者らは，お互いに対して，継起的な（successive）スタンスをとる。たくみに受け流すこともあれば，リズミカルな心理的バレエのように振る舞うこともある。」（ストラウス，1984，邦訳71ページ）

　流れであり，リズムを有するという点では，さきのミンガースのレベル2に当たる諸実体と共通しており，また相互行為は基本的に発展的（developmental）であり，また進展的（evolving）でもあるという。

　ここで，相互行為を極度に単純化して考え，その流れを記号化してみよう。かりに2人の社会的行為者AさんとBさんを考え，その行為をそれぞれa，bと表してみる。すると，相互行為はつぎのような行為の継

起的連鎖として表される。

相互行為：a_1, b_1, a_2, b_2, a_3, b_3 ………

　AさんとBさんの行為は交互に現れ，相手の行為によって自分のつぎの行為が影響を受け，その行為にまた相手が影響を受け……というように，相互行為とは互いに影響し合う一連の行為が継続的に発現しあうことであると考えることができる。

3　組織とそうでない相互行為

両者を区分する基準

　しかし，単に一連の相互行為が存在するからといって，それがすぐに組織として認められるわけではない。**相互行為**という概念では，それに内包されるものが多すぎて（たとえば，朝の挨拶から始まる家族の朝食時の風景も，レスキュー隊の決死の突入なども，みな相互行為である），組織の最低限の成立要件であることは明示できても，組織を十分に条件づけるまでには及ばない。

　であればつぎに組織を構成する相互行為とそれ以外の相互行為を区別するなんらかの基準が必要となる。

　まず，ビリヤード場という場面を考えてみよう。そこでは，週末の昼下がり，たくさんの人がプレイしているとする。しかし，そのビリヤード場を経営している主体を抜きにして考えれば，それらの集合は単に「ビリヤードを楽しんでいる人たち」であって，なにか単一の組織として考えることはできないし，その必要性を誰しも感じはしない。

　ところが，もしそのビリヤード場の片隅を毎週定期的に占有して活動

している人たちがいて，その集まりには名称（たとえば，「麹町ビリヤード同好会」）があるとしたらどうであろうか。さらには，リーダー格の人がいて，会計係がいて，毎月会報まで発行しているとする。こうした集いならば，それは間違いなく「組織」というレベルにまで達していると考えられる。

このように，単なる相互行為と組織を区別する基準がたしかに存在し，私たちはそれを日常生活において比較的無自覚に用いている。ではつぎに，ワイクの考えを用いて，その基準について考察を進めてみたい。

組織の3特性

組織とよばれる相互行為とそうはよばない相互行為を区別するにあたっては，ワイクのいう3つの特性が有効である。第1に**反復性**，第2にメンバー間での**互酬性**，そして第3に**相互依存性**である（ワイク，1969）。

もし組織が相互行為から成り立っているのであれば，もろもろの行為は立ちあらわれては消えるという特性を有しているので，類型化しうる一定の相互行為が繰り返し生起し続けている場合にのみ，人はそこに組織を感じ取ることが可能となる。たとえば，唄が唄として認識されるには音素間の一定のまとまりが必要であるのと，それは同じである。

ビリヤード場の例でいえば，そこには「繰り返し来る人」と「そのとき限りの人」がいるはずで，一回限りの来店者がなんらかの組織を構成することはありえない。つまり，一定のパターンをもつ相互行為がつねに再達成され続けることが組織の必要条件である。

そして，相互行為に携わっている各行為者が相互行為することへの自明性やモチベーションを高め，反復性を維持するために必要とされる特性が，互酬性と相互依存性である。端的にいって，互酬性とは，その字が表しているように，相互作用している人たちが互いにその相互作用を通して相応の利益を得られることを指し（自分の書いたものを世に出した

第4章 組織化のプロセス

いという人〔ライター〕と，世に出す手段をもち，それを活かして儲けたいという人〔出版社〕との間では，互いの行為が結びつくチャンスは大きい），相互依存性とは相互行為をしている人たちがある種の目的を達成するのに互いの存在が不可欠な状況を指している（たとえば，ひとりでは車は作れない）。

　これら3つの特性を示す相互行為が見られるとき，そこに人は組織現象を認める。もっとも，組織の代表的類型である企業であれば，これらの特性のほかに，たとえば，収益性といった特性が加わるだろうし，公的なセクターであれば遵法性や公共性が加わることになる。

　このように，組織は，その構造や大きさ，属しているモノや果たしている機能といった属性とは異なり，こうした相互行為の特性という点からも類別することは可能だし，この相互行為的観点によってしかみえてこない面もある。

4　そして意味の世界へ

多義性の削減

　さきの3つの特性が相互行為のうちに見いだせるとき，人はそこに組織現象を認知しうる。しかし，組織的な相互作用には，もうひとつ重要な特性がある。それが，ワイクによってはじめて提唱された相互行為による**多義性の削減**（reduction of equivocality）という特性である。

　人は，みずからのさまざまな限界を超えるために，協働し合い（相互依存性），その結果ひとりで行為するよりも大きな利益を結果的に得られれば（互酬性），その相互行為を他の行為よりも高い確率で繰り返すようになる（反復性）という。そして，このような着想は，それだけで組織化行為を説明するのに十分な説得力をもっている。しかし，人が互

いに行為を継起的に連結させる理由として，意味の共有ないし世界観の共有という意味レベルの現象をみのがすことはできない。

　人は，その周りを取り巻く環境から，さまざまな情報や刺激をたえず受けている。たとえば，株式相場の大幅な変動や，突然の売上高の減少（または増大），ライヴァル会社の不穏な動向，労働市場における高齢労働者の余剰など，毎日耳に入る情報をあげていけばキリがない。

　さらに，それら情報には，その意味するところや原因を正確に突きとめることのできないものが数多く含まれている。組織現象の基礎となるもっとも単純な2者間関係のケースを考えてみても，たとえば，「上司が昨日自分に示したあの微妙なしぐさはいったいなにを意味していたのか。愛情か，皮肉か，それとも支援の暗示か」といったように，ある情報や刺激がもたらされても，その意味や原因を特定できず，多くの解釈が同時に成り立ちうるような状況は，珍しくない。

　そうしたある情報や刺激に対して複数の解釈が同時に並存しうる状況を多義的であるといい，その情報の性質を多義性とよぶ。人は，こうした多義性に遭遇したとき，その多義性を一義化し，なんらかの意味を付与しなければ，行動に移ることが困難になる。たとえば，それについてストラウスは面白い例を用いて，つぎのように説明している。

　　「行為する側が対象をどういうものかわからないと感じている場合，その対象に関するその人の行為は遮断される。次のようなことを考えてもらいたい。暗闇の中でミルクの入ったグラスに手を伸ばし，口元へもっていき，奇妙な味にひるみ，その味がトマトジュースだとラベルを張ることができるまで身動きもできず立ちすくむ。行為のエネルギーはあったのだが名前づけができるまで，それは一時的に遮断され，動員されなかった。」（ストラウス，1959，邦訳30ページ）

　暗闇のなかにあるコップ一杯の液体は，多義的であり，トマトジュー

スというよく見知ったカテゴリーに類別できるまで，人は行為に移ることができない。これと同じことは，組織的な相互行為においてもよく生じる。上司の微妙なサインの意味が確定できるまでは，確信をもってつぎの行動に移ることは不可能である。

そこで，人は，それがたとえどのような種類のものであろうと，なんらかのもっともらしい解釈を下すことになる。そして，その解釈は，個人で完結しうるものではない。他者との共同作業，つまり相互行為を通して既存の意味を付与したり，新たな意味を生み出すというコミュニケーション的特性を強く帯びるものとなる。

上司の微妙なしぐさがどうしても気になるとき，人は自分の頭のなかでさまざまな思いをめぐらしてはみる（多義）。しかし，いつまでもその定まらない状況にとどまるよりかは，誰か相談相手をみつけ会話を通してもっともらしい解釈をひねり出すだろう。つまり「あれはどのように受けとめればよろしいんでしょうか」，「ああ，あの人そういうことよくやるんだ。つまりね……」という具合である。

こうした，つねに多義性にさらされている行為者間で行なわれる世界解釈の一義化のための作業ないし，そのプロセスこそが，組織的な相互行為，つまり**組織化**にほかならない。遠田雄志による「コミュニケーションによって，多義性（equivocality）が削減され，意味が共有される。その過程が組織化（organizing）である」（遠田, 2001, 103ページ）との端的な指摘も，これと同じ視点によるものである。

組織のシンボリックな局面

こうした行為者間での多義性削減プロセスが時間を経て積み重なっていくとき，そこには必然的になんらかのパターンが形成されることになる。たとえば，ある一群の状況に対しては，つぎのような解釈を下せ，といった具合である。

こうした解釈の指針やルールのセットを**フレーム**（frame）ないし**解釈図式**（scheme of interpretation）と呼ぶ。そして，そうした定型的な認知の枠組みが組織を取り巻く諸状況を解釈するのに有効であると認められることにより，行為者間で共有され，使用され，さらに継承・発展されていくとき，そこにはひとつの組織を明確に感じさせる特有の一貫性と独自性が立ち現れる。

　それこそ，組織のシンボリックな局面というべきものであり，組織が個々人の情報活動や意味解釈に大きな影響を及ぼしていることを再認識させてくれるものである。この組織のシンボリックな局面に関しては，高橋〔1998〕および稲垣〔2002〕に詳しく，本書の第9章でも論じられる。

バケツリレーのメタファー

　本章では「組織を河になぞらえて考えてみよう」ということで，これまで組織を流れやプロセスといったつねに動きあるイメージを用いて記述してきた。企業や官公庁といった各種組織は，オフィスのなかで，またステイクホルダーたちとの間でたえず繰り返され，流れるように進行していく数々の相互行為によって形成されている。

　もしこのように組織の存立が行為によって支えられているのであれば，**中條秀治**が「**虚構性**」（中條，1998，217-220ページ）という言葉で表したように，行為者間で組織的な相互行為が行なわれなくなったときこそ，組織の消滅だと考えられる。そのとき，たとえヒトやモノやカネがそのまま存在し続けたとしても，人びととの関係性が損なわれ，相互行為が繰り返されてきた諸条件（互酬性や相互依存性）が失われ，実質的な行為が止まれば組織は失われる。それは「河の跡」だけが残されるようなものである。

　こうした組織のイメージを河とは別のメタファーを用いるとしたら，

それはさながら**バケツリレー**のようなものである。もっともこのバケツリレー，バケツを回している前後の人たちを行為と考え（回し手＝行為），その行為の連鎖を相互行為とすれば，それら回し手はつぎつぎと立ち現れてはバケツに触れたつぎの瞬間消えていくイメージである。

回し手である行為はつぎつぎと現れ消えていっても，そのプロセスを通してひとつのバケツだけは行為が途切れない限り存在し続ける。このバケツこそ行為者にとって「組織」として認知されるものであり，それを支える諸行為が発展的に変化したり，移行していっても一貫性あるひとつの組織として認知され続けるのである。

流れと河床

とはいえ，こうした相互行為の流れというイメージのみをもって組織を説明づければ，やはりそれは組織の一面にしかすぎないものを過度に強調していることになるだろう。組織という現象は，こうした相互行為の流れによって構成されている反面，その流れを統制する機制（メカニズム）も備えている。そのことをこれまで用いてきた河というメタファーを使って指摘してみたい。

河を構成している絶えざる水の流れは，その河床によって流れゆく方向や量，スピードが統制されている。それと同じように，人間間の相互行為もまたあらゆる状況で統制（control）されている。

その最たる例が，組織の**ハイアラーキー**（階層）で，伝統的な官僚制組織では，他部門の人間や上司の上司と職務上の必要以上に話しあうことは，非常識とみなされたり，無用のことと思われたりする。そして，ひどい場合は禁止されている。

相互作用としての組織という観点からみれば，このような相互行為やコミュニケーションのアクセスを統制・制限し，その流れをある程度計画的に秩序づけるメカニズムこそが，組織の**構造**（structure）であると

考えることができる。河の水の流れが、河床の深度や幅、形状によってほぼ確定されているように、組織における通常のオペレーションは、その構造によって水路づけられており、それによって組織はほぼ毎日変わらない外観を維持し、同一視すること（つまり、昨日も今日も会社は変わっていない）が可能となっている。

とはいえ、河の流れが土を削りとり、新たな河床の形状を作るように、相互行為が組織構造によってつねにコントロールされるということはありえない。相互行為が流動的で発展していく性質を有するものであれば、既存の構造から課される制約を離れ、ときに新たな構造を形成するのは必然である。この「相互行為—組織構造」という関係性は、ちょうど水の流れと河床が互いに創り・創られる関係にあるのと同様、相互に規定しあうところに、その特徴があるといえる。ふたたびストラウスの言を引いてみよう。

> 「社会構造と相互行為は密接に結びついており、また、時を超えて（繰り返し）相補的にお互いに影響を与えている。これは、相互行為だけでなく構造自体を時間的に見る観点であり、構造自体は相互行為を通して行為者によって形成される。」（ストラウス、1959、邦訳9ページ）

柔らかく、しなやかで、発現しては、すぐに消えてゆく相互行為の生成と流れを一定に保ち、秩序と合理性ある組織を維持するため、人は構造やルールといった統制のためのメカニズムを集合的に構築し、実践し続ける。しかしながら、環境の変化が激しく、既存の組織構造では不適応をもたらし、組織の存続そのものが危ぶまれるとき、相互行為を通して既存の構造を修正したり、まったく新奇な構造を形成することになる。

「殻を脱がない蛇は死ぬ」という言葉があるように、組織はその存続をかけ、つねに環境の変化に合わせ、構造を更新し続けるほかない。し

かし，そのとき奔流のように生じる新たな相互行為やコミュニケーションを必要以上に恐れることはない。もしそこに互酬性があり，相互依存がバランスよく保たれ，有効な意味づけがもたらされるのであれば，新しい河床が創り出され，組織はつぎのステージに移行するだろう。

つねに平穏に流れている姿だけが河ではない。ときに増水し奔流となったり，またあるときには河床がみえるほど枯渇することもまた，河という現象を考えるとき，けっしてみのがせない一面である。

このように，「流れ—河床」からなる「河」というイメージを用いて，ぜひ組織という現象を考察してもらいたい。平板な構造的観点から切り落とされた別様の柔軟な思考が新たに頭のなかを流れ始めてくれれば，この短い一章の役割は果たせたものと考えられる。

《参考文献》

Barnard, C.I., *The functions of the executive*, Cambridge, Mass.: Harvard University Press, 1938. (山本安次郎・田杉競・飯野春樹訳『新訳　経営者の役割』ダイヤモンド社，1968年)

中條秀治『組織の概念』文眞堂，1998年

遠田雄志『ポストモダン経営学』文眞堂，2001年

稲垣保弘『組織の解釈学』白桃書房，2002年

March, J.G. & Olsen, J.P., *Ambiguity and choice in organizations*, Bergen, Norway: Universitetsforlaget., 1976. (遠田雄志／アリソン・ユング訳『組織におけるあいまいさと決定』有斐閣，1986年)

Maturana, H. & Varela, F., *Der Baum der Erkenntnis*, Editorial Universitaria, 1984. (管啓次郎訳『知恵の樹』筑摩書房，1997年)

Mingers, J., *Self-producing systems: Implications and applications of autopoiesis*, New York: Plenum Press, 1995.

Mingers, J., Systems typologies in the light of autopoiesis: A reconceptualization of Boulding's hierarchy, and a typology of self-referential systems, *Systems Research and Behavioral Science, 14*, pp.303-314., 1997.

Morgan, G., *Images of organization* (2nd ed.), London: SAGE, 1997.

大月博司・藤田誠・奥村哲史『組織のイメージと理論』創成社，2001年

高橋正泰『組織シンボリズム—メタファーの組織論—』同文舘，1998年

Simon, H.A., *Administrative behavior* (4th ed.), New York: Free Press, 1997.

Strauss, A., *Mirrors and masks: The search for identity*, New York: Free Press, 1959.（片桐雅隆監訳『鏡と仮面—アイデンティティの社会心理学』世界思想社，2001年）

Weick, K.E., *The social psychology of organaizing*, Reading, MA: Addison-Wesley, 1969.（金児暁嗣訳『組織化の心理学』誠信書房，1980年）

Weick, K.E., *The social psychology of organaizing* (2nd ed.), Reading, MA: Addison-Wesley., 1979.（遠田雄志訳『組織化の社会心理学』文眞堂，1997年）

Weick, K.E., *Sensemaking in organizations,* Thousand Oaks: Sage, 1995.（遠田雄志・西本直人訳『センスメーキング　イン　オーガニゼーションズ』文眞堂，2001年）

《いっそう学習（や研究）をすすめるために》

A.L. ストラウス著，片桐雅隆監訳『鏡と仮面』世界思想社，2001年
　　1959年に初版が発行されて以来，つねに社会学・社会学心理学を学ぶ学生から支持され続けてきた名著である。その価値は，いっこうに減じず，ついに40年を経て邦訳本が出版された（素晴らしい！）。社会心理学の本ではあるが，人間間で行なわれる知覚や認知，相互行為，またはシンボルや知識が，個人はもとより集団のアイデンティと緊密な関係にあり，それらが集団ないしは社会の構造の形成に深く与っていることを明確化した記念的研究書。組織を考えるうえで伝統的かつ常識的な経営学とはまったく異なる視角を与えてくれるはずである。

K.E. ワイク著，遠田雄志訳『組織化の社会心理学』文眞堂，1997年
　　本章で論じられたプロセス的かつ相互行為的な組織のイメージをより豊饒化させるのに絶好の好著。刺激的かつ挑戦的，多様でおもしろいアイディアがぎっしりと詰め込まれている。ビジネス書・経営書のよ

うに「明日からすぐ役立つ」わけではないが，昔解けなかったナゾナゾのように深く心に滞留する性格の本である。レッツ・トライ！

《レビュー・アンド・トライ・クエスチョンズ》
① メンバー間の相互行為が組織を構成しているものであれば，相互行為が途絶え，再び生ずる可能性がなくなったときこそ組織の消滅だと考えられる。そうした事態に至る前に，活発な相互行為の生起を阻害する要因がさまざま考えられる。それら諸要因のなかで，もっとも影響力が大きいと思われるものをいくつかあげよ。
② それら相互行為の阻害要因を低減させるためにはどういった諸策が有効か説明せよ。
③「流れと河床」というメタファーで組織を考えた場合，組織のリーダーないし統率者にはどのような役割が課せられるか，を考え，説明せよ。

第 5 章

環境と組織

―― 本章のねらい ――

本章では，組織が，価値や信念をもった情報処理システムとして，環境に適応しながら，その組織構造を構築することを理解する。本章を学習すると，以下のことが理解できるようになる。

① 組織が環境の不確実性を削減するように組織構造を構築すること

② 環境を主体的に認識するという戦略的側面

③ 組織の環境認識にとって価値や信念といった組織文化の働きが重要であること

1 オープン・システムとしての組織

　組織は，一種の**システム**である。システムとは，部分（サブシステムという）と全体から構成されており，各部分が特定の役割を果たしながら，分化しつつ，全体としてバランスするように統合されている。

　システムをとりまく環境と無関係であるシステムは，**クローズド・システム**と呼ばれる。一方，両者になんらかの相互作用があるシステムは，**オープン・システム**と呼ばれ，生物（有機体）のように，環境との間でつねに構成要素を交換しながら存続している。

　テイラーの科学的管理法や人間関係論は，組織をクローズド・システムとしてとらえていた。そこでは，環境条件に関係なく，いかなる場合においても科学的な管理手法を用いた作業設計が良い結果をもたらすとか，部下に対する配慮的なリーダーシップが，高い業績をもたらすといった，「唯一最善の方法」（ワン・ベスト・ウェイ）が探索されていた。

　しかし，数多くの実証研究によって，同一管理手法をとっても，成果が異なる企業が存在することが明らかにされるにつれ，組織をオープン・システムとしてとらえる，より現実的なアプローチがとられるようになった。

　オープン・システムは，インプット，変換プロセス，アウトプットの3つから成り立っている（図表5－1）。組織は，ヒト，モノ，カネ，

図表5－1　オープン・システム・モデル

ヒト／モノ／カネ／情報 → インプット → 変換プロセス → アウトプット → 製品／サービス／ノウハウ／ブランド

情報といった環境要素を製品，サービス，ノウハウ，ブランドといったアウトプットに変換するプロセスとしてとらえられる。このように，現在では組織を「オープン・システム」としてとらえ，環境との相互作用のなかで分析するという方法が一般的となっている。

2 環境と組織との関係

組織のコンティンジェンシー理論

　オープン・システムとしての組織と環境との関係を精緻化したのが，**組織のコンティンジェンシー理論**である。組織のコンティンジェンシー理論は，環境が異なれば，有効な組織（もっとも成果の高くなる組織）も異なるという観点から，特定の**環境に適合**（fit）した組織特性を分析する。

　組織をとりまく環境は，一般環境と**タスク環境**に分けられる。組織を規定する要因として外生的に与えられる技術や規模なども，広義の環境として含まれる。一般環境は，社会，経済，政治，科学技術などからなり，組織に間接的な影響を及ぼす。

　一方，タスク環境とは，顧客，供給業者，競争業者に加え，政府機関，労働組合，業界団体といった規制グループ，組織間関係などからなり，組織に直接的に影響を及ぼしている。組織研究において，環境という場合，一般的にはこのタスク環境のことを指す。

　環境の各要素は，**環境の不確実性**の程度に集約される。環境の不確実性とは，組織が適切な意思決定をするのに必要とされる情報量と組織がすでにもっている情報量との差である。そして，差が大きいほど，不確実であるとされる。具体的には，環境が，① 単純であるか，複雑であるか，②静的であるか，ダイナミックであるか，の2つの次元によって

決定される。

　単純と複雑といった次元は，組織活動に影響する環境要因の多さや異質性ならびに相互作用の程度に関係する。環境が複雑であるほど，膨大な量の情報を処理しなければならない。

　一方，静的とダイナミックといった次元は，環境の構成要素が一定期間不変であるか否か，予測可能であるか否かに関係する。不安定になるほど，組織はより多くの情報を収集・処理しなければならない。

　これら2つの次元から，不確実性の程度をみると，環境が単純で安定している場合がもっとも不確実性が低くなる。他方，複雑でダイナミックな場合が，不確実性がもっとも高くなる。

バーンズとストーカーの研究

　環境と組織との関係についての研究は，組織を直接的に規定する要因としての技術との関係を分析することから始まった。

　バーンズと**ストーカー**（Burns & Stalker, 1961）は，スコットランドの企業20社の事例研究を行なった。その結果，技術革新の速さが，組織の管理システムに大きな影響を与えていることを発見した。彼らは，組織の管理システムには，**機械的管理システム**と**有機的管理システム**の2つの理想型があるとし，これらを両端とする軸上に組織を位置づけ，技術との関係を分析した。

　機械的管理システムとは，明確な職能分化や階層的権限責任関係ならびに規則や手続きが重視される管理システムであり，**官僚的組織**に似ている。一方，有機的管理システムとは，規則や手続きがあまり重要視されず，階層的な権限責任関係をこえて自由に意思疎通のできる管理システムである（図表5-2）。

　実証研究の結果，技術革新が遅い安定した市場環境では，機械的管理システムが適合的であり，技術革新が速い不安定な市場環境では，有機

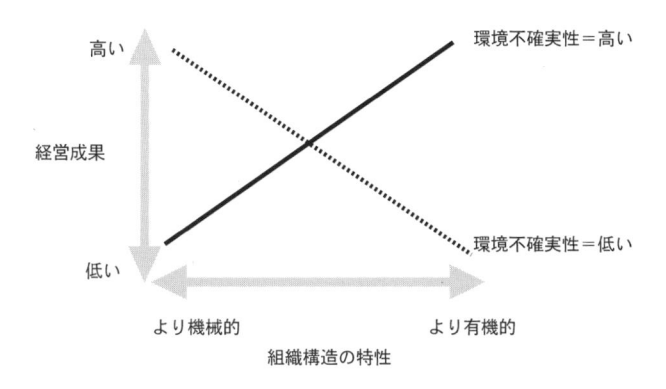

図表5－2　環境不確実性と組織構造との関係

出所）沼上幹「20世紀の経営学」『一橋ビジネスレビュー』Vol.48, No.3, 2000年

的管理システムが適合的であることがわかった。そして，彼らが，主に分析対象としたエレクトロニクス産業では，技術革新が速く，不安定な環境であったため，有機的管理システムが有効に機能していた。

　問題は，安定した環境から不安定な環境に変化した場合に，機械的管理システムから有機的管理システムに移行できるか，ということである。彼らは，機械的管理システムにおいては官僚的組織が強固であることを発見した。その理由として，組織では，成員が互いに競争し，下位集団の一員として組織の他の集団とも戦っており，これらの権力闘争が機械的管理システムの有機的管理システムへの変革を抑制していることを指摘した。

ウッドワードの研究

　ウッドワード（Woodward, J., 1965）は，イギリスのサウスエセックス地方の企業100社について，定量的研究と事例研究からなる総合的な分析を行なった。そして，「技術が組織構造を規定する」という命題を導出した。

　彼女は，**生産技術**を単品生産（注文服，電子工学製品など），大量生産

図表5-3 生産技術と組織の管理構造

構造特性	単品・小バッチ	大バッチ・大量	装置
第一線監督者の統制範囲(平均)	23	48	13
熟練労働者の割合	高い	低い	高い
組織体制	有機的	機械的	有機的
専門スタッフ	少ない(経験コツ)	多い	少ない(科学的知識)
生産統制	少ない	精密	少ない
コミュニケーション	口頭	文書	口頭

出所）岸田民樹『経営組織と環境適応』三嶺書房，1985年，p.64.

（自動車，鋳鉄など），装置生産（石油，化学，製菓など）の3つに分類し，それらと組織構造との関係を分析した。その結果，① 技術が複雑になる（単品生産から装置生産に移行する）ほど，責任権限の階層，経営担当者の統制範囲，管理監督者比率，スタッフ比率，直接労働者対間接労働者比率が増大すること，② 技術スケールの両極端（単品と装置）では，第一線監督者の統制の範囲が狭く，熟練工の採用比率が高くなっており，大量生産技術組織とは異なることを発見した（図表5-3）。

そして，これらの発見をバーンズとストーカーの研究に照らし合わせ，技術スケールの両端では有機的管理システムが支配的であるのに対し，大量生産では官僚的な機械的管理システムが支配的であることを述べた。

もっとも重要な発見は，業績の高い企業は，その企業が使用する技術カテゴリーに所属する企業の平均的な組織構造を有していることであった。これは，生産技術によって最適な組織形態が存在することを示唆するものである。このことから，彼女は，組織は使用する技術によって採用される組織構造が異なっており，「**すべての組織に共通する唯一最善の方法はない**」ことを主張した。

ローレンスとローシュの研究

ローレンスとローシュ（Lawrence & Lorsch, 1967）は，プラスチック産業，食品産業，容器産業に属する企業に対して質問票調査とヒアリング調査を行ない，環境と組織構造の分化と統合との関係を検討した。

分化とは，システムの各構成部分が特有の機能や役割を担うように相互に異なった特徴を有することをいう。一方，**統合**とは，各構成部分がひとつのまとまりとして形成されることをいう。分化が進むほど統合することはむずかしくなるという関係があり，分化と統合の問題は，組織研究の重要な課題である。

ローレンスとローシュは，**環境の不確実性**を，①情報の明確性，②因果関係の不確実性，③フィードバックの時間幅，の3点から測定し，総合計を代表値として使用した。

その結果，環境の不確実性がもっとも高い産業は，プラスチック産業であり，総合計は科学13.9，市場9.0，技術・経済8.4であった。中程度の産業は食品産業で，科学12.1，市場11.0，技術・経済7.8であった。もっとも低かった産業は容器産業で，科学7.4，市場11.0，技術・経済7.8であった。

また，分化は，①構造の公式性，②対人志向性，③時間志向性，④目標志向性から測定された。そして，統合は，①統合の質，②統合手段・過程（コンフリクト解消）から測定されていた。

彼らは，まず，もっとも環境の不確実性が高いプラスチック産業において，6社の分化および統合と業績との関係を分析した。その結果，分化と統合の程度が両方とも高い企業がもっとも業績が高く，どちらも低い企業がもっとも業績が低いことを発見した。プラスチック6社は，基礎研究，応用研究，製造，販売といった職能部門に分化しており，とくに応用研究と製造・販売部門との連携が重要であった。

そのため，これらを統合するための担当者や部門が設置されていた。なかでも，高い業績をあげている会社は，周到な部門間の協力関係や意思疎通の組織化がみられ，**横断的組織**が発達していることを発見した。

彼らは，環境の不確実性が中程度の食品産業ならびに不確実性が低い容器産業においても，同様の分析を行なった（図表5－4）。そして，3つの産業の分析から，主につぎのことを明らかにした。① プラスチック産業のように不確実性の高い環境にある企業は，組織を分化させる傾向にある。② 高業績企業は，その分化の程度に応じた統合機構を有している。③ 高業績企業は，分化の結果として生じるコンフリクトを解消するために，問題を表面化し徹底して問題解決をはかるという**問題直視のコンフリクト解決法**を採用している。

彼らの研究は，① 不確実な環境にある組織にとって統合問題が重要な経営課題であり，それを解決するには横断的組織構造を構築する必要があること，② 統合問題におけるコンフリクト解決にとって管理者の対人接触能力が有効であること，③ 管理者育成のためのキャリア形成や正当な報酬体系の構築が重要であることを指摘している。

これらは，今日の組織研究における基本的課題を提示しており，きわめて示唆に富んでいる。また，彼らの研究以降，組織と環境との関係に関する一連の研究は「**組織のコンティンジェンシー理論**」として命名され，一般化されるようになった。

3 環境適応の論理

初期のコンティンジェンシー理論によって，環境と組織に関するさまざまな経験則が得られた。しかし，なぜこのような結果が得られたかについては，わからなかった。すなわち，コンティンジェンシー理論は，具体的な命題を論理的に導きうるようにはなっていなかったのである。

図表5－4　3つの産業の比較

産　業	プラスチック	食　品	コンテナ
環境の不確実性	高い	中	低い
分化の程度	10.7	8	5.7
統合の手段			
一般的な手段	規則 階層関係 計画 直接的接触	規則 階層関係 計画 直接的接触	規則 階層関係 計画 直接的接触
専門的な手段	常設チームの設置 統合担当管理部門	タスクフォース 統合担当管理者	

出所）Lawrence, P.R. & Lorsh, J.W., *Organization and Environment*, Harvard Business School Press, 1967. p.138. を加筆し使用

こうした問題を，環境の不確実性削減や情報処理的視点によって説明しようとしたのが，**トンプソン**（Thompson, J.）や**ガルブレイス**（Galbraith, J.R.）である。

トンプソンの不確実性削減パラダイム

トンプソン（1967）は，組織がなぜ環境や技術に応じて組織構造を変えていくかについて，**不確実性削減**の観点から理論化を試みた。その論点は，以下のとおりである。

組織は，望ましい成果を合理的に達成するシステム，すなわち**組織的合理性**を追求するシステムであり，ある一定の技術（テクノロジー）を用いて，インプットをアウトプットに変換する活動を行なっている。

技術には，**長連結型技術**，**媒介型技術**，**集約型技術**，の3タイプがあり，組織によって技術は異なる。長連結型技術とは，自動車の生産ラインにみられるように，逐次的に成果を生み出す技術である。媒介型技術とは，銀行や運輸会社にみられるように，顧客とクライアントとを引き

合わせるような技術である。集約型技術とは，病院のように多様な能力を統合する技術である。

もちろんこれらのタイプは，あくまでも「純粋型」であって，同業種に属する企業でも，技術は微妙に異なる。組織がさまざまな性質をもった下位組織の集合体である**複合組織**である限り，技術は組織の数だけ存在する。

こうした技術のなかでも，その組織が組織的合理性を最大限に発揮できる技術のことを**テクニカル・コア**という。因果関係が確定的であるクローズド・システムでは不確実性は存在しないし，組織の構成要素間の調整コストなども発生しないため，**技術的に合理的**でありさえすれば組織的合理性は達成される。

しかし，現実の組織はオープン・システムであることや，人間の認知には限界があることなどから，環境のみならず，組織内においても不確実性が発生し，組織的合理性は容易には達成されない。そこで，組織は，対外的には環境の不確実性を削減するように組織を構築することで，テクニカル・コアを防御し，環境に適応する（対外均衡）。それと同時に，対内的には組織内の不確実性を最小のコストで削減するように組織を構築する（対内均衡）。要するに，不確実性下では，組織は**対外均衡**と**対内均衡**を同時に図っていかなければならない。

組織が環境からの不確実性を削減する方法として，第1に，**対環境戦略**があげられる。これは，組織はタスク環境に放置しておけば，重大な不確実性要因となる環境要因を取り囲むようにして境界を決定し，みずからの**活動領域（ドメイン）**を設定するというものである。

この対環境戦略は，技術のタイプによって異なる。長連結型技術を採用している組織は，垂直的統合によって，媒介型技術を採用している組織は，水平的統合によって，集約型技術を用いている組織は，顧客を取り込むことによって境界を決定する。

図表 5－5 テクニカル・コアと境界連結単位

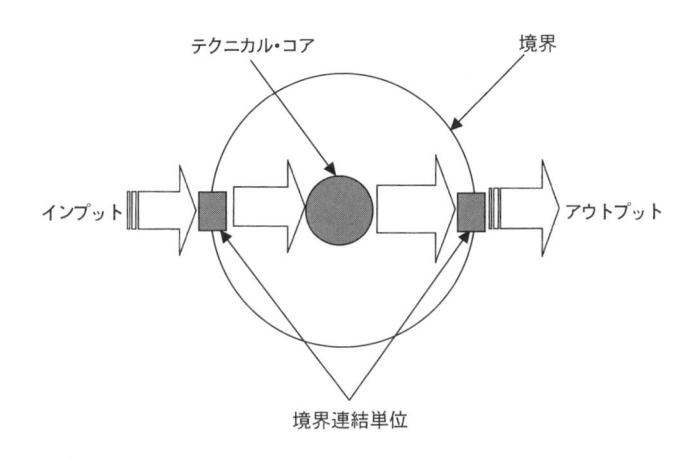

テクニカル・コア　　境界

インプット　　　　　　　　　　　　アウトプット

境界連結単位

　組織の環境不確実性削減方法の第2として，**境界連結単位**の配置があげられる。対環境戦略によって，すべての不確実性を除去することは不可能である。そこで，組織は，環境からの不確実性を吸収し，テクニカル・コアの合理性を高める機能を果たす境界連結単位を配置する。

　境界連結単位は，緩衝，平準化・円滑化，予測，割り当てといった境界連結活動を行なうことで，インプットとアウトプットにおける**コンティンジェンシー要因**（組織を規定する環境の直接的要因）を調整し，不確実性を削減する。組織構造は，環境の不確実性の程度に応じて，境界連結単位を分化させ，テクニカル・コアと結びつけるようにデザインされる。

　環境に適応した組織構造を構築しても，それが内部不確実性や調整コストの増大をもたらすようでは，組織はうまく存続できない（対内均衡）。組織内の不確実性は，組織の諸活動の相互依存性が高まるほど高くなり，**調整コスト**も高くなる。諸活動の相互依存関係は，技術によって，つぎのように異なる。

　①　長連結型技術に対しては，ある部門の職務遂行を前提として，つぎの部門の職務遂行が連続的に遂行されるような連続的相互依存的関係

が構築され，計画にもとづく部門間調整がなされる。調整コストは，中程度である。

　②　媒介型技術に対しては，下位部門間に直接的な依存関係はないが，上位部門からの支援により間接的に依存するように構築され，標準化（ルール）によって調整がなされる。調整コストは，低い。

　③　集約型技術に対しては，ある部門の職務遂行が，他の部門の職務遂行と相互に依存しながら遂行される互恵的相互依存関係が構築され，フィードバックによる調整がなされる。調整コストは高い。

　組織は，こうした特徴をもつ技術において最小の調整コストを実現できるように，階層化と部門化を行なう。

情報処理パラダイム

　トンプソンの研究によって，組織は環境の不確実性からテクニカル・コアを防御するように，みずからをデザインすることが明らかになった。これに対して，**ガルブレイス**は，環境の不確実性が組織の必要とする情報量と組織の保有する情報量との差であることに着目し，組織が**情報処理システム**であるとみなした。そして，組織の有効性は，**組織の情報処理能力**が環境の不確実性が課す**情報負荷**にいかに対処するかにかかっているとし，環境と組織との関係を理論化した。

　ガルブレイスは，情報負荷に対処する方法として，① 機械的モデルによる対処，② 情報処理の必要を軽減していく方策，③ 情報処理能力を向上させていく方策，の3つをあげた。そして，組織の有効性は，これら3つの対処方法にかかるコストと，それらによって不確実性が削減されたことによるベネフィットによって決定されるとした。

　組織は，その目的を達成するために，環境の不確実性に対処した組織デザインを選択しなくてはならない。環境の不確実性に対しては，まず，伝統的な機械的モデルが採用する，① 機械的モデルによる方策があげ

られる。

　これには，ⓐ規則・プログラム・手続きの使用，ⓑ上役に解決を委ねる階層の使用，ⓒ前もって権限を委譲しておく目標の設定・目標化の使用の3つが存在し，通常ⓐ→ⓑ→ⓒの順番で使用される。

　しかし，不確実性が大きくなるほど，機械的モデルによる方策では対処できなくなる。そこで，②情報処理の必要を軽減していく方策や，③情報処理能力を向上させていく方策が使用される。

　②の情報処理の必要を軽減していく方策には，ⓐスラックの捻出（調整負荷資源の投入）と，ⓑ自己完結的職務の形成がある。スラックの捻出とは，緩衝在庫，注文の繰り返し，納期の延長，業績水準の引き下げにより，余裕を創り出すことである。また，**自己完結的職務の形成**とは，多くの職能を備えた製品別・プロジェクト別などの自律的な職能単位を創り出すことである。

　一方，③の情報処理能力を向上させていく方策には，ⓐ縦系列の情報処理システムの改善と，ⓑ横断的関係の形成がある。ⓐの縦系列の情報処理システムの改善とは，コンピュータ化やデータベース化を促進し情報収集と処理能力を高めることで不確実性に対処するものである。そして，ⓑの横断的関係の形成とは，事業部間や部門間の協力を行なうことであり，タスクフォース，チーム，統合部門，**マトリックス組織**などが，これにあたる。

　組織のデザインとは，②および③にみられる方策のいずれか，もしくはそれらが組み合わされた方策のことをいう。しかし，どの方法をとるかは，それぞれの方策のコストとベネフィットに依存する。

4 組織・戦略・環境の関係

戦略と組織

　環境と組織との関係を明らかにしたコンティンジェンシー理論を評価すると，それは個人や集団の動機づけを中心としたミクロ理論にかわって，組織全体を分析単位とするマクロ組織論を誕生させ，環境特性に応じた最適な組織構造のデザインを具体化した点にある。すなわち，要員の充足などを中心とした組織設計から環境適合を中心とした組織設計を提起した点にある。こうしたコンティンジェンシー理論の特徴は，組織が受動的に環境に対応するものであるという視点，すなわち**環境決定的**な分析視点にある。

　しかし，環境決定的な分析視点は，経営戦略論の発展とともに，限界が明らかにされた。経営戦略論は，より高い経営成果をもたらしうる環境と，そうでない環境とを分析し，経営資源を投入する方法を論じる。すなわち，経営戦略論では，戦略が環境を選択し，選択された環境の不確実性のもとで組織が設計されるものと考えられている。そして，**戦略策定**と**戦略実行**という戦略の2分法のなかで，組織は戦略実行を担当するテクニカルな存在としてとらえられている。すなわち，戦略が組織を規定するのである。

　たとえば，**チャンドラー**（Chandler, 1962）は，デュポン社やGM社の詳細な歴史分析の結果，「**組織構造は戦略に従う**」という有名な命題を導いた。そして，未利用の経営資源が戦略の変更を促し，それが組織変革を引き起こすことを明らかにした。

　さらに，**ポーター**（Porter, M., 1980; 1985）の研究によって，個々の組織の経営成果よりも，業界ごとの平均的な経営成果の差が大きいこと，

すなわち,環境に適応した組織よりも環境を識別する戦略のほうが経営成果に影響を及ぼすことを証明することで,戦略変数を環境と組織との関係のなかへ組み込む必要性が明らかになった。

組織の主体性と戦略的選択アプローチ

戦略が環境を選択し,それに適合するように組織が形成されるという戦略論的な組織のとらえ方は,組織がより主体的に環境に適応することを示唆している。しかしながら,経営戦略論では,戦略を策定する主体が経営者であり,また,それを支える組織であるという視点に欠けている。すなわち,戦略が,組織あるいは組織の意思決定者によっても規定されることが考慮されていないのである。

この点に関して,**マイルズ**と**スノー**（Miles & Snow, 1978）は,**戦略的選択**（戦略を決定する意思決定者の判断）が環境を決定しているとし,組織の環境適応の有効性は,組織における支配的集団による環境認識と,それに適応する組織構造の構築における支配者集団の意思決定にかかるとした。

そして,組織のタイプ（防衛・探索・分析・受身型）によって独自の戦略が異なることを明らかにした。

環境と組織に対する彼らのアプローチは,**戦略的選択アプローチ**とか**ネオ・コンティンジェンシー理論**とよばれ,組織が戦略を規定するための分析視点を提供する先駆となった。

5 新たな分析視点の提示

戦略が組織を規定する（戦略策定→戦略実行）という経営戦略論からの組織のとらえ方は,論理的にも問題点を抱えている。これに従えば,戦略があたかも外部から与えられた客観的なものであるかのようにとら

えられる。たしかに,客観的な第三者が,環境を観察し,戦略を構築し,組織に与えるならば,こうした図式も成立可能であろう。

しかし,戦略を立案するのは,客観的な第三者ではなくて,あくまでも組織の成員である。戦略は,内生的なものであり,組織成員の思考パターンや価値といった組織文化の影響を受けるのである。環境が変化しても,戦略が変更されないとか,反対に戦略を変革しても実際の組織はなかなか思ったとおりに動かないという現象がみられる。これらは,客観的な認識を阻害する**組織文化**が存在するためである。

このように,環境と組織ならびに戦略との関係をみるうえで,組織文化はきわめて重要な概念であり,これを組み入れた枠組みの構築が重要である。同時に,こうしたアプローチは,組織現象を客観的な事実にもとづいて分析していこうとする考え方(**事実前提**)を放棄し,主観的な基準を重視した分析をしていこうとする考え方(**価値前提**)を採用することが重要であることを意味している。

現在では,組織文化の背後にあるより本質的な概念の探求が進められている。そこでは,情報処理システムとして組織をとらえる情報処理パラダイムから,信念・知識の体系として組織をとらえるパラダイムへの移行や(加護野,1988;野中,1990),自然科学系の新しいシステム論の導入が試行されている。また,これらの試みは,**決定論的なアプローチ**から**非決定論的なアプローチ**を用いた組織分析への移行を意味するものでもあり,環境と組織との分析枠組みの抜本的な見直しが始まっているといえる。

《参考文献》

Bartlett, C.A. & Ghoshal, S., *Managing Across Borders: The Transnational Solution*, Harvard Business School Press, 1989. (吉原英樹監訳『地球市場時代の企業戦略』日本経済新聞社,1990年)

Burns, T. & Stalker, G.M., *The Management of Innovation*, Tavistock, 1961.

Chandler, A.D. Jr., *Strategy and Structure*, The M.I.T. Press, 1962. (三菱経済研究所訳『経営戦略と組織』実業之日本社, 1967年)

Galbraith, J., *Designing Complex Organizations*, Addison-Wesley, 1973. (梅津祐良訳『横断組織の設計』ダイヤモンド社, 1990年)

加護野忠男『組織認識論』千倉書房, 1988年

岸田民樹『経営組織と環境適応』三嶺書房, 1985年

Lawrence, P.R. & Lorsch, J.W., *Organization and Environment: Managing Differentiation and Integration*, Harvard Business School Press, 1967. (吉田博訳『組織の条件適応理論』産業能率短期大学出版部, 1977年)

Miles, R.E. & Snow, C.C., *Organizational Strategy, Structure, and Process*, McGraw-Hill, 1978. (土屋守章・内野崇・中野工訳『戦略型経営』ダイヤモンド社, 1983年)

野中郁次郎『知識創造の経営』日本経済新聞社, 1990年

沼上幹「20世紀の経営学」『一橋ビジネスレビュー』Vol.48, No.3, 2000年

Porter, M.E., *Competitive Strategy*, The Free Press, 1980. (土岐坤・中辻萬治・服部照夫訳『競争の戦略』ダイヤモンド社, 1994年)

Porter, M.E., *Competitive Advantage*, The Free Press, 1985. (土岐坤・中辻萬治・小野寺武夫訳『競争優位の戦略』ダイヤモンド社, 1994年)

Rumelt, R.P., *Strategy, Structure and Economic Performance*, Harvard University Press, 1974. (鳥羽欽一郎・山田正喜子・川辺信雄・熊沢孝訳『多角化戦略と経済成果』東洋経済新報社, 1977年)

榊原清則『経営学入門（上）』日本経済新聞社, 2002年

Thompson, J.D., *Organizations in Action*, McGraw-Hill, 1967. (高宮晋監訳　鎌田伸一・新田義則・二宮豊志訳『オーガニゼーション・イン・アクション』同文舘, 1987年)

Woodward, J., *Industrial Organization: Behavior and control*, Oxford University Press, 1970. (都築栄・宮城浩祐・風間禎三訳『技術と組織行動』日本能率協会, 1971年)

《いっそう学習（や研究）をすすめるために》

　C.M. クリステンセン著，玉田俊平太監修，伊豆原弓訳『イノベーションのジレンマ―技術革新が巨大企業を滅ぼすとき―増補版』翔泳社，2001年
　本書では，競争感覚を研ぎ澄まし，顧客の意見に注意深く耳を傾け，新技術に積極的に投資する優良企業ほど，破壊的技術の登場によって，市場での優位を失いやすいことが，豊富な事例によって明らかにされている。環境に適合的な組織であるほど，急激な環境変化に適応できないというコンティンジェンシー理論の限界を知ることができる。

《レビュー・アンド・トライ・クエスチョンズ》

① トンプソンによれば，環境の不確実性に対し組織はどのようにして対応するのか述べよ。
② 戦略が組織を規定するといった戦略論からの組織に対する考え方の問題点について述べよ。
③ 環境・戦略・組織の関係について組織文化の役割も含めて述べよ。

第 6 章

組織の構造，能力と組織デザイン

本章のねらい

　多様な経営資源をもつ組織にとって，競争環境のなかで存続するためには，組織行動の環境適応を図ることが求められる。そして，その前提となるのは，組織の能力と，それを生かすための組織デザインである。この場合，経営資源，組織能力，組織デザインの関係はどうなっているのであろうか。本章を学習すると，以下のことが理解できるようになる。

① 組織構造のとらえ方
② 経営資源と組織能力の関係
③ 組織能力と組織デザインの関係
④ 組織デザインの内容

1 組織構造のとらえ方

構造という用語は，社会構造とか，経済構造といったように広く使われるが，**組織構造**といった場合，「組織メンバー間の相互作用の安定的なパターン」のことを指している。つまり，組織構造とは，建築物の構造のように，目に見える形で把握できるものでなく，人間（組織メンバー）間の安定的で予測可能な関係を意味している。そして，組織構造を把握する具体的な側面としては，以下の要因があげられる。

専門化・分業

複数の人間が協働して仕事をする場合，仕事を分割したほうが能率的だというのは，**アダム・スミス**がピン作りの分業で明らかにしたとおりである。実際の組織をみても，規模の大小や業種のいかんにかかわらず，組織メンバーの行なう仕事が分担されているのがわかる。したがって，組織構造の専門化という場合，その意味するところは，「個人レベルでの仕事の分割」ということになる。ただし，問題は，場所・年齢・時間など専門化の基準が多様に想定できるため，どのような基準で専門化したら最適か，といったことが特定できない点である。

部門化

専門化・分業が，主に個人レベルでの概念であるのに対して，集団レベルでの専門化・分業を意味するのが，**部門化**である。組織図でわかるのは，主に組織の部門化の様子であり，どのような観点から組織内の部門が設定されているか，についての実態である。

部門化の基準としては，知識・技能，機能，時間，製品・サービス，顧客・市場，場所などが考えられる。これらのうち，知識・技能と機能

を基準とした部門化は,「**機能にもとづく部門化**」であり,「**職能部門制組織**」として展開される。

これに対して, 製品・サービス, 顧客・市場, 場所を基準とした部門化は,「**アウトプットにもとづく部門化**」であり, 多くの企業がこれを「**事業部制組織**」として展開している。ただし, どの基準を選べば最適な部門化を達成できるかは不確定のままである。

標準化

組織の仕事内容についてみると, 昨日, 今日そして, 明日も変わらない作業といったものがある。これは, 労働・作業の標準化といわれるものであり, 組織が能率向上のため, あらゆる場面で実施しているものである。製品作りの工場部門は, もちろん, 事業部門でも, 書類の形式から挨拶の仕方にいたるまで, **標準化**が浸透している。

また, ファースト・フード店, ファミリー・レストラン, アミューズメント・パークなどで, 標準化の例は, 日常的に体験することができる。さらにいえば, 組織におけるあらゆる教育・訓練は, 知識, 技能, 行動, 思考様式などの標準化を目指しているといえる。

公式化

公式化とは, 組織内の規則, 手続きなどを組織メンバーが共有できるように「**文書**」として明らかにすることである。この公式化と標準化をまとめて,「**マニュアル化**」という表現が近年よく使われるようになったが, それは要するに, 標準化された仕事の手順を文書としてまとめることを意味している。なんでもしゃくし定規に規則を適用するような「いきすぎた公式化」や「マニュアル化」は, 仕事の効率を阻害する側面があることは否定できないが, 組織の意思決定に一貫性, 客観性を保つためには, マニュアル化は必要不可欠である。

分権化

これは，組織の権限委譲の程度を表す概念である。権限がトップ・マネジメントなどの組織上層部に集中する程度が高い場合は，「**集権的**」といわれる。そして，反対に現場・下層部にも権限が委譲される程度が高い場合は，「**分権的**」といわれる。

分権化と集権化は，対概念として使用される場合が多い。しかし，より正確にいえば，両者は，程度の差を示す概念であり，ひとつの連続的な尺度の両極に位置する概念と見なすことができる。すなわち，分権化の程度が低い状態が「**集権化**」，あるいは集権化の程度が低い状態が「**分権化**」なのである。

組織構造のとらえ方として，以上のように専門化から分権化までの5つの次元が考えられる。実際の組織がそれぞれの次元に関してどの程度「構造化」されているかは，組織外部から判断することは容易でない。しかし，組織内のメンバーにとって，組織が競争環境のなかで存続するために，どのように組織を構造化するかは，重大な問題であり，それは具体的には組織デザインの問題となっている。

2 経営資源と組織能力

経営戦略論の分野では，1990年代以降，企業や組織体が有する**経営資源**あるいは**組織能力**の重要性が再認識されるようになってきた。そして，「**資源ベース・アプローチ**」（Resource Based View : RBV，以下では RBV と略す）あるいは「**能力ベース・アプローチ**」（Competence Based View）といった用語が，学界だけでなく，実務界にも浸透している。もっとも，実務界では「**コア・コンピタンス**」（core competence）という用語がもっとも知られているかもしれない。こうした研究アプローチの基本命題は，

「企業・組織が保有する経営資源あるいは組織能力が,競争優位性の重要な源泉である」というものである。

こうした発想は,経営戦略論の分野では,SWOT (Strength Weakness Opportunities Threats) 分析と呼ばれる枠組のSW「組織の強みと弱み」の部分として,教科書的な説明が以前からされてきた。しかし,きわめてあいまいに「組織の強みと弱み」ということがいわれるだけで,組織論的な検討はほとんどされてこなかったのが現状である。

いうまでもなく,企業・組織が存続するためには,外部環境からなんらかの「資源」を取り込む必要がある。なお,本章では,「経営資源」と「資源」とは同義とする。ここでいう**資源**とは,原材料,部品,設備・備品,資本・資金,労働力,市場に関する情報,消費者の支払う購入代金,自治体の許認可など,組織が存続するために必要とされる有形,無形の「もの」ならびに「こと」である。

また,組織は,資源を外部から取り込むだけでなく,組織内部で蓄積する場合もあり,これらの資源が組織独自の特徴を生みだすと考えられる。メーカーが編み出した生産方式,顧客リスト,情報システムなどは,組織内部で独自の工夫が施されたものであり,内部蓄積された資源の典型的な例である。

経営資源の概念

RBVは,経営戦略論の分野では,現在もっとも注目度の高いパラダイムになっているが,意外なことに,その基礎概念である「経営資源」に関する確立した定義はない。しかし,RBVの基本命題は「経営資源が組織の競争優位性を直接に規定する」というものであり,「経営資源」と「競争優位性」との間に,直接的な関係が想定されている。それゆえに,「経営資源とはなにか」ということを明らかにしなければ,RBVの基本命題自体が,ほとんど無意味なものになってし

まう。

　RBVにおいて，しばしば引用される論文のうち，**ワーナーフェルト**（Wernerfelt, B.）は，経営資源を「組織に継続的に帰属する有形，無形の資産」と定義しており，具体例としては，機械・設備，技術力，従業員の技能，生産方式などをあげている。また，同じくこの分野でしばしば引用される**バーニー**（Barney, J.B.）は，経営資源を「組織の効率と有効性を向上させる戦略の策定と実行に寄与しうる資産，能力（capabilities），組織プロセス，組織特性，情報，知識など」としている。

　これらの概念規定をみると，会計上の「資産」と類似した概念として，経営資源が定義されていることがわかる。こうした事情は，われわれが企業・組織の財務資源あるいは物的資源をどのように把握するかということを想定すれば，理解しやすい。

　すなわち，企業がどれくらい有価証券，その他の財務資源を保有しているかを調べる場合，有価証券報告書を調べるのが，まず第1の方法である。そうした現状を考えれば，経営資源と会計上の資産とが類似していることは，ある意味で当然なことであろう。

　そこで，**会計学**における動態的・経済的な資産の概念規定をみると，資産とは「ある特定の実体により取得または支配されている，発生の可能性の高い将来の経済的便益」とされる。こうした資産概念は「サービス・ポテンシャルズ」などとも呼ばれるが，「将来にわたって収益を生み出す源泉」として資産を定義している。

　こうした概念定義を参考にすると，経営資源とは「貨幣額による測定の難易にかかわらず，組織の収益獲得に貢献しうるもの」と定義できる。この定義では，当然ながら，資源には，会計上の資産も含まれる。

　ここで注意すべき点は，会計上の資産が「貨幣額で合理的に測定でき

るもの」に限定されるのに対して，経営資源には貨幣額による測定が困難な（不可能ではないが）ものも含まれることである。企業イメージ，経営者の資質，情報，知識などは，経営に携わる立場からすれば，重要な資源であるが，現行の制度会計上は資産とみなされない典型的な例である。

　もっとも，近年は上記のような資産の概念定義を反映して，ブランドなどの「**インタンジブルズ（見えざるもの）**」（intangibles）も，貨幣額に換算しようという研究が盛んに行なわれている。その一例が，経済産業省企業法制研究会（ブランド価値評価研究会）が，2002年6月に公表した「**ブランド価値評価モデル**」である。ブランドの「貨幣額による価値評価」という発想は，経営学あるいは組織論の研究者には希薄であった。しかし，従来あいまいであった経営資源の重要な一要素であるブランドが，会計学的に客観的に補足されたことは，経営学・組織論にとっても有意義な研究成果といえる。

　また「**インテレクチュアル・キャピタル（知的資本）**」（Intellectual Capital : IC，以下ではICと略す）といった概念も，ブランドに限らず，企業の有する広範な経営資源および組織能力を包括的に把握しようという概念枠組みである。

経営資源と組織能力

　RBVの研究者の間では，経営資源に組織能力を含めて考える論者も多い。たとえば，前項で紹介したワーナーフェルトとバーニーのうちバーニーは，明白に経営資源に組織能力を含めて考えている。

　これに対して，経営資源との相違を意識して，**組織能力**とは「経営資源を生産的に構造化する力」と考える論者もいる。こうした考え方の相違は，組織をとらえる視点あるいは経営資源および組織能力を考える「目的」の違いに起因している。

例示をもって説明すると，M&Aの対象となっている企業を評価する場合，生産設備，販売網，顧客基盤，従業員の資質，ノウハウなどさまざまな要因を評価しなければならない。しかし，実務上，そして理論的にも，これらの要因を個別に測定する方法は，現在のところ存在しない。

　そこで実務上は，生産設備，データベース，顧客基盤などの経営資源も，技術力，ノウハウなどの組織能力もひとくくりに評価されているのが現状である。そうした場合には，経営資源という用語ですべての要因を総称しても，さして問題はないであろう。

　しかし，経営者の立場から，あるいはより正確に企業の将来性を予測しようという立場からは，経営資源と組織能力は区別したほうがよい。概念的にいえば，経営資源は外部から購入されたものと内部蓄積されたものという違いはあるが，基本的には「**物質（もの）**」とのアナロジーで把握される実体的存在である。生産設備，店舗網，情報システム，データベースなどは経営資源の代表例であるが，どれも物的な次元で把握できるものである。

　それに対して，組織能力とは，前にも指摘したとおり，経営資源を活用したり開発したりする「**行為（こと）**」として定義される概念である。たとえば，技術力を考える場合にしばしば「**特許**」が話題になる。たしかに，特許は，技術力を測定する尺度ではあるが，特許それ自身は経営資源であり，「特許を生み出す力」が組織能力としての「**技術力**」ということになる。

　もうひとつ例をあげれば，「**ブランド**」は，経営資源とみなすことができるのに対して，ブランドを維持・管理・向上させる能力は「**ブランド・マネジメント力**」とでも呼べる組織能力である。こうした組織能力（いまの例では，ブランド・マネジメント力）が欠けていれば，経営資源（いまの例では，ブランド）の経営上の価値も損なわれてしまいかねない。

以上のような考え方から，ここでは経営資源と組織能力を区別することとする。そして，組織能力を「経営資源を獲得，活用，蓄積，開発し，製品・サービスを産み出す力」と定義しておきたい。

組織能力の階層性

組織能力を考える場合，そこに階層性が想定される場合が多い。この場合，「**体系的能力**」（architectural competence）と「**部分的能力**」（component competence）など，さまざまな用語が使用されている。

もっとも，部分的能力に該当するのは，研究開発力，技術力，マーケティング力などの機能別能力を意味する場合が多い。こうした考え方は，ごく常識的な発想を反映している。すなわち，「あの企業は，技術力はあるがマーケティング力がいま一歩だ」，「あの企業は，技術力はたいしたことないが，販売力は強い」などの表現は，しばしばされるところである。

こうした発想は「機能別の部門化」を基本にした考え方であるため，組織の部門化が「機能別」である場合には，基本的には「**総体的な組織能力＝機能別の組織能力の総和**」という図式で考えることができる。そして，ここでは，機能別組織能力間の**相乗効果（シナジー）**も加味している。

これに対して，事業部制，**カンパニー制**などの部門化を採用している組織の場合には，多少事情が複雑になる。すなわち，事業部ごとの組織能力と機能別の組織能力をどのように整理してとらえるか，ということである。

この場合，事業部制・カンパニー制の場合は，事業部・カンパニーごとの組織能力を把握したうえで，総体的な組織能力を把握するという手順になるであろう。ただし，事業部制あるいはカンパニー制を採用していても，機能別の部門化は事業部内あるいは全社的に採用されているの

で，事業部・カンパニーごとの組織能力とは別に，機能別の組織能力を想定することになる。

3 組織能力と組織デザイン

前項では，経営資源と組織能力の異同について説明したが，組織論的見地からすると，組織能力と組織デザインの関連を明らかにしておく必要がある。

組織デザイン

ここで，組織デザイン概念について少し触れておく必要があろう。経営学，組織論では，組織構造を基点として組織の全体像をとらえる知的伝統がある。すでに述べた機能別組織，事業部制などは，組織構造のなかの「部門化」の代表的な類型化概念である。ちなみに，組織構造には，**部門化**のほかに，**公式化**（手続き，規則などの文書化の程度），**標準化**（仕事の定型化の程度），**分権化**（権限委譲の程度）などの概念があることはすでに説明した。

こうした伝統的な組織構造概念と比較した場合，組織デザインは組織構造を含むより広範な概念である。どのような組織要因を組織デザインに含めるかは，論者によって多少違いがある。しかし，目標，戦略，組織構造，意思決定プロセス，組織文化，人事体系，情報システムなどを含める場合が多い。そして，組織デザインという場合は，そうした組織要因間の「整合性」が意識されている。

たとえば，カンパニー制という「部門化」を採用する場合には，カンパニーへの権限委譲という「分権化」，どのような意思決定事項に関してどこまで権限委譲するかを明白にする「公式化」，部門ごとに給与体系を変える「人事体系の変更」など，の要因間の整合性を図る必要があ

る。

　組織デザインのなかでは，組織構造わけても「部門化」が基本であり，組織全体の行為や方向性を規定する。しかし，そこには，組織構造以外の広範な要因が含まれるということに留意する必要がある。

組織能力測定に関する先行研究

　本節では，組織能力と組織デザインの関連性を説明しているが，こうした問題は，概念定義と測定レベルという，2つのレベルを検討することで明らかになる。とくに後者のレベルにおいて，この問題は顕著に表れている。

　まず，概念定義レベルでみると，すでに紹介したバーニーの定義では，経営資源のなかに，組織能力だけでなく，組織デザインまで含まれている。これなどは，組織能力と組織デザインとの類似性を物語る好例である。

　組織能力と組織デザインとの関連性あるいは概念的な重複は，むしろ測定レベルにおいて顕著にみられる。実のところ，組織能力と組織デザインの概念的な類似性は，定義からだけではわかりにくい。むしろ，RBVにおけるこれまでの定量的実証研究で使用されてきた測定尺度をこまかくみると，両者に類似性があることがわかる。

　たとえば，**ヘンダーソンとクックバーン**（Henderson, R. & Cockburn, I.）がアメリカの製薬企業からサンプルを得た研究では，①研究論文の発表が，昇進基準になっていること，②部門間のコミュニケーションの良さ，③予算，人員の配分に関する中心的人物の存在，④研究開発活動の全社的統合の程度，という4変数で，研究開発力を測定している。これらは，解釈によっては，組織デザインそのものであるといえよう。

　また，日本の製造業を対象とした**楠木**の調査では，以下のような変数

で組織能力を測定している。

　ⓐ **ローカル能力**
　　① 製品技術蓄積：財務資源と人的資源の投入規模，パテント数など
　　② データ・ベース：ノウハウ蓄積のシステム化，情報技術の活用など
　ⓑ **アーキテクチャ能力**
　　① 自己充足性：製品技術の内部開発重視，共同開発に積極的など
　　② HWPM（Heavy Weight Project Manager）構造：統合部門の技術機能部門，生産部門，営業・マーケティング部門に対する権限
　　③ タスク専門化：要素技術ごとの組織の細分化など
　ⓒ **プロセス能力**
　　① 部門間コミュニケーション：技術部門・開発部門と生産部門間のコミュニケーションなど
　　② リーダー関与：リーダーが現場を歩き回る頻度など
　　③ 経験共有：開発部門内部の移動，開発スタッフが生産にも参加など
　以上の2つの例は，組織能力のなかの研究開発能力に関する測定例である。しかし，いずれも組織能力自体を測定しているというよりは，組織構造，意思決定プロセス，組織文化などの組織デザインを測定しているという印象が強い。また，具体的な測定項目の一部は，組織能力というよりは，経営資源（パテントやデータベースなど）を測定していると考えられる。

経営資源，組織能力と組織デザイン

　本章でこれまで説明してきた経営資源，組織能力および組織デザインの関係を概念図として示すと，図表6－1のようになる。
　この概念図のポイントは，以下のように要約できる。
　① 経営資源と組織能力を区別している。
　② 組織能力を部分的組織能力と総体的組織能力に区別している。

図表6－1　経営資源，組織能力と組織デザインの関連

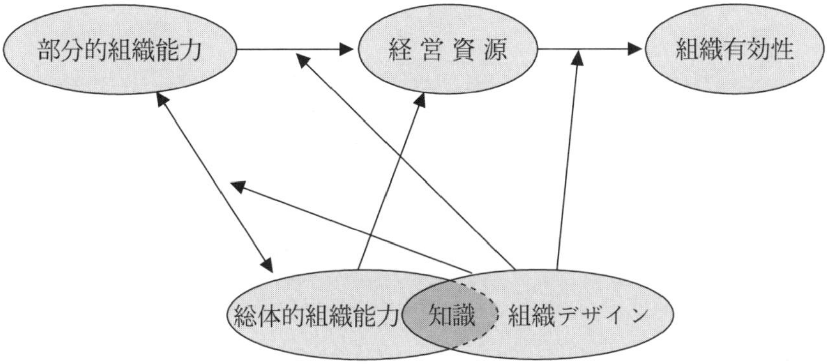

③ 経営資源に直接影響を及ぼすのは組織能力である。

④ 組織デザインは，組織能力と経営資源の関係に影響を及ぼすモデレータ変数として位置づけられる。

⑤ 総体的組織能力と組織デザインは重複する部分がある。

⑤では「総体的組織能力と組織デザインは重複する部分がある」と想定しているが，概念定義および実証研究を検討すると，このように理解できる。この重複部分は，手続き，マニュアル，文書記録，口伝えなどによる「**組織的な記憶**」(organizational memory) あるいは「**知識**」の部分である。知識と組織デザインの関連は，後で検討することにする。

また，組織デザインをモデレータ変数として想定しているが，これは例示で説明したほうが理解しやすい。たとえば，最近は「組織の分権化」が提唱される機会が多いが，分権化は組織デザインの1方式である。

しかし，分権化それ自体に組織の有効性を高める直接の効果があると考えるよりも，それによって個人能力が発揮されやすくなり，ひいてはそのことが組織全体の能力向上につながるという形で，組織有効性に関連してくると考えるほうが正確である。いわば，組織デザインは，組織内の「**条件整備**」，「**環境整備**」と理解することができるのである。

4 知識と組織デザイン

　組織能力と組織デザインの関連については，RBV の研究者間で意識的に論じられることは，ほとんどなかった。しかし，これまで説明した例からもわかるように，組織論的見地からすれば，両者の関連を検討しておく必要がある。その際，両者を連結する概念が「**知識**」である。

　楠木は，組織能力は企業内に蓄積されている知識から構成されており，そうした知識は，重層的な構造になっているとする。そして，組織内の知識は，知識ベース，知識フレーム，知識ダイナミクスという重層構造になっており，それぞれに対応する形で，ローカル能力，アーキテクチャ能力，プロセス能力という組織能力が形成されているという。具体的には，それぞれの知識は，以下のような内容を指している。

① **知識ベース**：特定の物理単位にもとづいて区別可能な個別資源としての知識（特許権，特定技術に関する知識など）

② **知識フレーム**：知識ベースの全体的・安定的なパターンもしくは配置形態（configuration）（権限と義務の配分，職務設計など）

③ **知識ダイナミクス**：知識フレームに現れる安定的なパターンとは別に，知識ベース間にみられる相互作用

　もっとも，知識という概念の定義も，明確ではないが，「事実に関する信念」あるいは「記憶」が，その構成要素をなしているとされる場合が多い。この点を経営資源と関連づけて解釈すると，「経営資源の所在，活用方法などに関する記憶」として，知識が組織デザインのなかに蓄積されていると考えられる。たとえば，仕事に関する手続き，マニュアルなどは，「どのような経営資源を，いつ，どのように活用すべきか」に関する知識（記憶）が文書化されたものである。このように考えると，組織デザインと組織能力が概念的にも測定レベルにおいても，知識の部

分で重複していることの説明が可能である。

ただし，公式化，標準化などの組織デザインに組み込まれた知識以外の部分が組織能力にはあると考えるべきであろう。すなわち，マニュアルなどを整備することは，知識の蓄積あるいは伝達にとって重要であるが，マニュアルのなかに，すべての知識が盛り込めるとは考えられないし，知識だけで実際の仕事がすべて遂行できるとも考えられない。

そこで単純化すれば，「**組織能力＝知識＋スキル**」という図式で考えることが可能である。「**スキル**」(skill) は，いわゆる「**暗黙知**」(tacit knowing) に近い概念である。暗黙知とは「言葉，図式などではうまく表現できない知識」などと説明されるが，日本語の語感でいえば，「仕事上のコツ」，「かんどころ」といったものである。

「暗黙知」と「スキル」が同一の概念であるかいなかに関しては，確定的な見解はないが，暗黙であるとはいえ「知」という用語を使用するからには，それはかなり**形式知**（言語化，図式化された知識）に近いと考えるべきであろう。それに対して，スキルとは，形式知と相互作用の関係にあるが，あくまでも身体的，感覚的な次元で人間に備わった能力と想定したほうが自然である。

実業界，スポーツ，学術・研究，芸術など，どのような分野でもその道で秀でた人物は存在するが，その人たちが体得しているスキルは，おそらくいかなる方法をもってしても，100％形式知化することは不可能であろう。その形式知化されない部分を暗黙知と呼ぶか，スキルと呼ぶかは，人によってまちまちである。しかし，形式知とはまったく異なる次元の能力であることはまちがいないであろう。

5　まとめ

経営資源，組織能力，知識といった概念は，いずれも最近の経営ある

いは組織を論じる場合の重要なキーワードである。本章で説明したように，これらの用語や概念は，日常的に経営実務の場面でも使用されるものであり，ある意味でわれわれにすでになじみのものといえる。

しかし，不思議なことに，理論的な概念定義は，最近までなされてこなかった。またこれら概念の測定に関しても，ここ10年来いろいろな研究・調査が行なわれるようになっているが，まだ十分な成果をあげるには至っていない。この分野が今後，理論的，実践的に有意義な研究成果をあげるには，概念的な整理と測定尺度の開発の両方が求められている。

《参考文献》

Barney, J., Firm resources and sustained competitive advantage, *Journal of Management*, 17, 1991.

Daft, R. L., *Organization theory and design* (4th ed.), West Publishing Company, 1992.

Edvinsson, L., & Malone, M.S., *Intellectual capital*, HarperCollins Publishers, 1997.（高橋透訳『インテレクチュアル・キャピタル』日本能率協会マネジメントセンター，1999年）

Foss, N. J. & Knudsen, C. (eds.), *Towards a competence theory of the firm*, Routledge, 1996.

藤田誠「インタンジブルズとICマネジメント」『税経通信』第57巻第3号 2002年

Henderson, R. & Cockburn, I., Measuring competence? Exploring firm effects in pharmaceutical research, *Strategic Management Journal*, 15, 1994.

楠木建「日本企業の組織能力と製品開発パフォーマンス―産業タイプによる比較分析」『ビジネス・レビュー』第43巻第4号 1996年

Lev, B., *Intangibles*, The Brookings Institution Press, 2001.（広瀬義州・桜井久勝監訳『ブランドの経営と会計』東洋経済新報社，2002年）

野中郁次郎『知識創造の経営』日本経済新聞社，1990年

Polanyi, M., *The tacit dimension*, Routledge & Kegan Paul, 1966.（佐

藤敬三訳『暗黙知の次元』紀伊國屋書店, 1980年)

Wernerfelt, B.,A resource-based view of the firm, *Strategic Management Journal*, 5, 1984.

---《いっそう学習（や研究）をすすめるために》---

M.M. ブレアーほか著, 広瀬義州ほか訳『ブランド価値評価入門』中央経済社, 2002年

原著書名は"Unseen Wealth"であり, 本章で説明したインタンジブルズ, IC, 経営資源などに関する網羅的な解説がされている。株式時価総額とインタンジブルズとの関連など会計学・財務論的視点やマクロ政策との関連も記述されている。

森田松太郎監修『知的経営の真髄』東洋経済新報社, 2002年

ICの代表的論者の1人であるP. Sullivanの著書の翻訳。コンパクトに要点がまとめられている。

《レビュー・アンド・トライ・クエスチョンズ》

① 会計（学）における「資産」の概念と経営（学）に「経営資源」の概念の類似点と相違点を説明せよ。
② 経営資源と組織能力を区別する考え方について, その適否を論じよ。
③ 組織デザインの決定プロセスはどのように理解したらいいのだろうか。誰がどのような基準にもとづいて行なうのか, という観点から述べよ。

第 7 章

組織内外のコントロール

―― 本章のねらい ――

組織が存続し，成長するためには，組織均衡という考え方を必要とする。組織均衡のためには，対外コントロールと対内コントロールが行なわれる必要がある。本書を学習すると，以下のことが理解できるようになる。

① 組織均衡の意味と必要性
② 組織の対外コントロールと対内コントロールの機能と意思決定原理との関係

1 組織均衡と組織のコントロール

組織均衡

　組織が存続し，成長するためには，組織内に**誘因≧貢献**の関係が継続的に作りだされ，各参加者の組織への継続的な貢献が確保されなければならない。すなわち，組織が各参加者に対して与える「**誘因**」（賃金，昇進，良好な人間関係などの報酬）と，各参加者（従業員など）の組織への「**貢献**」（協働意思など）とが，均衡（バランス）しているか，もしくは誘因が貢献を上回る必要がある。

　この誘因と貢献との均衡が，**組織均衡**という考え方であり，均衡が達成されない場合，組織は衰退し死滅することになる（Barnard, 1938）。

　この組織均衡には，つぎの2つがある（占部，1974）。

　① **対外均衡**：外部環境の変化に組織を継続的に適応させ，組織目的を達成すること。組織目的の達成度のことを組織の**有効性**（effectiveness）という。有効性が高いほど，より多くの誘因の原資を獲得することができる。組織は，もっぱら有効性の見地からデザインされる。

　② **対内均衡**：各参加者に誘因を配分し，満足を喚起し，貢献を導くこと。貢献から誘因への変換率を**能率性**（efficiency）という。能率性の高い組織ほど，各参加者の満足度は高く組織への貢献度も高い。組織は，もっぱら効率性，すなわち，組織の個人への適合の見地からデザインされる。

　このように，組織が環境に適応することで，有効性が確保され（対外均衡），誘因≧貢献といった組織均衡の必要条件が満たされる。そして，組織が各参加者に適合し，高い効率性が達成されるとき（対内均衡），誘因≧貢献の十分条件が満たされ，組織は存続と成長が可能になる。

ただし，対外均衡と対内均衡が，同時に最大に達成されることはむずかしい。なぜならば，有効性が最大になる組織デザインが，必ずしも能率を最大にするとは限らないためである。一般的には，有効性を達成するためのいくつかの代替案のなかから，能率性が最大になる組織デザインが選択されることになる。

組織のコントロール

このようにみると組織均衡は，組織の行なうコントロール，つまり，組織の**対外コントロール**と**対内コントロール**によって達成される。対外コントロールは，対境戦略に相当し，合併や提携など積極的に環境に働きかけることで環境に適応することを意味する。

したがって，対外コントロールは，対外均衡の能動的側面を意味している。一方，対内コントロールとは，組織構造のデザインに相当し，組織構造を構築し，環境に適応すると同時に，報酬システムを構築することで組織の参加者に適応する。したがって，対内コントロールは，対外均衡の受動的側面と対内均衡とを包含している。

組織は，対外および対内コントロールを，いくつかの意思決定原理にもとづいて行なっている。これらのうち，もっとも一般的な原理は，①不確実性削減の原理である。しかしながら，組織は，こうした不確実性削除の原理だけにもとづいてコントロールしているのではなく，直面する問題に応じて，②資源依存関係の解消，③取引コストの最小化，④正統性獲得，の原理などにももとづいてコントロールしている。

2 不確実性の削減

組織は，制約された合理性の下で，環境からの不確実性をできうる限り削減し，目的達成のための最適な手段を選択する。対外コントロール

と対内コントロールは，組織の不確実性削減の原理にもとづいてなされる。

対外コントロール

対外コントロールは，市場環境のコンティンジェンシー要因に能動的に働きかけることで，不確実性を削減する。対外コントロールには，競争戦略と協同戦略の2つがある（Thompson, 1967）。

競争戦略とは，第三者を介して，組織と環境との関係を間接的に調整する戦略である。この戦略が採用されるのは，市場に代替的取引相手が多数存在するときである。

すなわち，組織が必要とする資源や能力をもつ取引相手が多数にわたり広く分散しており，アクセスも容易なときである。組織は環境への依存関係を分散させることで，特定の取引相手にパワーが集中することを防ぐとともに，取引相手などが不確実な行動をとった場合の組織への影響力，すなわち，環境の不確実性を極力削減する。

協同戦略とは，組織が環境との間に直接的になんらかの協定を結ぶことで，依存関係からもたらされる不確実性を削減しようとする戦略である。具体的にはつぎの3つが考えられる。

① **契約**：2つもしくは，それ以上の組織によるモノもしくはサービスの交換に関する合意。

② **吸収**：企業が取締役に金融機関関係者を受け入れる例にみられるように，組織に新しい要素を吸収すること。

③ **連合**：共通の目的のために，2つ以上の組織がまとまること。

対内コントロール

対内コントロールは機械的コントロールと組織デザインによるコントロール，の2段階を経てなされる（Galbraith, 1973）。

① 機械的コントロール

組織は，環境の不確実性を削減するように設計される。どのように設計されるかは，不確実性の程度によって異なる。不確実性がそれほど高くなければ，大幅に組織変更されることはなく，機械的に処理される。この機械的コントロールはつぎの3つからなる。

ⓐ 規則・プログラム・手続き：各職務の実行に先立ち，必要とされる行動様式を，ルールやプログラムといったかたちで明確化しておくこと。

ⓑ 階層構造にもとづく意思決定：例外事項に関しては，ⓐでは対処できないため，公式の権限と報償決定の権限および権力の構造を設定し，より上位において問題を解決できるようにすること。

ⓒ 目標設定・目標化：情報負荷が組織の情報処理能力を超えるようになると，下位組織に権限を委譲し，処理させることが有効になる。目標の設定は，下位組織間の活動を統合し，組織全体の有効性を高める。

② 組織デザインによるコントロール

環境の不確実性が増してくると，機械的コントロールでは対処できず，新たな方策が必要となる。ひとつは，**処理すべき情報量を減らす方策**であり，具体的にはスラック・リソースの投入と自己完結型組織の形成からなる。もうひとつは，**組織自体の情報処理能力を増す方策**であり，縦系列の情報処理システムの改善と横断的組織の設計からなる。

ⓐ スラック・リソースの投入：顧客への納入期限に時間的余裕を含める，在庫量を余分にもつ，人員や機械の稼動率に余裕をもたせる，余分にコストをかけるなど，付加的資源（スラック・リソース）を投入することで，処理すべき情報量を軽減する。

ⓑ 自己完結的職務の形成：組織の大規模化や多角化に対応し，事業部制組織を構築することで，集権化と分権化の適切な組み合わせを

実現し，情報の不確実性を削減する。
ⓒ **縦系列の情報処理システムの改善**：コンピュータ化やデータベース化を促進することで，情報処理能力を高める。
ⓓ **横断的組織の設計**：組織における意思決定ポイントを情報が実際に形成されてくるところまで下げることで，情報処理能力を高める。具体的には，各組織単位どおしの直接的接触，連絡担当者の設置，タスクフォース，マトリクス組織の設計などによって実現される。

③ 資源依存関係の解消

組織は，その存続と成長に必要な資源を完全にコントロールできる自己完結的な存在ではなく，環境，とくに資源を所有する他組織との間で交換や相互依存の関係にある。しかし，相互依存関係に偏りがある場合，資源をより多く有している組織は，資源をより少なく所有している組織に対して**パワー**を有していることになる。

こうしたパワーは，より少ないパワーを有する組織にとって制約要因となり，相手しだいでは大きな不確実性要因となりかねない。そのため，資源依存関係を削減することが，重要な存続・成長要因となる（Pfeffer & Salancik, 1978；山田, 1996）。

対外コントロール

組織は，環境への資源依存をできうる限り解消することで，パワーや不確実性を回避しようとする。具体的には，資源依存関係そのものを回避する戦略と，資源依存を認めつつも，他の組織からの支配をできる限り回避する戦略をとる。

前者の**資源依存関係そのものを回避する戦略**には，代替的取引の構築と多角化の2つがある（桑田・田尾, 1998）。もし資源をある特定の組織

に依存しているのであれば，取引先を増加させることで，特定組織への依存を代替させることができる。また，エネルギー源を天然ガスから石油に替えるなど，依存する資源そのものを替えてしまえば，その資源は重要ではなくなる。異なる事業分野への多角化も，資源依存の分散化を図り，個々の資源の重要性を低減する方法である。

一方，資源依存関係自体を変更することができない場合は，**資源依存を認めつつも，他の組織からの支配をできうる限り回避する戦略**をとる。具体的には，つぎの3つの戦略が存在する（山倉，1993）。

① **自律化戦略**：合併，垂直統合，部品の内製化などにより，依存の吸収や回避を行なう。

② **協調戦略**：協定締結，包摂，人材導入，合弁，アソシエーションなど，他の組織との折衝を通じて，互いの妥協点を模索し，良好な関係をつくることを目指す。

③ **政治戦略**：正統性の獲得，政府の規制，ロビイングなどの第三者機関の介入やそれへの働きかけを通じて間接的に他の組織を操作する。

対内コントロール

対内コントロールには，経営者の選抜を通じた組織行動と構造のコントロール，経営者のシンボリックな行動によるコントロール，組織内政治によるコントロールの3つがある（Pfeffer & Salanicik, 1978；角野, 2001）。

① **経営者の選抜を通じた組織行動と構造のコントロール**

組織は，環境の不確実性や相互依存性，ならびにさまざまな制約要因（コンティンジェンシー要因）に適応的に行動しようとする。経営者の組織内でのパワーやコントロールの程度は，これらの環境要因に対する経営者の問題解決能力，すなわち，経営者資源によって決まる。

組織が，経営者資源に依存すればするほど，経営者のパワーは高くな

る。すなわち，環境が組織における経営者のパワーの分布に影響を与える。そして，このパワー分布にもとづき，主たる管理者の任期と選抜が決定され，下位管理者も順次決定されていく。

　組織の政策や構造は，このパワー分布にもとづいてなされた管理者の意思決定の結果である。すなわち，組織活動をコントロールする管理者が，組織の政策やその結果として生じた構造に影響を与えるのである。

　② 経営者のシンボリックな行動によるコントロール

　組織が適応しなければならない環境は，組織メンバーによって認識された主観的環境である。もし環境が客観的であるならば，いま述べた経営者のパワーは，環境と1対1の関係にあるといえる。しかし，環境が主観的であるということは，メンバーによって環境が異なること，すなわち環境が多様であることを示している。この場合，環境と経営者とのパワー関係は，複雑になる。メンバーによって，経営者は有能にも，無能にもみえるからである。

　このように環境認識が複雑である場合，経営者が，言葉や儀式，雰囲気づくり，感情への訴え，といった「シンボリックな役割」を演じることが，組織コントロールにとって重要となる。とくに，組織変革を迫られている組織では，環境と組織との関係が一義的ではなく，メンバー内に混乱がみられる。経営者のシンボリックな行動は，メンバーの環境認識をまとめ，組織変革を誘導する役割を果たすのである。

　③ 組織内政治によるコントロール

　経営者の選抜を通じた組織行動と構造のコントロールも，経営者のシンボリックな行動によるコントロールも，環境に適応した組織行動であった。しかし，組織は，利害関係者の連合体でもあり，環境に適応するのみならず，組織をコントロールしている人もしくは集団のために適応することもある。

　とくに，組織内のタスク（課業）環境に対するメンバーの認識がちがっ

ているとか，因果関係にあいまいさがあったりするときは，利害関係をめぐる組織内政治が生じやすくなる。そして，この組織内政治が，経営者の交代の遅延や継承的な交代，といった組織変革を拒む行動をもたらすこともある。

4 取引コストの最小化

　組織は，組織の階層構造における取引コストが市場での取引コストよりも小さくなるように構築される（Williamson, 1975）。したがって，対外コントロールと対内コントロールは，組織が行なう取引コストの最小化の原理に従ってなされる。

対外コントロール

　取引コストの決定要因は，2つある（今井・伊丹・小池，1982）。第1は，人間自体の行動前提である。これには，**「制約された合理性」**（bounded rationality）と**「機会主義的行動」**（opportunistic behavior）の2つがある。

　まず，人間の情報処理能力には限界があるため，取引相手と完全な契約を締結したり，適切な取引価格を設定したりすることは，不可能である。したがって，制約された合理性の程度が高くなるほど，正確な情報を入手するためのコスト，すなわち取引コストは高くなる。

　つぎに，人間は場合によっては，自己に不利益な情報を伝えなかったり，すきあれば相手をだし抜いたりといった機会主義的行動をとることがある。こうした機会主義的行動は，駆引き的行動をもたらし，取引コストを上昇させる。

　第2は，取引される財やサービスの特性や環境である。これには，**「取引の少数性」**と**「環境の不確実性・複雑性」**の2つがある。まず，

取引される財やサービスが特殊な人的資産（博士号をもった専門職など）を必要としたり，特殊な物的資産（生産設備など）を必要としたりする場合には，取引相手が少数になる可能性が高くなる。取引相手が少数の場合，相手が機会主義的行動をとったときの損失は非常に高くなるため，取引コストは非常に高いものとなる。

つぎに，取引される財やサービスに関する情報が不確実であったり，複雑であったりすると，情報不足を補うための情報探索・収集コスト，すなわち，取引コストは高くなる。

市場での取引コストが高くなると，取引コストが等しくなる，もしくは小さくなるまで市場が組織化される。具体的には，取引相手の**吸収・合併**（M&A）や取引相手との合弁子会社の設立，もしくは取引相手と同じ機能を果たす部門をみずから設立するといった対外コントロールにより，組織は市場を内部化する。

対内コントロール

組織は，さまざまな組織形態を採用することで組織内での取引コストを最小にコントロールする。具体的には「U型企業」と「M型企業」の，2つが考えられる（Williamson, 1975）。

市場取引は，人間の制約された合理性や機会主義的行動，そして環境の不確実性・複雑性や取引の少数性によって，取引コストが上昇すると，組織的な調整の下に置かれる。しかし，組織に内部化された取引には，規模の拡大などによる統制の損失といった問題が生まれる。すなわち，垂直的・水平的方向への組織の拡大は情報伝達の累積的損失をもたらすようになる。

また，セクショナリズムによる情報の偏在もみられるようになり，組織内の取引コストは上昇する。とくに，U型企業（unitary form：統合型）とよばれる職能別組織の場合，巨大化・多角化するにつれて，この

傾向は，顕著になる。

　M型企業（multidivisional form）とよばれる事業部制組織は，U型企業に比較し，制約された合理性と機会主義的行動の双方を克服する。M型企業の特徴は，つぎの3点に集約される（角野，2001）。① 業務上の意思決定は，分権化され準自治的機能をもつ事業部に与えられる。② 総合本社にスタッフを配し，総合本社は各事業部に対して助言や監査，および評価を行なう。③ 総合本社は競合する事業部間の資源配分にかかわる計画・評価・統制といった戦略的意思決定を行なう。

　このような特徴をもつM型企業では，制約された合理性は，情報の移転が少ないため問題にならなくなる。また，機会主義的行動は，全体の目標を事業部ごとのよりオペレーショナルな下位目標に替えることができるので，弱められる（Douma & Schreuder, 1991）。

　以上みたように，組織は，その巨大化と多角化に応じて組織形態をU型からM型へ変更する。そして，これによって組織内での取引コストを最小化するように対内コントロールを行なう。

5　正統性の獲得

　本書の第5章で示したように，組織は技術的合理性の原理にもとづいて行動する。しかし，組織は，技術的に合理的であるばかりでなく，社会が組織に対して抱いているイメージや期待などの**価値**を取り入れることで，その正統性を獲得しようとする。すなわち，組織は正統性の原理にしたがって行動するという側面も有している。

　もちろん，業種によって正統性を獲得する必要度は異なる。たとえば，大学などの教育機関と製造業のような営利組織とでは，人びとが抱くイメージは異なる。もし大学が不動産業や金融業を行なうならば，社会から大きな批判を浴びるであろう。法律上は大学という組織であっても，

世間一般からは大学として認識されないばかりか，その存在意義が否定されかねない。一方，製造業の場合，社会が抱いているイメージは，営利追求であり，大学などに比べて環境圧力は希薄である。

このように程度の差こそあれ，組織は，世間一般の価値を取り入れ，みずからの存在意義を正統化することではじめて，制度として認められるのである (Selznick, 1957)。

対外コントロール

正統性の原理に従う組織は，より上位の組織や評判の高い組織となんらかの組織間関係を締結することで，みずからを正統化しようとする。とくに，非営利組織など存在意義が問われる組織では，高い地位にあったり公的な立場にあったりする人物を，組織の長として迎え入れることによって，みずからに正統性を賦与しようとする傾向がある。

セルズニック (Selznick, P., 1949) のテネシー川流域開発公社 (TVA) に関する研究によれば，ニューディール政策の下で，TVA は発電所の建設を行なうとともに，森林保護やレクリエーション施設の建設も進めていた。しかし，それらの活動は，地域に根ざしたものではなく，地域住民からの反対が多かった。

そこで，TVA は，地域の諸団体の代表者を委員として内部に取り込んだ。その結果，農業指導所などは，政府の農業計画推進者という立場から地域農業団体の利害の代弁者という立場にかわり，ときには政府の農業計画に反対するようにもなった。しかし，このことにより，TVA の活動は，地域有力団体から，その正統性を賦与され，発電所の建設を行なうことができたのである。

対内コントロール

正統性の原理に従う組織は，組織が組み込まれている組織間のルール

や他の組織に同調，すなわち**同型化**するように対内コントロールを行なう。同型化をもたらす要因には，つぎの3つが存在する（Scott, 1995）。

① **強制的同型化**：組織が依存するより上位の組織やシステムの政治的・法律的圧力に従う同型化。子会社の情報処理システムや各種フォーマットが親会社の様式に従うことなどが，例としてあげられる。

② **模倣的同型化**：不確実性に対処するため，他のライバル企業や業界を代表する企業に従う同型化。長らく護送船団方式をとってきた銀行の横並び行動などが，例としてあげられる。

③ **規範的同型化**：専門集団や特定の教育などをベースに築かれた同型化。MBA（経営学修士）出身者の多いアメリカの企業には，財務を中心とした意思決定方法に特徴がみられ類似点が多く，同型的行動がみられる。

こうした，同型的な対内コントロール方法は，第2節から第4節にまでみてきたような合理的行動とは異なっている。正統性の原理に従う程度の高い組織では，むしろ組織の合理性や効率性はあまり問題とはならず，もっぱら**環境の制度的側面**（制度的環境：人びとのイメージや文化，価値）との同調が重要となる。

おわりに

本章において，組織は対内コントロールと対外コントロールを行なう際，① 不確実性削減，② 資源依存の解消，③ 取引コストの最小化，④ 正統性の獲得といった意思決定原理に従うことが示された。しかし，これらの原理は，それぞれが独立して存在しているわけではなく，つぎような関連がある。

まず，環境の不確実性は，資源依存関係の非対称性や取引コストに影響を与える。資源依存関係が非対称であること自体は，それほど問題ではない。資源が安定的かつ継続的に利用できれば，問題は生じない。問

題が生じるのは，環境の不確実性によって，資源獲得が不安定になるときである。資源獲得が不安定になることによって，他組織からの要求やパワーの発動が組織に対し大きな問題となる。

また，取引コストの上昇は，環境が確実で単純な場合は生じない。環境が確実で単純であれば，情報の偏在が生じることはなく，情報探索や処理といった取引コストは生じない。問題は，環境の不確実性が存在する場合にかぎられる。

つぎに，資源依存関係の解消と正統性の獲得との関係をみると，資源依存関係は，正統性の獲得も一部内包していることがわかる。すなわち，相互依存関係が当事者の能力だけで調整できなくなった場合，組織は政治戦略によってより上位の社会システムのパワーを利用しようとすることで，資源依存関係を解消しようとする。正統性の確保は，こうした戦略の一環として採用される。図表7－1はこれら4つの原理の関係を図示したものである。

図表7－1　4つの意思決定原理の関係

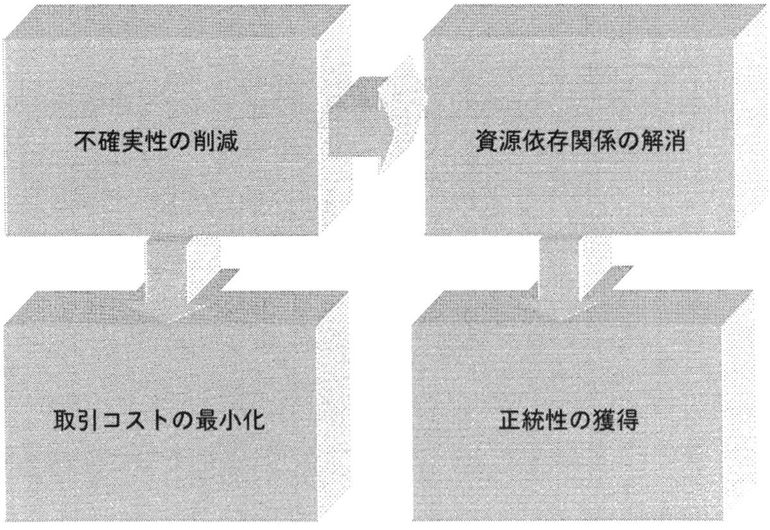

不確実性の削減	→	資源依存関係の解消
取引コストの最小化		正統性の獲得

《参考文献》

Barnard, C.I., *The Functions of Executive*, Harvard University Press, 1938.（山本安次郎・田杉競・飯野春樹訳『新訳・経営者の役割』ダイヤモンド社, 1968年）

Douma, S. & Schreuder, H., *Economic Approaches to Organizations*, Prentice Hall International, 1991.（岡田和秀・渡部直樹・丹沢安治・菊沢研宗訳『組織の経済学入門』文眞堂, 1994年）

Galbraith, J., *Designing Complex Organizaitons*, Addison-Wesley, 1973.（梅津祐良訳『横断的組織の設計』ダイヤモンド社, 1980年）

今井賢一・伊丹敬之・小池和夫著『内部組織の経済学』東洋経済新報社, 1982年

桑田耕太郎・田尾雅夫『組織論』有斐閣アルマ, 1998年

Pfeffer, J. & Salancik, G.R., *The External Control of Organizations*, Harper & Row, 1978.

Scott, W.R., *Institutions and Organizations*, Sage, 1995.（河野昭三・板橋慶明訳『制度と組織』税務経理協会, 1998年）

Selznick, P., *TVA and the Grass Roots*, University of California Press, 1949.

Selznick, P., *Leadership in Administration*, Harper & Row, 1957.（北野利信『組織とリーダーシップ』ダイヤモンド社, 1963年）

Thompson, J.D., *Organizations in Action*, McGraw-Hill, 1967.（高宮晋監訳, 鎌田伸一・新田義則・二宮豊志訳『オーガニゼーション・イン・アクション』同文舘, 1987年）

角野信夫『基礎コース　経営組織』新世社, 2001年

占部都美『近代組織論（Ⅰ）―バーナード＝サイモン―』白桃書房, 1974年

Williamson, O.E., *Markets and Hierarchies*, Free Press, 1975.（浅沼萬里・岩崎晃訳『市場と企業組織』日本評論社, 1980年）

山倉健嗣『組織間関係』有斐閣, 1993年

山田耕嗣「組織間関係論」高橋伸夫編著『未来傾斜原理』白桃書房, 1996年

──《いっそう学習（や研究）をすすめるために》────────────

　　J.L. バダラッコ, Jr. 著, 中村元一・黒田哲彦訳『知識の連鎖』ダイヤモンド社, 1991年

　　企業がグローバル競争を勝ち抜くには, 従来の「完全自立型」の組織では資金や時間がかかりすぎてしまうため,「戦略同盟型」の組織でなくてはならなくなってきた。本書は, GMとIBMを例にして, これらの企業がどのようにして戦略的提携を行ない（対外コントロール）, それを通じて得られた知識を競争優位に役立てていったか（対内コントロール）について解説している。

《レビュー・アンド・トライ・クエスチョンズ》

① 組織の対外コントロールの方法について述べよ。
② 組織の対内コントロールの方法について述べよ。
③ 不確実性の削減と正統性の獲得の2つの意思決定原理を資源依存関係の解消の意思決定原理に組み入れて, 組織の対外コントロールと対内コントロールの方法について包括的に述べよ。

第 8 章

組織の非合理性

本章のねらい

　組織現象をみると，合理的側面ばかりでなく，非合理的側面もあることがわかる。本来なら避けなければならない非合理的側面を，なぜ組織はもつことになるのであろうか。本章を学習すると，組織のもっている非合理性について，以下のことが理解できるようになる。

① 組織の非合理的要素
② 組織の運営における非合理性
③ 組織構造の非合理性

1 組織における非合理的要素

複数の人間からなる組織を効率的に運営するためには，なんらかの**ルール**が必要であり，通常，ルールは合理性に則って作られる。そして，組織の成立と運営は，基本的にはルールに沿って合理的に行なわれる。

しかしながら，変化の激しい環境のなかで行なわれる組織運営においては，「例外」が生じる。組織において非合理的側面がみられるのは，こうしたルールにない「例外」への組織的対応のためと考えられる。

また，今日，日本企業においては，**官僚制組織**にみられるような**硬直的組織**に対して，多くの批判が行なわれている。個人を重視し，多様性を容認し，創造性を発揮させるようなシステムへの転換が組織に強く求められている。ここで求められている新しいシステムとは，「ゆとり」や「例外」を容認しているが，それは「**非合理性への接近**」なのである。

組織の構成要素

組織の非合理性について考える前に，まず，組織の基本的な構成要素について確認しておこう。

バーナード（Barnard, C.I.）によるもっとも有名な定義によれば，組織とは，「**ふたり以上の人びとの意識的に調整された諸力のシステム**」である。そして，3つの構成要素（組織目的，貢献意欲，コミュニケーション）からなるという。

つまり，①組織に共通する目的，②組織メンバーの（組織目的に対して貢献しようとする）意欲，③組織内のコミュニケーション（とその経路）である。バーナードの組織論においては，この3つの要素のバランス（内的均衡）がとれていることが，組織の成立において不可欠である。

これらの要素をもつ抽象的な概念としての「組織」は，現実の社会に

おいてさまざまな具体的かたちをもって存在しており、われわれはこれに関連している。たとえば、「学校」、「政府」、「家庭」などが、そうである。また、資本主義社会における典型例は、「企業」であろう。

これらの組織はまた、構造によっていくつかに分類できる。なかでも、多くの大企業において採用されているのが事業部制組織と呼ばれる組織構造である。この**事業部制組織**では、業務は日常的な分野（事業部）と戦略的な分野（本社）に分担されている。それゆえ、メンバーが各自の業務に専念でき、より効果の高い業務遂行が可能になるのである。

事業部制組織における過度のシステム化と合理化

事業部制組織は、1920年代に**デュポン社**や **GM 社**で採用され始めた。その後広く普及し、経営史研究者の**チャンドラー**（Chandler, Jr., A.D.）によれば、1960年代には、大企業の75%が採用していたという。これらの企業では、本社部門の戦略立案業務を高めることが、重要な課題のひとつであった。よりすぐれた戦略立案のためには、より詳細な情報の収集と分析が求められることとなり、必然的にシステム化や合理化が進んだのである。

1970年代後半から80年代にかけて、このシステム化や合理化が必要以上に進行し、ついには「現実」よりも「情報」を重視する傾向が見られ、アメリカ企業の業績は深刻な状況に陥った。

このいきすぎた合理性に対して、警鐘を鳴らしたのが、**ミンツバーグ**（Mintzberg, H.）である。

非合理的な要素の機能

データなどの「**数字や言語によって表現可能な情報**」は、明確で、事実的・客観的である。これに対して、「**表現不可能な（あるいは困難な）情報**」は、あいまいで、価値的・主観的である。たとえば、「1メート

ル」は，だれにとっても「1メートル」であるが，「赤」は人によってさまざまである。

そのため，「数字や言語によって表現可能な情報」は，多くの人びとの間においても「誤解の(少)ない情報」であるといえる。ゆえに，組織においてもこの情報のほうがより確実で，強い伝播力をもつのである。また，組織の基盤に官僚制のあることも，「数字や言語によって表現可能な情報」のほうが優位なのである。

官僚制の特徴のひとつに「**文書主義**」がある。これは，職務遂行の前提に文書が存在することである。つまり，「文書化できる明確な指示」が前提であることを示している。文書化を可能にするために基礎となる情報は，必然的に「数字や言語によって表現可能な情報」を重視することになる。

文書化は，ものごとを効率よく公正に行なうためには，重要である。しかし，文書化ができる情報だけでは，「現実」に完全に対応することはできない。それでは「**例外**」に対処できないのである。また，この点を解消するため，文書化する情報の範囲を広げようとすると，効率性が下がることになりかねない。

かりに，世界中の情報がすべて詰まった百科事典を考えてみよう。辞典が大きければ大きいほど，項目を探すための時間や労力は増大する。調べられることの(ほとんど)ない項目も増えることになる。そして，なんといっても，そのような百科事典を作るための時間や労力は膨大なものとなるであろう。

効率を求めるあまり非効率になったのが，「**いきすぎた合理性**」に陥った1970年代後半から1980年代頃のアメリカ企業であった。

多角化した大企業では，戦略立案のために，詳細な情報が収集された。そして，より精緻な戦略を立案するために，さらに詳細な情報の収集と，より多くの人材，莫大なコストが費やされていった。あげくのはてに，

立案された戦略が現実に合わない場合に，現実ではなく，戦略を優先するに至った。これでは，企業の業績が悪化するのも当然といえよう。

ミンツバーグは，このような状況を指して，「いきすぎた合理性」と批判し，非合理的な要素の重要性を示したのである。合理性と非合理性のバランスをとること，それこそが，マネジメントが現実的であることの本質である。

② 組織の運営における非合理性

ここでは，ミンツバーグの理論にもとづきながら，実際の組織運営における非合理性の意義について確認しよう。

マネジャーの求める情報

組織の運営を担っているのは，マネジャーである。マネジャーは，押し寄せる業務の遂行に追われている。マネジャーが，業務遂行の質を落とさないためには，適切に権限委譲を行なわれなければならない。その結果，マネジャーの手に最後まで残されるのが，「**意思決定**」機能である。

意思決定には多くの情報（意思決定前提）が用いられるが，それらは「**事実前提**」と「**価値前提**」に分類できる。事実前提とは，観察しうる世界とその動きについての経験的に検証可能な事実的命題によって表現される客観的な前提である。これに対して，価値前提とは，「好ましい」とか，「望ましい」という倫理的命題によって表現される主観的な前提である。

別の言葉でいうと，事実前提は「**ハードな情報**」，価値前提は「**ソフトな情報**」であるといえる。そして，いかなる意思決定も，このふたつの決定前提から引き出され，事実的内容と倫理的内容を有している。

このことを踏まえて，実際のマネジャーがどのように業務を遂行しているのかを考えてみよう。

マネジャーの仕事の現実

ミンツバーグによれば，彼の研究は「マネジャーの役割について記した文献は多数存在するが，『マネジャーが現実には何をしているのか』について記した文献は存在しない」との問題意識から，出発している。そして，「**現実のマネジャー**」がなにをしているのかを明らかにするために，みずから観察調査を行なった。その結果，マネジャーの仕事内容が，従来の管理職能論に関する文献のなかでいわれていたものとは大きく異なっていることが明らかになった。

図表8－1　マネジャーの仕事の伝承と現実

伝　承	現　実
マネジャーとは，熟考型で体系的な計画立案者（プランナー）である。	マネジャーは，緩みない速度でやってくる"細切れで多様で不連続な"仕事をこなし，行動に向かう強い志向をもっている。
マネジャーは集計された（ハードな）情報を求めていて，それらの情報をもっともうまく提供するのは公式に用いられる巨大な経営情報システム（MIS）である。	マネジャーは電話や会議などの口頭によるメディアとそこでやり取りされるソフトな「生きた」情報を重視している。
マネジメントは科学（Science）であり，専門的な職業である。現在はそうでなくとも，急速にそうなりつつある。	時間配分・情報処理・意思決定などのマネジャーの仕事のやり方は，マネジャーの頭脳の奥深くにしまい込まれている。（たぶんに直観的で，科学とはいえない。）

出所）Mintzberg, H., *Mintzberg on Management*, Free Press, 1989, pp.10-15 より作成

ミンツバーグは，彼自身の調査結果である「**事実（fact）**」と，従来の管理職能論において語られていた「**伝承（folklore）**」を対比させ，マネジャーの職能に関する研究に，新しい地平を開いたのである。

　伝統的な管理職能論の世界では，マネジャーは「静かなオフィスに座り，会社の組織や戦略について，データをもとに体系的に考えをめぐらせている」と考えられていた。しかし，実際のマネジャーの仕事は，きわめて多様であった。そのうえに，細切れで，不連続なものでもあった。そして，マネジャーたちは，文書などの形でもたらされる「ハードな情報」よりも，電話や会議などの口頭でもたらされる「ソフトな情報」をむしろ重視していたのである。

　マネジャーが，合理的で「ハードな情報」よりも，非合理的で「ソフトな情報」を重視する傾向にあるのは，それこそ経験的なものと考えられる。相手の声や表情などをマネジャー自身が感じ，経験に根ざした洞察や直観によって判断を下す。こちらの場合のほうが，「ハードな情報」に基づいてのみ下す判断よりも，より実際的な結果が得られるためであろう。事実，現場を頻繁に訪れることの重要性をマネジャーは強調している。

　そして，判断を下す際にも，プログラム化可能な「分析」のみを過信するのではなく，人間の経験にもとづく直観が有益であるという。つまり，ミンツバーグは，マネジャーの仕事とは伝統的な管理職能論でいわれてきたように，「体系的で秩序だったもの」ではないことを示し，マネジャーの業務遂行における非合理性の有用性を指摘している。

非合理的な経営戦略

　つぎに，組織の活動としての**経営戦略**において，非合理性がどのように影響しているか，についてみてみよう。

　一般的に，経営戦略は，「**計画**」として理解されることが多い。この

立場において経営戦略とは，データを収集し，それにもとづいて立案される「計画」である。このような経営戦略論は，1960年代に理論として体系化された。

それらの戦略論に共通するのは，「戦略」とは前もって周到に準備するするという意味での「計画」である（**「計画された戦略」**という）。市場動向，競合他社の状況，自社の強み・弱みの分析などに関するより詳細な事前情報を集め，それらを体系的・合理的に分析し，最高の戦略を構築する。

そして，「より良い戦略」を立てるためには，これらの活動をより精緻に行なうことが求められるようになる。そのため，事前情報の収集と分析のために割かれる予算と人員は雪だるま式に膨れあがっていくことになる。

この1960年代以降，経営戦略論で取り扱われてきた戦略とは，すなわち「計画」であり，事前に準備されるものであると考えられる。客観性や合理性を重視するプラグマティックな立場から，客観的・合理的な経営戦略を立案するというものであった。

しかし，そのような戦略には，予測できなかった事態，収拾できなかった情報への対処に限界がある。そのため失敗に終わることがある。つまり，合理的な「計画された戦略」であっても，失敗することがある。

またこれとは反対に，事前の周到な準備なしに始められた戦略が成功を収めることもある。ミンツバーグは，「いかにして戦略を形成すべきか」とする従来の戦略論とは異なる，「いかに戦略が形成されていくか」という観点に立脚して，「**戦略の工芸制作（crafting）**」という考えを提唱した。

実際に企業運営のなかで取られた戦略（**「実現された戦略」**という）をみると，周到な準備によって作られる「計画された戦略」以外のもの（「計画されなかった戦略」という）がとられていることが少なくない。こ

の「計画されなかった戦略」の生み出されたプロセスをみると、あたかもすぐれた工芸家の手が美しい工芸品を作りだすように、企業に備わった「なにか」が「パターン」として定着し、現実化したものであると考えられる。それは作られるのではなく、生まれてくる戦略である。ミンツバーグは、この戦略を「**創発された戦略**」と名づけた。

図表 8 − 2　戦略の種類

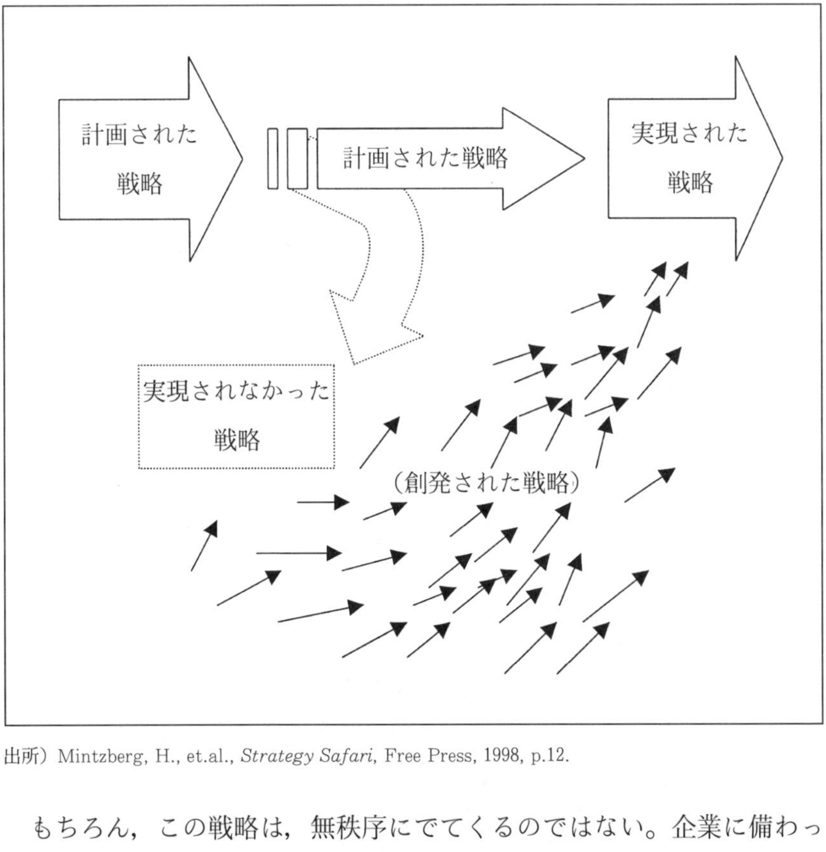

（計画された戦略 → 計画された戦略 → 実現された戦略）
（実現されなかった戦略）
（創発された戦略）

出所）Mintzberg, H., et.al., *Strategy Safari*, Free Press, 1998, p.12.

　もちろん、この戦略は、無秩序にでてくるのではない。企業に備わった行動規範や風土などがすぐれたものであったとき、それらが「パターン」として定着してできたものである。たとえば、「ある行動パターンをとると、良い業績がだせる」ということが組織メンバーに認知される

と，それはやがて組織に定着し「パターン」となる。そして，組織内において，これ以降の行動の選択は，この「パターン」を基準として行なわれるようになる。つまり，組織の行動の指針・傾向ができる。「創発された戦略」は，これらのパターンが現実化したものなのである。

「創発された戦略」は，現実にマネジメントが行なわれるなかで生まれてくるため，「計画された戦略」が変化への対応に弱いのに比べて，柔軟な状況変化への対応が可能である。

「ゆとり」と非合理性

意思決定（情報）と経営戦略の領域でみてきたように，組織の運営において，非合理性は重要な役割を担っている。それは，主として環境変化への柔軟な対応という観点からみると重要である。

ある環境において，ぴったり当てはまったシステムは，無駄がなく，効率的である。しかし，そのようなシステムは，少しでも環境が変わると，歪みが生じる。大きな変化が生じると，歪みが生じるどころか，システムが壊れたり，システム自体が障害となったりするのである。

したがって，環境変化への対応を念頭におくならば，システムをタイトにしすぎず，ある程度の「**ゆとり**」をもたせることが有効である。この「ゆとり」が大きいほど，大きな環境変化への対応に**柔軟性**をもつといえる。

厳格なルールに則った運営も，官僚制組織の特色のひとつである。しかし，今日，この点が「**硬直化し，創造性を阻害する**」と批判され，結合が緩やかで，**フラットな組織構造**（たとえば，ネットワーク型組織やプロジェクト・チームなど）の導入が求められている。

このことは，環境変化への対応力の観点から理解できよう。やや単純な言い方をすれば，システムやルールの基本となっているのが，合理性であり，そこに「ゆとり」をもたせるのが非合理性である。つまり，環

境変化への対応力つまりゆとりに力点が置かれている今日，非合理性の導入と活用が，課題であるといえよう。

3 組織構造の非合理性

ここでは，組織におけるゆとりと，その源泉としての非合理性について考えてみたい。

「ゆとり」をもつ組織構造

批判の集中する官僚制組織に対して，導入が叫ばれているのは，ネットワーク型組織やプロジェクト・チームなどのフラットな組織構造である。このような構造は，ITを積極的に活用することで「**統制の幅**（span of control）」（一人の上司が有効に監督できる部下の数）を広げるため，階層が減少する。

また，迅速なマネジメントを実現するために，大幅な権限が現場に委譲される。そして，現場の創造性が尊重されるため，多様な価値観をもつことが認められる。これは，官僚制組織が画一的な価値観（ルール）を求めるのと対照的である。

このような組織は，柔軟な対応力をもつことになる。また，「創発された戦略」のように，組織が運営されていくなかで，さまざまなアイディアが創出される可能性が，官僚制組織に比べて高い。したがって，対応力と創造性の2つの面で，「ゆとり」が効果を発揮している。

このことは，現場の柔軟な対応力をもたらすと同時に，現場の個人に高い能力を求める。権限委譲された現場に必要な能力が備わっていないとすれば，組織の運営は不可能である。つまり，組織の「ゆとり」を増大させることには，組織メンバーの能力の高度化という大きな課題の解決がともなわれなければならない。

前提条件 ～「個人の確立」と「組織の文化」～

　現場の個人に高い能力を求めるための方法としては，大きく分けて，現有メンバーへの教育と，即戦力となるような人材の採用とが考えられる。前者は，従来の日本的経営のなかで行なわれてきた**新卒一括採用，終身雇用制**であるが，近年，崩壊しつつある。これに対して，後者は，専門能力の高いスペシャリストを中途採用するものである。後者の場合，比較的短期間で人材を揃えることができるうえ，**組織文化**に多様性をもたらすこともできる。

　しかし，その反面，将来の幹部候補としてのゼネラリスト的な人材が不足する危険性がある。また，組織文化の醸成という観点からみれば大きな問題である。

　一般的に，組織文化は，組織への在籍が長期化すればするほど，組織メンバーに強く定着する。したがって，ある組織文化が組織に確立されるためには，幹部候補としてのゼネラリスト養成が必要なのである。

　つまり，組織の人事戦略としては，あい矛盾するこのふたつを両立させる，という非常に困難な対応を求められているのである。

　つぎに，「ゆとり」を容認するような組織文化を形成・醸成することについて，考えてみよう。すでに述べたように，官僚制組織においては，明確なルールを作り，それに従って業務が遂行されることが，組織運営の大前提である。当然のことながら，このような組織においては，ルールを厳守し，秩序だった運営を行なおうとする組織文化が醸成される。

　しかし，激しく変化する環境への対応という点では，ルールに「ゆとり」を設けることが，重要となる。そのためには，組織において，**多様性**を容認し，創造性の発揮を促進するような組織文化が形成されていなければならない。

官僚制と非合理性の意義

　バブル崩壊以後，日本企業の運営において，さまざまな問題が指摘されている。とりわけ，伝統のある大規模な企業―事業部制組織を採用している企業―に対して，「官僚的である」，「硬直的である」などの批判がなされている。2000年前後に多発した日本企業の不祥事の原因を，官僚制ゆえとし，「官僚制組織を捨て，『ゆとり』や多様性を重視し創造性を発揮させるようなフラットな組織への再編が急務である」とする議論もみられる。しかし，すべての原因を「官僚制（組織）」に求めるのはいかがなものだろうか。

　どんなフラット型組織であっても，その基礎には官僚制が存在している。

　現実の社会には，事実的なものと価値的なものが共存している。組織の運用においても，同様である。厳格なルール（合理性）だけでは，組織が硬直化し，頭でっかちのマネジメントに陥ってしまう。逆に，ゆとりや裁量にのみ委ねられた組織のマネジメントは，いき当たりばったりのものになってしまう。合理性と非合理性をバランスよく併用し，合理的なルールのうえに非合理的な「ゆとり」を設けることが重要なのである。

　バランスは，各企業によって異なる。また，ゆとり（非合理性）がメンバー個々人の能力に依存するのか，メンバーを管理するマネジャーに依存するのか。この点についても，企業ごとに異なる。すべての企業に有効な手法は，もはやありえないのである。

　各企業は，そして各企業のマネジャーは，安易な流行に流されることなく，自社と置かれている環境について熟考し，適切と思われる方法により運営することが求められる。われわれ自身も，組織における合理性と非合理性について，改めて考えるべきなのではなかろうか。

《参考文献》

Barnard, C. I., *The Function of the Executive*, Harvard University Press, 1938.（山本安次郎・田杉競・飯野春樹訳『新訳　経営者の役割』ダイヤモンド社，1968年）

Mintzberg, H., *The Nature of Managerial Work*, Harper Collins, 1973.（奥村哲史・須貝栄訳『マネジャーの仕事』白桃書房，1993年）

Mintzberg, H., *Mintzberg on Management: Inside Our Strategic World of Organization*, Free Press, 1989.（北野利信訳『人間感覚のマネジメント』ダイヤモンド社，1991年）

Mintzberg, H., Ahlstrand, B., & Lampel, J., *Strategy Safari: A Guided Tour through the Wilds of Strategic Management*, Free Press, 1998.（斎藤嘉則監訳『戦略サファリ』東洋経済新報社，1999年）

大田肇『プロフェッショナルと組織』同文舘，1993年

《いっそう学習（や研究）をすすめるために》

太田肇『プロフェッショナルと組織 —組織と個人の「間接的統合」—』同文舘，1993年

　高い専門能力を有する個人（プロフェッショナル）の統合方法として「間接的統合」を提唱。事務系ホワイトカラーに適応する従来型の統合方法（直接的統合）では不十分であることを，文献レヴュー・実証研究により指摘している。

H. ミンツバーグ著，北野利信訳『人間感覚のマネジメント —行き過ぎた合理主義への抗議—』ダイヤモンド社，1991年

　「いきすぎた合理主義」への抗議という観点から，1970〜80年代に発表された論文を編集した文献。この時点までのミンツバーグの研究を包括的に知ることができる。

I. ノナカ & H. タケウチ著，梅本勝博訳『知識創造企業』東洋経済新聞社，1996年

　「ナレッジ・マネジメント」の基本文献。日本企業を事例にもちいて，個人の暗黙知を組織の形式知に転換するプロセスをモデルとして提示

し，情報処理パラダイムに代わる，「知識創造」パラダイムを提唱。ふたつの知識の関係は，合理性と非合理性の関係の理解にも参考になる。

《レビュー・アンド・トライ・クエスチョンズ》
① マネジャーが果たすべき多くの機能をあげ，そこに非合理性がどのように関わっているかについて述べよ。
② 多様な価値観を内包し創造性を発揮させるような「ゆとり」をもつ組織文化と，官僚的で硬直的な組織文化を比較して，それが組織構造とどのような関係にあるかについて考察せよ。
③ 組織メンバーが高い能力をもつために，企業が採用している具体的な方法にはどのようなものがあるか調べよ。
④ 企業ごとの合理性／非合理性のバランスは，さまざまな要素によって決まる。このことについて，具体的にどのような要素が考えられるか調べよ。

第9章

組織のシンボリックな側面

本章のねらい

　本章は，組織のもっているシンボリックな側面に焦点をあてる。ここでシンボリックとは，「組織は，神話，物語，ドラマ，儀式，セレモニーという構造のもとで運営されている」とみる考え方である。そこで，本章では，このように極端なかたちではあるが，組織をシンボリック・システムとして考える研究に注目する。

　本章を学習すると，以下のことが理解できるようになる。

① 組織のシンボリックな側面の意味
② 管理者のシンボリックな役割

1 シンボリックな側面への注目

組織のシンボリックな研究の重要性

　これまでの組織は，制限はされているが合理的で，**目的指向的システム**として取り扱われ，管理者も合理的で，能動的かつ目的指向的存在であった。しかも，組織論では，管理者の役割と緊密に結びつけられて考えられてきた。

　1970年代以降，現実には手段と目的はほとんど関係がなく，公式構造によって組織が動いているわけではないという「**ルース・カップリングの理論**」が展開された。これはラベルをはりなおしたかたちで，組織の合理性を議論しているといえよう。

　しかし，このことは，ある意味で，伝統的組織論で確立された合理性の神話に，疑問が提起されていると理解することができる。伝統的な組織論・管理論は，組織の機械的および有機的メタファーに基礎をもつ組織モデルにあまりにもこだわってきたために，組織の現実にあるシンボリックな側面の重要性を十分に理解することできなかった。

　モーガン他（Morgan, Frost & Pondy, 1983）によれば，組織のシンボリックな研究の理論的な根拠は，①組織は，単なる機械もしくは適応的有機体のシステムではない，②組織は，複雑な文化活動のパターンをあらわす人間のシステムである，という認識に由来している。組織のメンバーは，言語を操り，**メタファー**を生み出し，理解する，そして出来事，行動，および対象に意味を与える。

　また，組織メンバーは，「**自分の生活のなかに意味を探す**」，つまり「シンボリックな行為を行なう存在」なのである。このシンボリックな能力は，公式組織内の関係によって高まり，シンボリックな意味を通し

て，歴史がつくられ，共通の見方が生みだされ，そして組織の複雑さが処理されるのである。つまり，シンボリックな側面とは，人間行為のもっとも重要な本質なのである。人間は，無味乾燥な物質世界に生きているのではなく，意味の世界に生きているのである。

シンボルの意味

シンボルという言葉は，記号（sign）の概念，しるし（mark），象徴（token），勲章（insigna）の意味，同一化（identification）の手段を結合させたギリシャ語に，そのルーツをもっている（Morgan, Frost & Pondy, 1983）。シンボルは，記号以上の意味を備え，それをあらわす表示である。すべてのシンボルは，記号であるが，すべての記号がシンボルであるわけではない。社会と文化のコンテクストのなかで特定の意味をもったとき，記号はシンボルとなるのである。

ワーナーと**カプラン**（Werner & Kaplan, 1963）は，シンボルについて，以下のように述べている。

「人間が世界を認知的に構成するためにシンボルを形成し利用することができるのは，シンボルが他の存在と同一レベルの単なるものではないからである。シンボルは単なるものではなく，新しい独自の機能，つまり『表示』（representation）の機能をになう実体なのである。そして，この表示機能こそがシンボルの本質的な特徴である。この特徴によって，シンボルは，『**サイン**』や『**シグナル**』や『**もの**』から区別される。サインやシグナルは，シンボルとは違って行動を触発（あるいは禁止）する。サインやシグナルによって，人は事象を表示するだけではなく，予期するのである。それゆえ，私たちの見解からすれば，シンボルを『サイン』属の一種とみなすことはできない。こうした私たちの考えから，シンボルとは元来認知的な働きによるものであって，実用的な働きに由来するのではない」。

シンボルは，単なる実体としての記号ではなく，**意味**と**解釈**によってその存在が決定づけられている。その特徴は，①シンボルは，複雑性の程度によっていちじるしく変化する，②シンボルは，意識的にも無意識的にも創造される，③シンボルは，共有される範囲内で変化し，異なる人びとには異なっており，正反対の意味をもつこともある（Morgan, Frost & Pondy, 1983）。

　たとえば，「イヌ」という語は，現にいまそこにいるイヌではなく，イヌとして認識されたものを指示するのである。この指示関係が成立するのは，「イヌ」という語（シンボル）が主体の「知る働き」によって，やはり，構成され，また理解されているからである。このように，シンボルは人間の知的活動によって形成されるのであり，それを受けとめる主体に依存するのである。

　シンボルは，人間がその本質的内容を越えた意味や重要性のパターンを自分の世界に付与するたびごとに，創造され，再創造されることになる。第1に，人間の生きる環境は，自然的で物理的な環境であるというよりも，主体的な立場から解釈した意味の世界であり，第2に人間はこの意味にもとづいて行動する，ということを基本的に認識することが必要である。

　このようなシンボリックな側面を考える「**組織シンボリズム**」は，組織を単なる手段や機能的構成体ではなく，人間のもつ本質的な認識レベルにまでさかのぼって見つめようとする。そこには，組織論を支配してきた機能主義の立場に疑問を投げかけるとともに，**解釈主義的なアプローチ**を採用することによって，組織のもつ精神的次元をも含めた組織論を創造しようとする試みが行なわれている（高橋, 1998，坂下, 2002）。

　以下では，このような研究から代表的な一連の研究を検討する。

2 組織のシンボリック・アプローチ

組織シンボリズムは，組織の意味の創造と維持を行なうシンボリック行為のパターンに，その研究の焦点をおき，組織は「**共有されたシンボルと意味のシステム**」として理解される。シンボルは，意味のある関係のなかで連結されており，ある状況下で人びとの活動がどのような関係にあるかを示している。そして，このパースペクティブは，個人が自分の体験をいかに理解し，解釈するか，そしてこれらが行動にいかに関連するか，に分析を集中している。

つまり，シンボリックな行為をとおした組織の創造と維持が主張される。そこにおいて，言語といったシンボリック・モードは，共有した現実を容易なものとし，言語のもつ重要性が指摘されるのである。

ボルマンと**ディール**（Bolman & Deal, 1984）は，シンボリック・アプローチを以下のように組織研究の第4番目のアプローチとして位置づけ，これまでのアプローチとは異なった基盤，すなわち伝統的な組織論の合理性を必ずしも前提としない，「意味のシステムとしての組織」を研究対象とすると述べている（図表9−1）。

構造的アプローチ

このアプローチの考え方は，公式的な役割や公式関係を重要視する。通常，組織図で描かれる組織の構造は，組織環境や組織の技術に適合するようにつくられる。組織では，専門化により責任が割り当てられ，多様な活動を調整するために規則や政策，そして管理階層が必要となる。このようなアプローチは，伝統的組織論をはじめとする**公式組織の理論**の考え方である。問題は，組織構造が環境や状況に合わなくなったときに生ずる。

ヒューマン・リソース・アプローチ

これは，**人間関係論**以降の考え方で，個々人と組織の相互依存関係を強調している。人びとは，欲求，感情，そして価値などをもち，また技術とその限界をもあわせもっていて，目的を達成するために必要な公式的役割や公式関係とのよりよい適合関係を確立できる方法に焦点を当てるのが，このアプローチの特徴である。問題は，人間の欲求が抑圧されるときに生ずる。

図表9－1　組織研究のアプローチ

アプローチ	内　　容	問　題　の　発　生
構造的アプローチ 組織目標 役割・技術	公式的役割関係，組織図のなかで描かれる組織構造は，組織の技術と環境に適するように創造される。 組織は責任の配分（分業）そして規則，政策，種々の活動を調整する管理階層を形成する。	組織構造 ↕ 不適合 環　境
人間資源アプローチ 人間と組織の相互依存	人びとの欲求，技術，価値を目標達成に必要な公式的役割関係とより適合させる方法に焦点を当てる。	問題は人間の欲求が抑圧されるときに生ずる。
ポリティカル・アプローチ パワー コンフリクト 希少資源の配分	個人，集団間の要求，パースペクティブ，ライフ・スタイルの相違によりコンフリクトが生ずる。 　　バーゲニング 　　強　制 　　妥　協 利害者間にコアリションがおこり，問題につれて変化する。	パワーがどこに配分されるか，あるいはあまりにも広く分散しているので何か行なおうとするとき困難であるがゆえに生ずる。
シンボリック・アプローチ 組織内の意味 意味のシステム シンボルのシステム	組織は目標，政策という側面より，共有された価値，文化として把握される。他のアプローチにみられる合理性の仮定を必ずしも前提としないで，シアター，カーニバルとしての組織を扱う。	組織は，規則，政策，管理権限というよりは，儀式，セレモニー，物語，英雄，神話によって推進される。組織はドラマであり人びとは内部の演技者として従事している。内部の聴衆は，ステージでおこっていることをもとに印象を形成する。問題は，演技者が自分のパートをうまくこなせなかったり，シンボルが意味を失ったり，儀式，セレモニーが力をなくしたときに生ずる。

出所）Bolman & Deal (1984) より作成。

ポリティカル・アプローチ

このアプローチは，組織の中でのパワー，コンフリクト，希少資源の配分を中心的問題として扱う。ここでの組織は，個人や集団への資源配分に影響をもつ**パワー**に関係する希少資源獲得の場としてみられる。コンフリクトは，個人や集団の欲求，パースペクティブ，ライフ・スタイルの相違により生じ，交渉，妥協，そして強制が組織のなかで日常茶飯事となる。また，**連合体**（coalition）が，特定の利害関係にあわせて形成され，問題の推移につれて変化する。これらのことによって，組織の目標が形成され，組織は活動することになる。

問題は，パワーがどこに配分されるか，あるいはあまりにも広く分散しているので，なにか行うことが困難であるときに生ずる。

シンボリック・アプローチ

このアプローチは，他のアプローチが前提としている合理性の仮説を放棄して，「**シアターもしくはカーニバル**」として組織を考える。組織は目標，政策という側面より，共有された価値，文化として把握され，規則，政策，管理階層よりは**儀式，セレモニー，物語，英雄**，そして**神話**によって推進される。組織はドラマであり，人びとは演技者として従事している。内部の聴衆は，ステージで起こっていることをもとに印象を形成するのである。問題は，演技者が自分の役をうまくこなせなかったり，シンボルが意味を失ったり，また儀式，セレモニーが力をなくしたときに生ずる。

このシンボリック・アプローチは，3つまでのアプローチとは基本的に組織のとらえ方が異なっており，1980年代に議論されてきた組織文化やシンボリズムの考え方を反映している。

3 「シンボリック・システム」としての組織

組織のシンボリックな側面を考えるとき，組織のオープン・システム・モデルの限界とより複雑な組織システムを考えることが必要である。**ボールディング**（Boulding, K., 1956）によれば，システムは，その複雑性により9つの階層に分けられる（図表9－2）。

第1の**フレームワークス**は，組織図の研究として知られるもので，システムの静態的，構造的な特性を示し，基本的な仮説は「クローズド・システム」である。

第2の**クロックワークス**は，第1のフレームワークスと基本的には同じであるが，ダイナミックな特性をもつ点で異なり，時間とともにシステムの状態は変化する。しかし，ある時点をみると，レベル2の現象は，レベル1のモデルを使って記述することができる。

図表9－2　システムの階層

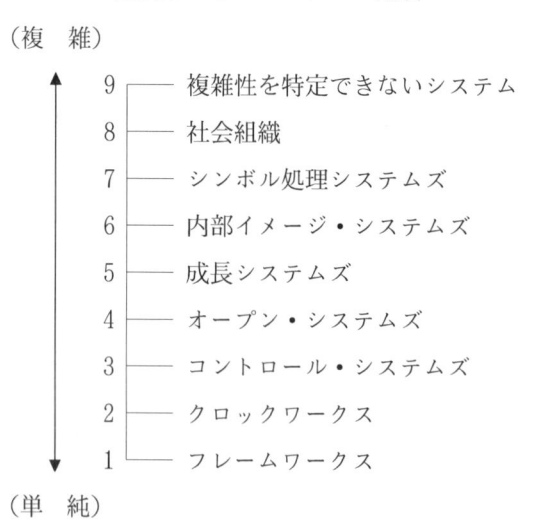

（複　雑）

9 ── 複雑性を特定できないシステム
8 ── 社会組織
7 ── シンボル処理システムズ
6 ── 内部イメージ・システムズ
5 ── 成長システムズ
4 ── オープン・システムズ
3 ── コントロール・システムズ
2 ── クロックワークス
1 ── フレームワークス

（単　純）

第3の**コントロール・システムズ**は，本質的にはクローズド・システムであるが外から与えられる目標に反応する。コントローラーとオペレーター間の相互作用によって下位レベルからは区別される。

　レベル4の**オープン・システムズ**は，スループット（input-transformation-output）によって特徴づけられる。そして，自己維持の特性，生存目標の保持，システムの維持のために環境適応が可能である。

　レベル5の**成長システムズ**は，「にわとりと卵の関係システム」（egg-chicken system）におけるように，発展のためにあらかじめプログラム化されており，生成メカニズムが，レベル5のモデルを特徴づけている。システムの形態は，時間とともに変化し，成長し，進化し，そして環境に適応するこのシステムは目標と方向をもっている。

　レベル5モデルは，レベル4，3，2，そしてレベル1の特性を有している。最近の**組織進化モデル，組織ライフ・サイクル論，組織イノベーション**は，このレベルのシステム・モデルであると考えられる。

　第6の**内部イメージ・システムズ**は，その本質的特徴として，環境を詳細に認識することができ，それは知識構造やイメージのなかに組織化される。そして，整理されてはいないが神経システムが存在し，複数の目的が追求され，組織は反応を選択する。ただし，レベル6モデルは，自己認識の特性はもっていない。

　レベル7の**シンボル処理システムズ**は，自己認識の能力をもっており，個人としての人間とアナロジーであると考えられる。**バーガーとラックマン**（Berger & Luckmann, 1967）の「現実の共有モデルの社会的構築プロセス」は，環境イメージをもつという点でよい例であるといえる。レベル7モデルは，抽象的な概念をあつかい，人間的特徴をもっている。

　レベル8は，**社会組織**であり，価値システム，宗教，道徳，芸術，音楽，共有されたシンボル，共有された文化を創造し，歴史，未来をも創造すると考えられる。レベル7とレベル8のシステムの違いは，完全な

文化をもつと思われる洗練された,かつ共有された意味のシステムであるか,という点である。そして,レベル9のシステムは,**複雑性を特定できないシステム**とされる。

組織論が前提とするオープン・システム・モデルは,オープン・システムの条件を満たしてはいない。たとえば,**トンプソン・モデル**(Thompson, 1967)は,マクロ・レベルの組織の逆機能,組織を理解するのに適した人間行動の高い精神機能に十分注意を払っていない。これまでの組織モデルは,レベル4で固定されている。また,公式モデルやデータの収集努力はレベル1,2にもとづいている。しかし,あらゆる人間組織は,レベル8の現象であると考えられる。

組織での言語やコミュニケーションのほとんど無意識で,非合理的な側面への注目は,ボールディング(1956)のレベル8モデルの開発への道をひらいた。そして,公式組織に言語の概念を取り入れることにより,知覚,意味の創造,コミュニケーション,さらに社会的影響についてのより深い理解が可能である。組織についてのこのようなイメージは,言語のもつシンボリックで表現的な機能の考察なしでは不可能であり,言語のもつ重要性が指摘されるのである。

4　管理者のシンボリックな役割

「管理者は組織のなかで何をするのか」という問題については,**ファヨール**(Fayol, H.)以来,経営管理論の中心的テーマである。それは**「管理とはなにか」**と同義であり,さまざまな研究努力がはらわれてきた。

組織の研究が発展するにつれて,管理者の研究は,初期の管理者のもつ特性に着目した研究から管理プロセス論による管理者研究,意思決定論による研究,リーダーシップ・スタイル研究,そしてコンティンジェ

ンシー理論へ，と展開してきている。

さらに，1980年代にはいると，組織文化論および組織シンボリズムの影響を受けて管理者のシンボリック・アクションが論議されることになった。**組織シンボリズムの組織観**からすると，組織自体がシンボリック・システムと見なされ，管理者の役割はシンボリックとなる。組織構造は，ドラマティックな外観をまとい，組織にいる人びとはドラマのなかで演じているように描かれる。したがって，組織のシンボリックな側面の議論から組織を考えることが必要である。

管理者に関する諸研究

管理者については，その役割，職務，行動，特性，あるいはリーダーシップなどさまざまな側面から研究がされてきている。**ミンツバーグ**(Mintzberg, F., 1973) は，管理者の研究を，以下の8つの学派として整理した。

① **古典学説**（The Classical School）

この研究はいわゆる**管理のプロセス学派**の管理に関する研究で，管理職能についての研究に由来する。**ファヨール**が管理の職能を計画，組織，命令，調整，および統制とあらわして，管理者の行なうべき職能を示して以来，研究されてきた分野である。

この考え方は，現在でも管理者の職務を理解するときに広く使われており，わが国の管理者教育ではP-D-S（プラン・ドゥ・シー）として展開されている。しかし，このような研究は管理の概念を理解するうえでは有用であるが，実際の管理者の行動なり役割を説明もしくは理解するためにはほとんど役に立たない。

② **偉人学説**（The Great Man School）

管理者の伝記や自叙伝，そしてエピソードをもとに，あるいは管理者の**ケース・スタディ**をもとに，管理者について研究したもので，興味深

い示唆を提供する場合もある。しかし，このような研究には管理者の仕事についての一般論を見いだすことはむずかしく，管理者の仕事についてほとんどなにも明らかにしていない。

このような**偉人，英雄**の研究といわれるものは，一方で管理者特性研究といわれる内容を示しており，それらの研究は「管理者の資質や特性とはなにか」をもっぱら研究し，優れた指導者とはどのような人であるかを解明し，その能力を分析して，それによって管理者の行なうべき役割を考察している。

③ **企業家精神学説**（The Entrepreneurship School）

この研究は，企業家の重要な役割として考えられている革新について集中している。経営者もしくは管理者は，経済的に「合理的に」行動することが前提とされ，とくに**創業者**である企業家の役割について注目している。この研究は，管理者の研究に多くの貢献をしているといえる。

④ **意思決定学説**（The Decision Theory School）

それは，満足基準に従って行動する**経営人**（Administrative Man）モデルによる管理者研究である。管理者は，**制約された合理性**（bounded rationality）下で意思決定し，複雑な世界の不確実性を回避するために活動を行なう。つまり，管理者はいわゆる「非定型な意思決定」もしくは「プログラム化されない意思決定」を行なうという特徴をもっている。

⑤ **リーダー行動学説**（The Leader Behavior School）

この研究とつぎの⑥，⑦の研究はリーダーシップに関しての研究であり，多くの研究成果が発表されている。これらの研究はともに社会心理学もしくは行動科学をベースとしてリーダーの行動を研究しており，一連の研究としてとらえることができる。

リーダー行動学説は，多くの場合，在職者の行動を研究することで，管理者の実際の職務内容を分析してきた。これらの研究として，**オハイオ州立大学のリーダーシップ研究**，そして**ミシガン大学の研究**がある。

⑥ **リーダー有効性学説**（The Leader Effectiveness School）

この研究は，とくに管理者のスタイルに注目し，効果的なリーダーシップ・スタイルについての多くの研究成果を出している。**マネジリアル・グリッド論**で有名な**ブレーク**と**ムートン**（Blake & Mouton, 1978），システム4理論で知られる**リカート**（Likert, L., 1961）が代表的である。

また，ある管理者スタイルが，つねに最善であるとは限らず，状況要因に依存するとの観点から，**ハーシー**と**ブランチャード**（Hersey & Blanchard, 1977）のSL理論，**フィードラー**（Fiedler, F., 1967）のコンティンジェンシー・モデルなどの状況理論が考えられている。

⑦ **リーダー・パワー学説**（The Leader Power School）

ここでの研究者は，リーダーがもつ，そして人をたくみに扱うパワーと影響力に関心をもち，リーダーがどの程度までみずからの環境をコントロールできるかが問題であった。それは，部下および同僚から望ましい反応を引き起こす目的でパワーを行使するリーダーの能力に関心をもっている。リーダーの仕事を理解するには，リーダーのもつパワーの源泉を知ることは重要である。

⑧ **職務活動分析学説**（The Work Activity School）

管理者の職務活動を体系的に分析し，実証的証拠によって明らかにできるときだけ，結論が導き出されるという帰納的調査をこの研究は特徴としている。「**日誌法**」や「**観察法**」を用いた調査が中心的であり，それによる職務活動研究は管理者の仕事の特徴について多くの重要な結論を提供するが，仕事の内容については，ほとんどなにも示してはいないと考えられる。

以上の研究は，多くの問題意識，多彩なアプローチ，そしてさまざまな研究方法からなっていて，多様な結論に達している。しかし，これらは管理という職務について多くを教えていないようである。かつて**バー**

ナード (Barnard, C.I.) は，組織の存続はリーダーシップの良否に依存するとして，管理者の役割は，組織を運営維持することであると述べている。しかし，それは，単なる能率やいわゆる客観的合理性の追求ではなくて，人間の精神的側面を考慮し，人びとのもつ意思を組織にそって，結合するという創造的職能のなかにこそ，リーダーシップの本質があるという側面を十分理解することが必要であるとしている。組織は単に機能するのではなく，人間のもつ価値や精神的側面をもった社会システムとしてとらえられなければならない。

組織のシンボリックな側面からすれば，リーダーシップの本質は，この組織の精神的価値的側面をシンボリック作用のなかでとらえることになる。組織は「イデオロギーのシステム」もしくは「共有された価値のシステム」とみなされ，管理者のシンボリックな活動が，その研究対象となる。

シンボリック・アクションとしての管理

組織のシンボリック・メタファーは，組織を共有された意味・信念のシステムとしてとらえている。**ボルマン**と**ディール** (Bolman & Deal, 1984) によれば，組織は目標・政策という側面よりも，「共有された価値・文化」として理解され，規則，政策，管理階層というよりは，「儀式，物語，英雄，そして神話」によって推進されるのである。

このようなシンボリズムによる組織の考え方は，従来の組織論が前提としている合理性にとらわれず，組織の現実は社会的に構築されるという前提を受け入れている。したがって，管理者の活動は資源獲得競争をいかに行なうかではなくて，組織参加者の**コミットメント**に影響を及ぼし，それらを確保する信念のシステムを維持することである。

管理者には，組織の活動を説明したり，またその活動を正当化もしくは理由づけを提供することが求められる。つまり，資源配分といった組

織活動は，パワーや依存性の条件から知ることができるが，管理者のシンボリックな仕事は，これらの活動を正当化し，合理化することなのである。

管理者は内部的には組織化された集団的行動を通して，外部的には組織がより大きな社会的コンテクストに合致するように，その役割を果たさなくてはならない。管理者のシンボリック・アクションは，組織メンバーに組織で起こっていることを意味づけし，さらにこの行なわれる活動を取り込む社会的コンセンサスを創り出していくことなのである。

リーダーシップの有効性は，管理者の果たす役割に意味づけする能力に依存している。それは行動を変えるというのではなくて，なにが行なわれているかを理解させること，そして，とくにその行動の意味を伝えることができる現実を構築できるかということである。

このような組織行動のシンボリックな側面と実体的な側面がうまく連動することによって，組織は機能し，その成果をあげることができる。この管理者のシンボリックな役割モデルを，**ディール**と**ケネディ**（Deal & Kennedy, 1982）の「シンボリック・マネジャー」を通して検討することにする。

シンボリック・マネジャーとしての管理者

ディールとケネディは，「**企業文化**」を数字ではとらえられない精神的なものの総体であり，「**理念，神話，英雄，象徴の合体**」であり，かつ会社で働く人びとにはそれが重大な意味をもつもので，広く浸透した哲学であるとと定義する。そして，シンボリック・マネジャーの役割は，まさにこの組織文化を担うものである。

強い文化をもつ企業では，管理者が率先して文化を維持し，形成する。これらの人びとが**シンボリック・マネジャー**なのである。彼らは仲間の社員に高い信頼をおき，みずからを会社の日常業務というドラマにおけ

る演技者—脚本家，監督，俳優—であると考える。シンボリック・マネジャーは，周囲に及ぼす自分たちの象徴的な影響の重大さを認識しているのである。

　ここでの組織は，組織メンバーによって共有される明確な価値と信念をもち，物語があって，それを語る人がいて，日常の儀礼があり，記念すべきおりの儀式がある，という組織である。組織は能率や競争の論理で動くのではなく，理念を中核とする文化によって，そして組織メンバーの強い絆によって，高い生産性を生みだすのである。

　これらの組織には，**次代に伝える理念と信念**があり（製品だけではない），**語るべき物語や神話**があり（利益を追うだけではない），管理者も組織メンバーも見習うことのできる**英雄**がいて（顔のない官僚的な支配機構だけではない），期待される行動様式を示す**儀礼**と**儀式**があるのである。

　組織は，人間の組織であって，強い文化は組織メンバーにいかに行動すべきかを明確に示し，日常生活の意味を与える。価値・信念が意味をもつのは，組織内のだれもが，これらの大切さを心得ているからであり，効果を生むのはただ価値・信念があるというのではなくて，それらを全員が共有しているからなのである。

　組織の価値理念とは文化の中核をなすもので，組織メンバーに「**成功**」の意味を具体的に示す基本的な考え方，信念，価値体系であって，組織メンバーが職務を遂行する上で従うべき基準を決定する。この価値理念は主として文化の主役である「**英雄**」によって強化される。英雄は，これらの価値信念を体現して組織の力を示している。管理者は会社を運営し，これに対して英雄は会社を創造するとされる。

　英雄は，強い企業文化で主役を演じるが，それは毎日の仕事の進め方を規定する一連の行動様式の一部にしかすぎない。つまり，**儀礼**と**儀式**という行動様式が，英雄を際だたせるショーケースとなるのである。

　人びとは自分で学んだ文化の儀礼によって，独自の行動様式を身につ

けるようになる。目に見えるように演出されるシンボリック・アクションは，シンボリック・マネジャーにとって重要である。たとえば，「**遊び**」は，企業生活の創造的な一面であり，緊張をほぐし，革新的な態度を助長する。これには，確かな目的もルールもないにもかかわらず，さまざまなかたち（冗談，揶揄，ブレーンストーミング，作戦会議など）で人びとを結びつけ，いざこざを減らし，新しいビジョンと文化理念を創造する。

儀礼は，企業生活における行動の規範を示し，基本的な理念を劇化して表現している。それぞれの儀式の裏に，文化の中核をなす信念を象徴する神話がひそんでいる。この関係がなければ，儀礼はただの習慣で，人びとに偽りの安心感と確信を与えるにすぎない。

儀礼は組織メンバーに意味を与える場と台本を提供し，混沌に秩序をもたらすのである。さらに，儀式は，英雄や神話，神聖な象徴を売り込むための好機であり，特別なものである。儀式は，文化を誇示し，組織メンバーに印象の残る経験を与えるのである。

また，文化の要素はどのようにして伝えられ，強化され，混ぜ合わされて全体的な企業文化が形成されるのであろうか。それは，**文化ネットワークの働き**によっている。人間関係論が指摘したごとく，組織には非公式な組織である人間関係の情報網があり，組織図とはかなり様相の異なる階級組織（スパイ，語り役，聖職者，耳打ち役，秘密結社によって）が形成される。

この「もうひとつの任務」が組織を円滑に行ううえで不可欠なのであり，文化のネットワークなのである。このネットワークを通じて，組織の基本的な信念を強め，英雄の象徴的な価値をその行ないや偉業を伝える物語を広めることによって，変化を促す新しい風潮をもたらし，また，緊密な支配機構を提供することができるのである。

経営者は，文化のネットワークを認め，目的達成のために活用しなけ

ればならない。本当の事業はこのネットワークのなかで進められているからである。管理者が，第1に自分の組織に属する人びとの本当の考えを知ること，第2に彼らの日常の行動を支配すること，を望むならば，文化のネットワークを巧みに操作しなければならないのである。合理的管理者は，つねに問題を解決し，シンボリック・マネジャーは問題解決の過程と，それが文化に伝える教訓とを重視している。

このパースペクティブによれば，管理者は従業員に組織のもつ価値をシンボリックに目に見えるかたちで，わかりやすく表現する。管理者は，組織での地位，望まれる行動，仕事の意味，そして状況を理解させるために，シンボリックな役割を果たさなければならないのである。

これによって，管理者は部下の**モティベーション**，**コミットメント**，そして**アイデンティティ**を強め，仕事への**モラール**を高めることができる。そして，部下はこの管理者のシンボリックな行動から，「期待される行動はなにか」を理解し，自らの現実を再構築することになる。

管理者のシンボリックな役割の重要性

組織の現実は社会的に構築され，それゆえに管理者の職務は共有された信念と意味のシステムを構築し，維持することであることが議論されてきた。ディールとケネディのシンボリック・マネジャーは，組織の文化パースペクティブのなかでみごとにその管理者の役割を描いている。

共有された意味としての文化は，行動に意味づけを行なうことによって組織メンバーのアイデンティティやコミットメントを確保し，組織の安定性を促進する。そのための儀式や儀礼といったシンボリズムは重要な管理活動である。組織を特徴づけるものは，組織を構成する世界の一致した，そして共有された知覚とその定義づけなのである。

もし組織にかかわる人びとがシンボルと現実とを区別することができないならば，シンボリックな成果が十分にあがっていることになる。

個人の認知は不安定で，あいまいである。同一の事象を経験した場合でも，その認知は個人間で異なる場合がしばしばみられる。個人は自分のもつ認知マップをもとに，特定の事象を現実として理解するのである。組織シンボリズムは，シンボルを用いて人間のシンボリックな側面にうったえることにより，ある事象の同一認知をもたらすと考えることができる。このような組織のシンボリックな作用のもつ意味を十分に考慮しなければならない。

いったん創出され，組織のなかで社会的に共有され，制度化された現実のシンボルは，意思決定や行動の基礎となり，そして環境があいまいであればあるほど，管理者のシンボリックな役割は重要となるのである。

5 組織のシンボリックな側面の重要性

従来の伝統的な管理者論は，実体としての組織，つまり組織の構造・機能概念といった客観的要件での役割について研究を行なってきた。それに対して，管理者のシンボリックな役割は，社会的に構築される組織の現実に果たす認知と価値・意味づけにかかわる側面を論じている。

ミンツバーグ（1973）は，**管理者の基本的目的**として，①組織の財やサービスの能率的生産を確保すること，②安定的な組織業務をデザインし維持すること，③組織を計画的な方法で変化する環境に適応させること，④組織が組織を動かしている人たちの目的に役立つようにすること，⑤組織と外部環境をつなぐ重要な情報リンクとして働くこと，⑥組織の地位体系を操縦すること，をあげている。

しかし，ある意味では，このような目的を組織のシンボリックな側面から遂行することが，管理者のシンボリックな役割であると考えることができる。したがって，今後はこの組織の2重性とこの両面を調和させ，統合する管理者の役割を考察しなければならない。

たとえば，**組織変革**におけるシンボリック作用は，非常に興味深いものである。技術的アプローチによる組織再設計の方法は，組織に問題が起こると，その問題に対処するために新たなサブユニット間の調整や市場変化への適応力や反応や他の構造的解決策によって，新しい組織構造を探索する。これが行なわれるためには，望ましい柔軟性と反応のレベルはどうか，そして望ましい行動を生み出す組織革新や変革はなにか，についての知識が要求される。

他方，シンボリック・アプローチをとると，**組織再設計**のプロセスが重視される。再構築の行動は，まさに変革の重要性を説き，顧客や所有者，そして組織から受け取る結果に以前から不満をもつ他の人びとの満足にうったえることとなる。新しいタイトルのもとに新しいサブユニットが創設され，組織運営に新しい側面が付け加わる。

新たに創設される部門は，組織内外に目に見える形で行なわれ，そして恐らくその新設部門の範囲での活動は，組織にとって重要なものとなる。このように組織変革における組織設計とリーダーのシンボリック・アクションへの関心が認識されている。

組織は客観的実体として機能し，そしてまた，それと連結され，相互に影響しあう，社会的に構築された現実として機能している。実体としての組織と現実としての組織にあって，その要となっているものこそが，管理者である。管理者は，実体環境を認知し，組織の現実をシンボリック環境によって構築し，組織メンバーに現実を与え，またその現実をもとに実体環境に働きかけるという，リンキング・ピン（連結機能）の役割を演じているのである。

人間は，客観的世界にいるとともに，主観的に形成される現実の世界にもまた生きているのである。組織におけるシンボリックな側面を過大評価することは危険であるが，無視することはもっと危険である。管理者はこの狭間のなかにあって，その役割を果たさなければならないので

ある。

《参考文献》

- Berger, P.L. & T.Luckmann, *The social of Reality: A Treatise in the Sociology of Knowledge*, Anchor Books: New York, 1967. (山口節郎訳『日常世界の構成―アイデンティティと社会の弁証法』新曜社, 1977年)
- Blake, R.R. & J.S.Mouton, *The New Managerial Grid*, Houston: Gulf Publishing, 1978. (田中敏男・子見山澄子訳『新・期待される管理者像』産業能率短期大学出版部, 1979年)
- Bolman, L.G. & T.E.Deal, *Modern Approaches to Under-standing and Managing Organizations*, San Francisco: Jossey-Bass Publishers, 1984.
- Boulding, K.E., General Systems Theory-The Skeleton of Science, *Management Science*, 2-3, 1956.
- Deal, T.E. & A.A.Kennedy, *Corporate Cultures: The Rites and Rituals of Corporate Life*, Reading, MA: Addison-Wesley Publishing Company, 1982. (城山三郎訳『シンボリック・マネジャー』新潮社, 1983年)
- Fiedler, F.E., *A Theory of Leadership Effectiveness*, New York: McGraw-Hill, 1967. (山田雄一監訳『新しい管理者像の探求』産業能率短期大学出版部, 1970年)
- Hersey, P. & K.H.Blanchard, *Management of Organizational Behavior*, Englewood Cliffs, NJ: Prentice-Hall, 1977. (山本成二・水野 基・成田政訳『入門から応用へ 行動科学の展開―人間資源の活用―』日本生産性本部, 1978年)
- 石原岩太郎『意味と記号の世界』誠信書房, 1982年
- Likert, R. *New Patterns of Management*, New York: McGraw-Hill, 1961. (三隅二不二訳『経営の行動科学―新しいマネジメントの探求―』ダイヤモンド社, 1968年)
- Mintzberg, H., *The Nature of Managerial Work*, Englewood Cliffs, NJ: Prentice-Hall, 1973. (奥村哲史・須貝 栄訳『マネジャーの仕事』白桃書房, 1993年)

Morgan, G., P.J.Frost & L.R.Pondy, Organizational Symbolism, In Bacharach, S.B. (ed.), *Monographs in Organizational Behavior and Industrial Relations, Vol.1 Organizational Symbolism*, 3-35. Greenwich, CT: JAI Press, 1983.

Pfeffer, J., Management as Symbolic Action: The Creation and Maintenance of Organizational Paradigms. In L.L. Cummimgs and B.M. Staw (eds.), *Research in Organizational Behavior*, 3:1-52. Greenwich, CT: JAI Press, 1981.

坂下昭宣『組織シンボリズム論―論点と方法―』白桃書房, 2002年

高橋正泰『組織シンボリズム―メタファーの組織論―』同文舘, 1998年

Thompson, J.D., *Organizations in Action*, New York: McGraw-Hill, 1967. (高宮　晋監訳『オーガニゼーション　イン　アクション』同文舘, 1987年)

Werner, H., & B.Kaplan, *Symbolic Formation: An Organismic-developmental Approach to Language and the Expression of Thought*, J.Wiley and Sons, 1963. (柿崎祐一監訳　鯨岡　峻・浜田寿美男訳『シンボルの形成―言葉と表現への有機―発達論的アプローチ』ミネルヴァ書房, 1974年)

《いっそう学習（や研究）をすすめるために》

P.L. バーガー＆T. ルックマン著, 山口節郎　訳『日常世界の構成―アイデンティティと社会の弁証法』新曜社, 1977年.
社会学を勉強したいものにとって必ず読まなければならない文献であり, 科学方法論を学ぶためにも有用な書物である。この現象学的社会学を代表する2人によって書かれた知識社会学の内容は, ポストモダンに位置づけられる社会的構成主義（Social Constructionism）に大きな影響をあたえている。

T.E. ディール＆A.A. ケネディ著, 城山三郎　訳『シンボリック・マネジャー』新潮社, 1983年
企業文化を学ぶための入門書であり, 企業を文化という側面からとらえなおし, 管理者のシンボリックな役割について説明している。その内容は, 1980年代の代表的な優良企業を取り上げながら, 企業成功の

秘訣をわかりやすく整理しており，その文章も平易に書かれている。

坂下昭宣『組織シンボリズム論─論点と方法─』白桃書房，2002年
　組織シンボリズムの論点を整理して，機能主義と解釈主義によるシンボリズムを論じている。組織シンボリズムの展開を知るうえでは格好の書物である。

高橋正泰『組織シンボリズム─メタファーの組織論─』同文舘，1998年
　組織をシンボリックな側面から解釈主義的に論じており，組織シンボリズムをまとめたわが国最初の専門書である。さらに詳しく組織のシンボリックに考察する理論に興味をもつものにとっては，ぜひ読んでもらいたい文献である。

《レビュー・アンド・トライ・クエスチョンズ》
① 「シンボルとはなにか」について説明せよ。
② 「組織のシンボリックな側面とはなにか」について説明せよ。
③ 組織のシンボリックな側面を考えることにより，組織の何がわかるかを説明せよ。
④ 「管理者のシンボリックな役割とはなにか」を説明せよ。
⑤ 従来の組織論と組織シンボリズムの組織観の違いを説明せよ。

第 10 章

組織文化と組織学習

本章のねらい

組織文化と組織学習についての研究は，近年急速な進歩をみせてきている。「文化」と「学習」という 2 つの側面に焦点を当てた本章の学習から，以下のことが理解できるようになる。

① 「制約された合理性仮説」を前提とする従来型組織論の限界

② 従来型組織論の限界を乗り越える組織文化と組織学習についての研究の意義

③ 新しい研究動向としての社会的構築主義の組織論への適用とその意義

1 組織と人の価値観

バーナード（Barnard, C.）を祖とする近代組織論の成立以来，経営組織論は，「制限された範囲内で自己の満足を最大化する」という人間仮説（**制約された合理性仮説**）を前提としてきた。そして，組織目標と個人満足の双方の達成を試みる多くの組織モデルを生み出してきた。

1960年代になると，このような潮流の延長上に，外部環境の変化への対応を射程においた**組織の環境適応理論**が登場するに至った。第2章でやや詳しく論じられている**トンプソン**（Thompson, J.D., 1967）の組織モデルは，このような潮流における諸理論のなかでも，その精緻さと体系性で群を抜いているとの評価を得ている（Pondy & Mitroff, 1979）。

組織の環境適応理論の登場は，急速に変化する技術や市場への対応という実践的なニーズによるものであるが，このような変化はまた近代組織論以降の理論的前提（制約された合理性仮説）そのものにも疑問を投げかけるものであった。環境変化に対応するための組織構造が提示されたとしても，誘引と貢献のロジックのみから組織メンバーを新しい構造へと適応させることは容易ではないことがわかってきたからである。

たとえば，組織と個人の双方にとって最適と思われる戦略プランを提示したとしても，なぜか周囲が盛りあがらず，結局そのようなプランが実施されることがなかった，というような状況は容易に想定できる。このようなことから，制約された合理性仮説のなかでは除外されていた人間の価値観（とりわけ集団的な価値観）のレベルへの注目がしだいに高まりをみせるようになった。このような新しい動向に対応する組織モデルを構築する試みとして，近年，組織文化や組織学習に関する研究が盛んに行なわれるようになっている。

2 トンプソン・モデルの限界と残された課題

トンプソン・モデルの限界

ポンディーとミトローフ（1979）は，**トンプソン・モデル**を従来型のオープン・システム観による組織モデルのなかでは，もっとも精緻で，体系化されたものとしたうえで，このモデルの限界を以下のように要約している。

第1に，「**環境の理解**」が不十分であるということである。これは，オープン・システムとしての組織が存続するためには，環境のもっている多様性を削減するだけではなく，この環境多様性そのものをも必要なものとしてとらえ，**環境を実現するプロセス**（process of enactment）に注目していく必要がある，ということを意味する。確かに，トンプソンのいうように，不確実性の削減は，組織をコントロールしていくうえで不可欠である。しかし，一方で，単純で安定的な環境にしか直面していない組織は，みずから環境の変化を敏感に察知していく能力を育む機会を得ることができなくなってしまう。

第2に，マクロレベルにおける**逆機能**の理解が不十分であるということである。たとえば，トンプソン・モデルでは，アブセンティズム（欠勤）や個人間のコンフリクト（対立），変化に対する抵抗などについては十分に扱われていない。実際の組織において生じるこのような問題は，誘因と貢献の交換というロジックのみからは解決できない複雑なもの（たとえば，過去からの因習，集団への同調など）である。

第3に，自己認識，言語の利用，創造的な成長，経験からの学習といった人間のより**高度な能力**を軽視しているということである。これについて，ポンディーらは，意味形成は回顧的であること（われわれがなにを

しているかということは，それを行なった後にはじめて理解することができるということ），意味は社会的につくられること，といった見解が従来型の組織論においては軽視されてきたことを指摘している。とりわけ，「組織行動における言語の役割」に関心を向けていく必要性を強調している。

第4に，**組織の自己再生**の問題が無視されているということである。この点についてポンディーらは，トンプソンの分析は，成熟した組織の継続的な成長の過程に向けられており，組織の生成や再生については触れられていないということを指摘している。

たとえば，テクニカル・コアそのものが成熟化し，「組織の再生」ともいえる劇的な転換を迫られている企業では，新しいアイディアや変革の雰囲気といった要素が必要とされる場合が多い。しかし，このような要素を不確実性の削減というロジックに求めることは，困難である。

組織論に残された課題

トンプソン・モデルは，変化しつつある環境要素に対し，不確実性の削減というロジックで対処を試みるものである。現実的な問題に照らし合わせて考えると，このロジックは，これまで継続してきた活動を環境不確実性から保護し，できるだけ維持していくことには，大きく寄与すると考えられる。

しかし，「**破壊と創造**」をキーワードに事業改革を進めている**松下電器**や「**リバイバルプラン**」の名のもとに包括的な再建計画を試みてきた**日産自動車**などの現実の企業組織をみると，既存の事業やこれまでの慣習に限界を見いだしているケースが多くみられる。

このようなケースで必要とされているのは，多くの場合，現状維持ではなく，将来に向けた変革と創造である。このような変革と創造を試みている企業に対して経営組織論はなにを示唆することができるのであろ

うか。このような可能性を切り開いていくことこそが，経営組織論の今後の重要な課題であると考えられる。

　これから検討していく組織文化と組織学習という２つの側面のみから，以上でみたトンプソン・モデルの限界と今後の課題を語りつくすことは到底できない。しかしながら，この２つの側面を検討することで，さきにみた４つの問題をある程度カバーすることは可能である。

　たとえば，第１の環境の実現という側面は，多様な経験からの学習が環境についての認識に影響を与えるという意味で学習という要素と関わらせて検討することが可能であるし，第２の組織の逆機能という問題の原因を集団的な価値基準といった文化的要因に求めることも可能である。また，学習という側面は，第３の「人間の高度な能力」そのものについて言及したものである。さらに，第４の組織の自己再生の問題は，以下で組織文化や組織学習との関連でみていく，組織の主体的な環境適応の議論と密接に関係している。

　以下では，変革と創造という組織の主体的な環境適応を視野に据えて，組織文化と組織学習について順次みていく。

3　組織文化論の意義と限界

日本企業の躍進と「強力な企業文化」

　経営組織論において，組織文化が注目を受けるようになった要因のひとつとして，日本的経営への注目の高まりということをあげることができる。日本企業は1970年代の２度のオイル・ショックから，いち速く立ち直り，高業績をあげている。このことから，**日本的経営**の文化的特徴（社風など）に高業績をあげる秘訣があるのではないかとの問題意識が浮上してきたことをこれは背景としている。このような問題意識から，

日本企業の文化的特性から日米に共通して適用可能な変数を導き出し，それを企業経営に導入しようと試みる研究が登場するようになった。

　組織文化（または企業文化）を企業経営にとっての重要な変数として位置づける研究に，**ピータースとウォーターマン**（Peters, T.J. & Waterman, R.H., 1982）のものがある。彼らは，アメリカの高業績企業62社をサンプルとし，それらの徹底的な調査をもとに，① 行動の重視，② 顧客に密着する，③ 自主性と企業家精神，④ ひとを通じての生産性向上，⑤ 価値観にもとづく実践，⑥ 基軸から離れない，⑦ 単純な組織・小さな本社，⑧ 厳しさと緩やかさの両面を同時にもつ，という超優良企業（エクセレント・カンパニー）に共通の特質を抽出した。

　この研究の意図するところは，経営者はどのような企業文化を構築すべきか，という実践的な問題に対する指針を提示することにある。その指針が，8つの特質として具体化されているのである。このような業績の普及から，成功する企業は経営者みずからが強力な企業文化の形成を行なっている，との認識がしだいに広がりをみせるようになった。

　たとえば，**ディールとケネディー**（Deal, T.E. & Kennedy, A.A., 1983）は，会社内に強力な文化を形成することこそが成功を持続させるための推進力であるとしている。そして，強い文化の会社においては管理者が率先して文化を形成・維持すべきと指摘している。

　このような管理者は，「**シンボリック・マネジャー**」とよばれる。その共通した特徴は，① 文化と文化が長期的な成功に及ぼす影響を敏感に感じとる，② 仲間の社員に高度の信頼をおき，これら文化の道連れの力を頼りに目的を達成する，③ みずからを会社日常業務というドラマにおける演技者（脚本家，監督，俳優）であると考えている，などと主張されている。

シャインの組織文化論

　集団心理学，リーダーシップ論などの成果をふまえ，組織文化についてより理論的なアプローチを試みた業績としては，**シャイン**（Schein, E. H., 1985）をあげることができる。彼は，組織文化を「ある特定のグループが外部への適応や内部統合の問題に対処する際に学習した，グループ自身によって，創られ，発見され，または，発展させられた基本的仮定のパターン」と定義している。そして，それを可視性の高いものから順に，レベル1の「**人工物**」，レベル2の「**価値**」，レベル3の「**基本的仮定**」，という3つのレベルにおいてとらえている。

　シャインの定義からは，以下のような示唆を得ることができる。まず，通常われわれが観察することが可能な組織文化（たとえば，書き記された社是・社訓など）というものは，あくまでも人工物のレベルにすぎないということである。

　彼によると，観察可能な人工物のみをもって単純に組織文化を理解した気になることはきわめて危険であり，より主観的な価値，さらにはより意識の深層にある「基本的仮定」のレベルまでをも含めて考えなければならないという。また，この定義をみると，組織文化が「問題解決に際する学習」との関連でとらえられていることがわかる。これによって，組織文化を個人の心理レベルにまで遡って論じることが可能となったのである。

　このようなシャインの研究は，具体的な事例の調査から高業績企業に共通する文化を見いだすというスタイルにとどまるものではない。それは学習プロセスを通した組織文化の形成・維持の検討にまで分析が及んでいる。

　ここでいう学習プロセスとは，先生が生徒に知識を与えるという類のものではなく，組織が内外で生じた問題を解決していくうえで，ある価

値が集団のなかで共有され，さらにはそれが当然の仮定となっていくプロセスのことを指している。ここから，組織文化の形成・維持は，リーダーが一方向的に押しつけていけるほどたやすいものではないということがわかる。

組織文化論の意義と限界

シャイン（1985）においては，以上で述べたように文化の形成をリーダーが一方向的に行なうことの困難性が認識されていた。とはいえ，ピータースとウォーターマンやディールとケネディーと同様に，組織文化をあくまでもリーダーが植つけ，伝達していくものとしている。

このようなとらえ方は，組織をマネジメントするための管理者の役割を論じてきた従来からの経営組織論の伝統とは整合的である。しかし，ポンディーらの主張する従来型モデルの限界を乗り越える試みとしては，不十分といわざるをえない。これは，ポンディーらの指摘する「**意味は社会的につくられる**」という視点が欠如していることによっている。

この「意味は社会的につくられる」という視点は，**社会的構築主義**において広くみられる。しかし，ここでは意味が一義的なものとしてコミュニケーションの送り手から受け手へと伝達されるということを前提としてはいない。意味はあくまでも社会的な相互作用によって構築されるものとされている。

このような視点では，コミュニケーションの送り手だけではなく，受け手の主体性も強調される。それはリーダーあるいは管理者が単一の文化を植えつけ・伝達していく，というスタンスとはなじみがたい。なぜならば，リーダーの行なう組織文化の植えつけ・伝達がつねに一義的な意味を生み出すと仮定することは困難であるからである。

ある方向を志して活動している組織には，その方向に対する慣性が働くことが知られている（Hannan & Freeman, 1977）。ここから，環境変

化に直面した組織がみずからを変革するのは容易ではないことがうかがえる。以上でみてきた組織文化論は、このような変革を、環境の側からではなく、組織の側から論じる可能性を切り開いたものである。すなわち、それは環境変化に柔軟に対応できる組織文化とは、いかなるものであり、それをいかにして形成していくのか、という観点から、組織の主体的な環境適応について論じることを可能としている。

このような意義は認められながらも、すでにみてきたように、意味が社会的につくられることに対する「配慮の欠如」という限界も認識できる。環境適応を意図して管理者が形成を試みた文化が逆機能的に作用してしまうような状況を分析するには、意味がつくられる社会的な文脈についても理解することが必要になる。このような社会的構築主義的な視点の組織論への導入についての検討はのちに譲るとして、以下では組織学習についてみていく。

4 組織学習と主体的環境適応

組織学習論の意義と初期的な研究

組織学習を研究することの重要性も、組織文化論と同じように、主体的な環境適応とのかかわりという点から主張することができる。**チャイルド**（Child,J., 1973）は、「環境が変われば、最適な組織のあり方も変わる」とするコンティンジェンシー理論を受動的な環境適応理論として批判している。

たしかに、最適な組織のあり方が、環境に依存すると考えるのであれば、組織から環境への主体的な働きかけは問題とはならない。しかし、現実の組織は、思考能力をもつ人間から成り立つ複雑なシステムである。当然、組織メンバーによる環境の解釈も多様であることが想定できる。

図表10-1　シングル・ループ学習とダブル・ループ学習

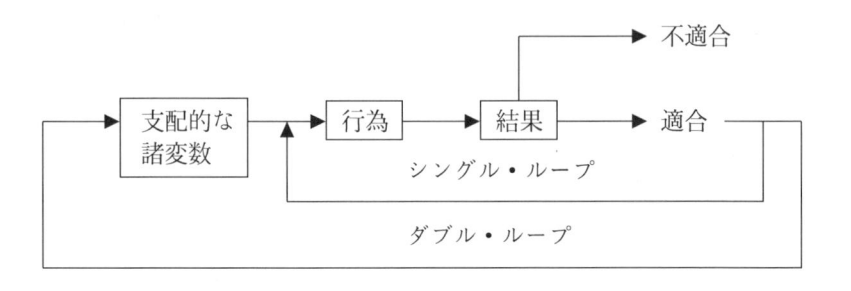

```
                                    ┌──→ 不適合
         ┌─────┐    ┌──┐    ┌──┐
    ┌──→ │支配的な│ ──→│行為│ ──→│結果│ ──→ 適合
    │    │諸変数 │ ↑  └──┘    └──┘
    │    └─────┘ │       シングル・ループ
    │            └──────────┘
    │                    ダブル・ループ
    └────────────────────────┘
```

出所）Angyris, C., *On Organizational Learning*, Blakwell, 1994, p.3 より作成

　そこで，環境→組織という一方向の関係のみでは，組織と環境との間の複雑な相互作用を理解するうえで不十分となる。**組織学習論**は，組織がみずから主体的に環境に働きかけていくための知識の獲得や蓄積を問題とする。ゆえに，組織学習論は組織の主体的な環境適応プロセスを分析する際に高い効力を発揮する。

　組織学習論の初期的な代表作をつくった**アージリス**と**ショーン**（Argyris, C. & Schon, D.A., 1978）では，個人による学習と組織との関わりという点が重視されていた。彼らは，組織学習を，組織メンバーが組織のための学習の主体として行為するときに生じるものとしてとらえ，それを**シングル・ループ学習**（組織的基準の範囲内でのエラーの修正）と**ダブル・ループ学習**（組織的基準の共同的探索）とに分類している。

　この研究により，ⓐ組織学習には異なる2つのパターンが認識できること，ⓑそのうちダブル・ループ学習は，組織に飛躍的な変化をもたらす可能性があるものの，実現が困難であること，などが明らかとなった。

　実際に学習を行なう主体は個人であることから，アージリスとショーン（1978）のように，個人による学習に焦点を当てた研究の有効性を認めることはできる。しかしながら，組織が単なる個人の総和以上のもの

であることを想定するならば，組織学習を個々の組織メンバーの学習のみに還元することはできない（Fiol, C.M. & Lyles, M.A., 1995）。組織学習には，学習する主体間の複雑な相互作用が含まれているといえよう。

組織学習とルーティン

　レビットと**マーチ**（Levitt, B. & March, J.G., 1988）は，組織学習を「歴史から導き出される推論を行動の指針となるルーティンへと成文化すること」ととらえている。ここでいう**ルーティン**には，形式，規則，手続き，慣習，戦略から，信念の構造，フレームワーク，パラダイム，コード，文化，知識までもが含まれる。しかし，それは社会化，教育，模倣，専門化，人事移動，合併・買収などを通して伝えられ，集合的な記憶のなかに保存される。

　ここで注目すべきは，ルーティンとは，組織的な記憶として蓄積されていくということである。この場合，組織メンバーの出入りを前提としても，ルーティンは組織内に残っていくことが可能であると考えられる。しかし，このルーティンは，学習主体としての他組織も参加するコミュニティ内での経験を通して変化していくものでもある。

　このようなルーティンの保持と変化は，いわゆる組織学習におけるトレードオフ関係を表している。このことをマーチ（March, J.G., 1996）は，「**知識の開発**」（exploration）と「**知識の活用**」（exploitation）という2つの概念を用いて説明している。

　ここで，知識の活用とは，既存の能力・技術・パラダイムの精錬と拡張を意味し，コストの削減や収益性の上昇と大きく関係する。一方，知識の開発とは，新しい可能性への挑戦であるため，収益性は不確実でしばしばネガティブな効果をもつこともある。

　ここから，収益の向上を望んでいる組織は，知識の開発よりは知識の活用を優先する傾向が強くなるであろう。これは，ルーティンの変化は

目標からみた結果に依存するので，収益性を上昇させる既存のルーティンは保持・強化される傾向が強いのに対して，それを別のものへと変えていくことは容易ではない，ということからもいえる。

しかし，このような傾向は，短期的には収益性の向上をもたらすことは可能であっても，長期的にみると自己破滅的効果をもたらしかねない。たとえば，新しい優れた技術が登場したにもかかわらず，それを試そうともせず，既存の技術にのみ固執していては，競争優位を喪失することになりかねない。ここから，知識の開発と活用との間で適切なバランスをとっていくことは，組織の存続にとって不可欠である。

組織学習プロセスと情報解釈

組織学習の体系的な把握は，フーバー（Huber, G.P., 1991）によってなされている。彼は，組織学習とは必ずしも意図的になされるものに限らず，その**存在**（組織にとって有用な知識を任意の組織単位が獲得すること），**広さ**（より多くの組織単位が知識を獲得すること），**精緻さ**（より多様な解釈が展開されること），**徹底さ**（より多くの組織単位が多様な解釈に同一の理解を発達させること）のどれかひとつでも生じた場合になされるとしている。しかも，それを知識の獲得，情報の分配，情報の解釈，組織的記憶の4つの要素から構成されるプロセスとしてとらえている。

① **知識の獲得**とは，組織が情報や知識を獲得するプロセスのことであり，先天的学習，経験から得られた学習，代理的学習，接ぎ木（新しい知識をもったメンバーの獲得），探索と注意などの手段が用いられる。

② **情報の配分**とは，組織内の別々の所から得られた情報が組織内へと配分されるプロセスのことをいう。さまざまな下位単位からの情報が結合されると，新しい情報のみならず，新しい理解さえもが生み出される。

③ **情報の解釈**とは，情報に所与の意味が付与されるプロセスのこと

をいう。これは，ⓐ認知マップの均一性，ⓑ情報伝達における枠組みの均一性，ⓒ情報伝達におけるメディアの豊富さ，ⓓ情報負荷の程度，ⓔ学習棄却の量，などに影響される。

　④**組織的記憶**とは，知識や情報の保管とかかわるプロセスであり，ⓐメンバー数の減少，ⓑ情報の分配や解釈，ⓒ情報を保管する基準や方法，ⓓ保管された情報を位置づけたり検索したりする方法，などから影響を受けるものである。

　以上のフーバーの見解から，組織学習には，情報や知識の獲得・蓄積という側面のみならず，情報の解釈という側面もが関係してくることがわかる。たとえ多くの情報が組織へと流れてくることが可能であったとしても，そこに多様な解釈が成り立つ余地がなければ，主体的な環境適応にとって有効な学習が行なわれる可能性は少ない。

　なぜなら，いくら多くの情報が入ってきても，それを組織にとって有意義なものと解釈する余地がなければ，それを戦略策定や組織変革に対して役立てていくことはできないからである。すなわち，「環境の実現」に対して寄与しえないということである。

　たとえば，フーバーは情報の解釈が**学習棄却**の量から影響を受けることを指摘している。これをリバイバルプラン以前の日産自動車の事例にあてはめて考えてみると，以下のようになる。

　日産自動車は，モーターリゼーションの時代にあって，技術優位を前面に立てつつ，シェアを伸ばしてきていた。しかし，消費者動向の変化といった環境変化に直面しつつも，あくまでも「**技術の日産**」という成功パターンにこだわり続けたため，結果としてトヨタやホンダにシェアを奪われることになってしまった。すなわち，成功パターンを学習棄却することができなかったため，消費者動向の変化から多様な解釈を成りたたせる余地がなく，環境変化に対して有効な戦略を立てることができなかった，との解釈が成りたつのである（青木，2001）。

組織における情報の解釈という側面をより詳しく検討していくのであれば,意味が社会的につくられるプロセスにまで研究の対象が向けられることになるであろう。なぜなら,ある情報が解釈され,そこに意味が付与されるというプロセスは,純粋に個人的なことがらではありえず,つねに社会的な文脈において成りたつからである。1990年代になると,以下で述べる社会的構築主義の観点を組織学習論に導入する試みもみられるようになってきた。

5 社会的構築主義と組織論

社会的構築主義の特徴と組織論

バー(Burr, V., 1995)によると,以下の4つの仮定のうちひとつ以上をもつアプローチであるならば,それを社会的構築主義に分類することができるという。

① **「自明の知識」への批判的スタンス**(立場):これは「世界のありのままは観察によって明らかにされ,存在するものは,われわれが存在すると知覚するものにほかならない」という前提を掲げる実証主義や経験主義への批判を意味している。社会的構築主義は,このような前提を,絶えず疑っている。

② **歴史的および文化的な特殊性**:これは,われわれが世界を理解する仕方,われわれが使うカテゴリーや概念などは歴史的および文化的に特殊なものであることを意味している。それら理解の仕方は,特定の文化や歴史的時代に特有であるばかりでなく,その文化や歴史の所産とみることもでき,その時代のその文化に支配的な,特定の社会的および経済的制度にもとづいているとされる。

③ **知識は,社会過程によって支えられている**:これは,世界につい

てのわれわれの知識は，社会生活における人びとの間の日常的相互作用を通してつくられる，ということを意味する。人びとの日常生活におけるお互いの間のできごとは，その間にわれわれの共有する知識のヴァージョンが構築されていく慣行なのだとみられる。

④　**知識と社会的行為はあい伴う**：これは，異なる知識が社会的に構築されると，それとともに，異なる種類の行為が生み出される，ということを意味する。たとえば，酔っ払いは自分の行動に責任をもつことができる，と考えられていた時代にあっては，投獄による対処が行なわれていた。しかし，それを病気ととらえ，「アルコール中毒者は自分の行動に完全に責任をもつことはできない」という理解がつくられるようになると，それにふさわしい社会的行為として，投獄ではなく，医学的および心理学的治療がとられるようになった。

以上のような社会的構築主義の観点に立つと，「個人が単一のパーソナリティをもつ」というあたかも当然と思われる前提に疑問が付されることとなる。社会的構築主義においては，人びとのアイデンティティは，文化的に利用可能なさまざまな言説（年齢，エスニシティ，仕事など）から構築される，とみられることとなる。

このような諸言説は，われわれになにができ，なにをすべきかについて，含意をもつこととなる。たとえば，「感情的」や「傷つきやすい」といった女らしさについて流布している言説は，「女性は経営者には向いていない」という勧告を生み出すのである。

このような観点に立つと，組織と個人についての新たな研究課題が見いだされることとなる。近代組織論をベースとして戦後登場したモチベーション研究においては，人間の欲求構造にによって個人のモチベーションをとらえるというスタイルがとられていた（Maslow, A.H., 1954）。つまり，個人のうちに内在する欲求の構造が問題とされていたのである。

しかし，個人のアイデンティティが文化的に利用可能な諸言説から構

築される，という社会的構築主義の観点を取り入れると，分析のレベルをそのような諸言説を流布させている社会的な文脈にまで広げていかねばならなくなる。

組織学習と実践共同体

レイヴと**ウェンガー**（Lave,J. & Wenger, E., 1991）は，「社会的な文脈において意味が生成される」という観点を組織学習論へ援用している。この業績では，徒弟制において新参者が知識や技能を修得していく学習プロセスを「**正統的周辺参加**」の概念を用いて説明している。

正統的周辺参加とは，新参者がコミュニティの社会文化的実践への十全的参加へと移行していくプロセスのことをいう。すなわち，ここにおいて学習とは，**実践共同体**（community of practice）への参加そのものであり，そのような参加を通してコミュニティの一員としてのアイデンティティを確立していくのである。

この観点においては，親方（熟練者）が徒弟（新参者）になにをどう教えるかということが問題となるのではない。熟練者は「ああいう人たちになること」ということが具体化した到達点であり，新参者は実践共同体への参加を通して，「熟練のアイデンティティ」ともいうべきものを獲得していくのである。

ここで重要となってくるのは，教授行為へのアクセスではなく，学習の資源としての実践へのアクセスなのである。具体的にいうと，実践共同体の十全的成員となるには，広範囲の進行中の活動，古参者たち，共同体の他の成員へのアクセスのみならず，情報，資源，参加の機会へのアクセスも必要である，ということである。

レイヴとウェンガー（1991）が示唆する主な点は，学習とは実践に参加することそのものであり，実践共同体の特質やそこでのアイデンティティの確立と切り離して考えることはできない，ということである。こ

こから，組織学習の研究についても，学習が行なわれる場としての実践共同体そのものへと，分析レベルの拡張が必要とされてこよう。

6 新しい管理のあり方の模索

　管理者あるいはリーダーは，いかにして組織を管理するのか。この言説は，これまでの経営組織論（あるいは経営学そのもの）の主な課題であった。個人の行為が，組織に不確実性をもたらすことを考慮するならば，これが今後とも大きな課題であり続けることには変わりはないであろう。

　しかしながら，社会的構築主義の立場にたつと，私たちの間で当然のことと思われているこの言説こそが，管理者対労働者，リーダー対フォロワーというアイデンティティをわれわれの側に築いてきた，ということを認識することが可能となる。

　組織学習を実践への参加と同等のものとしてとらえるのであれば，組織の主体的な環境適応は，われわれが組織へと参加するあり方そのものにかかっているといえよう。組織への参加者は，たとえ労働者や従業員といったラベルで分類されていたとしても，指示どおり働くという「受動的な存在」ではありえない。

　どのような参加者であれ，みずからの存在や行為は他者にとっての学習資源となっているのであり，アイデンティティの形成に関与しているのである。ここから，「実践への参加」をキーワードとする新しい管理のあり方を模索していく必要性を認識することができる。

　変革と創造という主体的な環境適応を試みている組織にとって，「実践への参加」をキーワードとする新しい管理のあり方を模索していくことは，今後ともとりわけ大きな問題であり続けよう。しかし一方で，組織論研究には，このような新しい管理のあり方と組織のマクロレベルで

のコントロールの議論をどう接合させていくかという課題も残されている。

《参考文献》

青木克生「技術の日産と競争優位」『経済系』［関東学院大学］第208集，2001年

Argyris, C., *On Organizational Learning*, Blackwell, 1994.

Argyris, C. & Schon, D.A., *Organizational Lrarning: A Theory of Action Perspective*, Addison-Wesley Publishing Company, 1978.

Burr, V., *An Introduction to Social Constructionism*, Routledge, 1995.（田中一彦訳『社会的構築主義への招待』川島書店，1997年）

Child, J., Organization: a Choice for Man, in Child, J., *Man and Organization*, George Allen & Unwin Ltd., 1973.

Deal, T.E. & Kennedy, A.A., *Corporate Cultures*, Addison-Wesley Publishing, 1982.（城山三郎訳『シンボリック・マネージャー』新潮社，1983年）

Fiol, C.M. & Lyles, M.A., Organizational Learning, *Academy of Management Review*, Vol.10, No.4, 1985.

Hannan, M.T. & Freeman, J. The Population Ecology of Organizations, *American Journal of Sociology*, Vol.88, 1977.

Huber, G.P., Organizational Learning: The Contributing Processes and Literatures, *Organization Science*, Vol.2, No.1, INFORMS, 1991.

Lave, J. & Wenger, E., *Situated Learning*, Cambridge University Press, 1991.（佐伯胖訳『状況に埋め込まれた学習－正統的周辺参加－』産業図書，1993年）

Levitt, B. & March, J.G., Organizational Learning, *Annual Review of Sociology*, Vol.14, 1988.

March, J., Exploration and exploitation in organizational learning, in Cohen, M.D. and Sproull, L.S. ed., *Organizational Learning*, SAGE, 1996.

Maslow, A.H., *Motivation and Personality*, 2nd ed., Harpercollins College Published, 1970.（小口忠彦訳『改訂新版 人間性の心理学』産

業能率大学出版部，1987年）

Peters, T.J. & Waterman, R.H., *In Search of Excellence*, Harper & Row, 1982.（大前研一訳『エクセレント・カンパニー』講談社，1983年）

Pondy, L.R. & Mitroff, I.I., Beyond Open System Models of Organization, *Research in Organizational Behavior*, JAI Press, Vol.1, 1979.

Schein, E.H., *Organizational Culture and Leadership*, Jossey-Bass, 1985.（清水紀彦，浜田幸雄訳『組織文化とリーダーシップ』ダイヤモンド社，1989年）

Thompson, J.D., *Organizations in Action*, McGraw-Hill, 1967.（高宮晋『オーガニゼーション・イン・アクション』同文舘，1987年）

《いっそう学習（や研究）をすすめるために》

E.H. シャイン著，清水紀彦，浜田幸雄訳『組織文化とリーダーシップ』ダイヤモンド社，1989年
集団心理学，リーダーシップ論から人類学，精神力学にまでわたるさまざまな分野からの貢献を用いて組織文化論へとアプローチしている。文化を形成・維持していくリーダーの役割について理解するうえで必読の一冊。

V. バー著，田中一彦訳『社会的構築主義への招待』川島書店，1997年
社会的構築主義についてわかりやすく解説した一冊。経営学や組織論と直接関わる文献ではないが，これまでの組織論の限界を認識し，新しい可能性を見いだしていくうえでは大いに役に立ちうる。

《レビュー・アンド・トライ・クエスチョンズ》
① シャインの組織文化論の意義と限界について説明せよ。
② 組織の主体的環境適応という点から組織学習論の意義について述べよ。
③ フーバーの提示した組織学習プロセスにおける情報解釈の必要性について述べよ。

第 11 章

組織によるイノベーション

本章のねらい

　21世紀に入りわが国では，情報化とグローバル化の進展を背景に，バブル経済崩壊後の景気低迷からの打開策としてイノベーションへの関心がますます強まっている。本章を学習すると，以下のことが理解できるようになる。

① 組織によるイノベーションの意味
② 組織がイノベーション実現に及ぼす大きな影響について
③ イノベーションを起こすことのできる組織モデルはあるのか
④ イノベーションの組織的プロセス
⑤ イノベーションが起こるロジックのイノベーション・プロセスと組織能力からの解明

1　イノベーションの意味

　現代社会では，あらゆる分野でイノベーションの必要性が叫ばれている。しかし，その内容は，とらえどころがなく，混乱しているのが実状である。元来**イノベーション**（innovation）という用語は，「新しい」を意味するラテン語の novus に由来している。そして，その本質は，**シュンペーター**（Schumpeter, J.）が指摘したように，社会の構成要素を従来とは異なる方法で結合する「新結合」のことを意味している。

　言い換えれば，知識と知識の結合による**知識創造**ともいえる。それゆえ，イノベーションは，社会経済の飛躍的な発展の原動力となるものであり，それを起こすことができなければ，社会経済の発展，ましてや企業組織の成長は期待できないことになる。

　シュンペーターは，こうしたイノベーションの社会に及ぼす影響の大きさを踏まえつつ，それを広い意味でとらえ，つぎのような5つの具体的内容をあげている。

　①「新しい製品開発」のイノベーション
　②「新しい生産方法」のイノベーション
　③「新しい販路開拓」のイノベーション
　④「新しい供給源確保」のイノベーション
　⑤「新しい組織構造」のイノベーション

　われわれは，20世紀初頭以来，自動車，航空機，電力，通信，コンピュータといったハードウェア製品，化学的な新素材，コンピュータ・ソフトウェアなど，いろいろな分野でイノベーションを実際に経験してきた。そして，これらビジネス関連のイノベーションに共通しているのは，それが必要とされる状況認識がビジネス社会で共有されていたからである。しかし，わが国でイノベーション問題が注目されはじめたのは1980年代

以降である。それまで、欧米に追随することが、ビジネスの優先事項であり、イノベーション問題は、「技術革新」といった技術限定的なもの、単なる技術開発の実践的課題とみなされていたにすぎない。

そのため、イノベーションに対する理論的な関心は、それほど強くもたれてこなかった。とはいえ、わが国でもようやく、バブル経済崩壊以降の景気低迷やデフレ・スパイラルからの脱却を図る重要な手段として、イノベーションへの関心が高まり、その実現が多方面で論及されはじめたのである。

本来イノベーションは、シュンペーターがとらえたように、広く社会のあらゆる側面で起こるものである。それゆえ、イノベーションの問題は、技術革新はもとより、新製品開発や新サービスの創出、新しい生産方法や配送システムの構築、新しい組織システムのデザインなど、過去にとらわれない画期的な製品やシステムの創出など多様である。

たとえば、新製品開発は、イノベーションの一例としてよく取りあげられるが、イノベーションの本来の意味からすると、新製品そのものだけの問題でない。それを実現するには、生産方法、販売方法、流通方法、サプライチェーン・マネジメント（SCM）など、イノベーションのターゲットは、広範囲にわたるのである。

❷ イノベーションのとらえ方

イノベーションの種類

イノベーションといっても、その程度、内容の観点からいろいろな種類に区分できる。たとえば、漸進的イノベーション、破壊的イノベーション、学習によるイノベーション、直感によるイノベーション、プロセス・イノベーション、製品イノベーションなどである。

シュンペーターは，社会におけるイノベーションのあり方に着目し，過去の成功例の延長である**持続的イノベーション**と，過去とは関連しない**破壊的イノベーション**を識別し，後者の重要性を強調した。その根拠は，「いくら郵便列車を列ねても，それによって決して鉄道を得ることはできない」というように，同じ発想をベースとする同一レベル（枠組み）の問題解決を続けても，新たな発想（枠組み）のビジネスは展開できないからである。

　もっとも企業経営の現実をみると，シュンペーターの強調する破壊的（非連続的）イノベーションだけが期待されているわけでもない。イノベーションのなかには，**改善**といった持続的イノベーションの積み重ねによって，システム自体に大きなイノベーションをもたらしたという実例が数多くみられる。それは，情報伝達方法の改善を継続することによって，情報ネットワーク社会が到来してきたことをみれば，明らかである。

　イノベーションは，こうした連続性の観点によるとらえ方があるのはもちろん，影響レベルの観点から，以下のようにとらえることもできる。第1は，もっとも影響レベルが高い**破壊的イノベーション**であり，組織についていえば，組織のパラダイム転換に該当するものである。

　第2は，**抜本的イノベーション**であり，破壊的イノベーションと比べれば，意外性は少なく，適用範囲も狭いものである。これは，破壊的イノベーションの後に起こることが多く，組織の場合，構成要素を新規に見直すことに該当する。

　そして，第3のレベルが**漸進的イノベーション**であり，企業組織の諸問題を新しい観点から解決していくという日常的変化の原動力となるもの。これらは，いずれにせよ，イノベーションのとらえ方がいろいろあることを物語っている。

　現実をみれば，イノベーションの程度，内容，種類などが多様化している，ととらえることに異議はないであろう。そのため，イノベーショ

ンの本質を明らかにするのは容易でない。

　そこで考えられるのが，連続性と影響レベルを踏まえて，連続性と革新性という相反する次元に着目した2次元モデルである。連続性にかかわる**漸進的イノベーション**は生産者にとっても顧客にとってもそれほど斬新ではなく，日常の延長線にあるため組織への影響力は小さい。

　これに対して，革新性にかかわる**破壊的イノベーション**は，従来とはまったく異なる設計や製造プロセス，活用法などをもたらす可能性があり，組織全体に最大の影響力をもつ。イノベーションといっても，その内容により影響の程度は違い，その本質は，従来と異なる様式の創出にあるといえよう。

漸進的イノベーション

　ある製品に関する技術進歩を経時的に探ってみると，S字型曲線が描かれる。これは，横軸に投入された時間や資源をとり，縦軸に技術進歩をとると，当初は緩やかなペースでしか進まない**技術進歩**が，やがて急速に進歩を遂げるが，その後しばらくすると，再び鈍化して，進歩の限界がみられるようになるパターンから名づけられたものである。しかも，それは，多くの分野で経験的に確認され，妥当性が明らかにされている。

　新製品の投入初期は，試行錯誤の時期であり，それほど進歩はみられない。しかし，徐々にマーケットや工場での経験と知識を高めていくにしたがい，**技術開発**は効率化され，急速に技術は進歩することになる。そして，やがて技術の限界がみえてくると，技術進歩のテンポは落ちて限界に近づく。ただし，技術のS字型進歩パターンは，事後的にあてはまっても，事前に時間の推移を予測することは容易でなく，どの時点で限界レベルに達するかは不明である。

　いずれにせよ，イノベーションをもたらす技術進歩が，S字曲線の示唆するように，経時的に展開するとすれば，絶えずイノベーションを起

こすためには，このS字曲線のロジックから逃れることはできない。そこで，イノベーションを漸進的に起こすために必要になるのは，各イノベーション間が相互依存しているという観点に着目し，イノベーション間に連鎖パターンがあることを認識することである。そして，イノベーションが漸進的に起こるように，イノベーションの連鎖パターンを実現する組織構造が求められるのである。これは，イノベーションを起こす組織デザインの問題である。

破壊的イノベーション

イノベーションのなかには，漸進的なものでなく，過去の延長線ではとらえられないような画期的で，革命的なものもある。帆船から蒸気船，プロペラ機からジェット機，真空管からトランジスタ，トランジスタから集積回路へといった破壊的技術によるイノベーションが，これに該当する。

新しい技術の登場は，それをベースにした製品を多様に生み出すが，しだいに製品淘汰がはじまり，やがて**ドミナント・デザイン**（支配的なデザイン）が業界に浸透する。こうなると，ドミナント・デザインを前提にした製品の連続的，漸進的なイノベーションが進行するが，ある時期になると，過去とは非連続な破壊的技術をベースとしたイノベーションが起きるというパターンが繰り返される。破壊的イノベーション，いわゆる「**パラダイム転換**」（クーン，1962）にみられるような飛躍的な発想は，過去と非連続だといえる。

しかし，破壊的イノベーションといっても，よくよくみれば，既存の技術や社会的な仕組みを利用せざるをえない側面もある。すべての新しい知識は，既存の知識（暗黙知と形式知）の蓄積があってはじめて実現するものである。また，**製品開発**は，さまざまな技術（製品技術，生産技術など）の組み合わせによって可能になる。すべてを破壊した新規な

ものにはならないのである。

　要するに，破壊的イノベーションとみなされるものでも，実はどこかに過去の製品・サービス，類似の製品・サービスなどになんらかの結びつきをもっている，といえる。どのような破壊的イノベーションでも，連続性のロジックとは切り離せないのである。

　とはいえ，企業組織に大きなインパクトを与えるのは，破壊的なイノベーションによる新しい分野の創造である。イノベーションを起こす組織のあり方は，漸進型ばかりでなく，破壊型のイノベーションも可能にする組織モデルの探求といえよう。

③ イノベーション・ダイナミクス

　組織においてイノベーションが起きる原因を探ると，**技術要因説**と**市場要因説**に大別できる。技術要因によるという考え方は，技術の発展を契機にイノベーションが起こるという見方である。液晶ディスプレイの登場は，液晶技術の発展によって**製品化**のイノベーションが起こった例といえる。

　エンジニア仲間の会話では，「そのアイディアはすばらしいが，実用化は無理だね」といった場面がよくある。それは，ビジネスに結びつくとは思えないが，技術的に可能だということの示唆であり，技術的に製品化のイノベーションが起こる可能性があることを意味している。

　これに対して，「**必要は発明の母**」という観点のイノベーションが市場要因によるイノベーションである。この言葉は，昔からよく引用されているが，製品開発の要諦が顧客のニーズにあることを示唆している。顧客が望むものを開発できれば，大きな利得を得ることが予想され，それがイノベーションの引き金になるという見方である。

　H．フォードは，金持ちしか買えない車でなく，だれでも買える車を

供給するというロマンを実現すべく,部品の標準化と流れ作業方式という革新的な生産システムを創出した。そして,具体的には**T型モデル**の大量生産・大量販売方式を確立したのである。

また,**ゼロックス社**による普通紙コピー機の開発は,特許の申請書類を写す手間を省きたいという市場のニーズを満たそうとして実現したものである。その他,電化製品の発展の歴史をみれば,冷蔵庫,洗濯機,テレビ,VTRなど,いずれも顧客が生活の利便性を高めるために必要としていた製品イノベーションを反映していることがわかる。

このように,イノベーションは技術的に可能な状況からも起こるし,市場のニーズからも起こる。しかし,ここで注意すべき点は,技術も市場もイノベーションを引き起こす必要条件であるが,十分条件とはならないということである。それゆえ,技術と市場への関心だけではイノベーションを確実に起こすメカニズムが十分に解明されたとはいえない。イノベーションが社会的に認知されるには,タイミングが必要であるよう

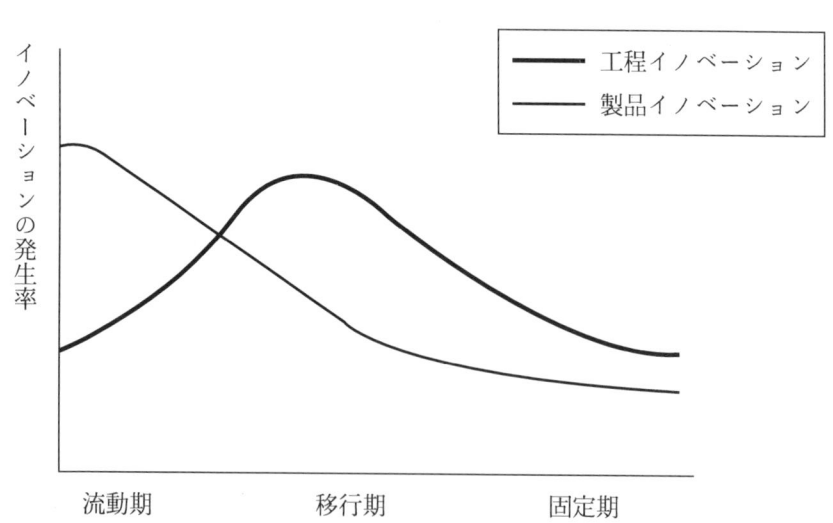

図表11-1　イノベーション・ダイナミクス

（縦軸：イノベーションの発生率　横軸：流動期／移行期／固定期　凡例：工程イノベーション／製品イノベーション）

出所）J.M. アッターバック著, 大津正和・小川進監訳『イノベーション・ダイナミクス』有斐閣　1998年

に，その他にもイノベーションに影響する要因があるはずである。

　製品イノベーションの起こるメカニズムを明らかにするには，それが実現する時間推移をとらえるとともに，それに大きな影響を及ぼす産業界の技術発展の状況をとらえることが必要である。この点に関して，**アバナシー**らは産業界が，流動期，移行期，固定期という3つの段階を経て変化していくことを明らかにしている。

　流動期では，製品そのもののコンセプトが明らかでなく，製品としての機能はなにか，それを実現する最適の技術はなにかが問われる。製品開発の技術について多様な解釈が生まれる局面であり，製品技術が特定できないため，生産工程も変更の可能性を秘めた柔軟なものにならざるをえない。ここでは，イノベーションの中心は製品開発であり，製品づくりの工程・イノベーションはあまりみられない。

　製品イノベーションが，マーケットで受け入れられ始めると，ドミナント・デザインが形成されてくる。たとえば，自動車の開発途上で，馬車に代わる多様なアイディアが試された。しかし，しだいに自動車はT型フォードにみられるように，エンジン，ハンドル，タイヤ，ボディなどの組み合わせであることが定着し，それが自動車のドミナント・デザインになっていったのである。

　製品のドミナント・デザインが形成されると，つぎに**移行期**が始まる。この局面では，製品イノベーションは機能性向上が中心となり，それを実現するために**生産工程のイノベーション**が必要になる。すなわち，イノベーションの焦点が，製品から工程に移行し，生産の効率性が希求される。

　しかし，生産の効率性が高まれば，無駄を排除することになるので，生産工程の柔軟性は失われていかざるをえなくなる。この段階は，生産活動が効率性基準で収斂していくという意味で産業の**固定期**といわれる。この場合，製品と生産工程の関係は非常に密接なものとなり，お互いの

変化を許容しなくなる。

活動のエネルギーは品質向上とコスト削減に向けられ，イノベーションは漸進的なものが好まれることになる。このような生産性が向上するのに大きな技術革新が生まれなくなる現象を，アバナシーは，「**生産性のジレンマ**」と名づけ，組織活動において避けられない現象のひとつとして明らかにした。

もっとも，製品イノベーションと**工程イノベーション**の関係は，以上のようなものとは限らない。半導体の開発にみられるように，半導体製造のプロセス・イノベーションが新しい半導体を生み出す製品イノベーションの引き金になる場合もある。素材製品では，移行期に生産工程の連続化などによる大幅な工程イノベーションが重要な役割を果たすといったパターンがよくみられる（Utterbach, J. M., 1994）。

いずれにせよ，製品分野によって違いがあるものの，製品イノベーションと工程イノベーションのダイナミックな相互関係をとらえることは，イノベーションのあり方やイノベーション問題を理解するうえで重要である。

そもそも，**アッターバック**によれば，イノベーションは製品イノベーションから工程イノベーションへ移行するのが普通である。事実，製品イノベーションによって自動車が開発されると，オートマ，サスペンションなど改良型の製品イノベーションがつぎつぎと展開された。

そうしたなかで，フォード社は，**規模の経済**を追求するためT型モデルを開発し，その量産化を図る流れ作業方式という工程イノベーションを起こしたのである。また，**ゼネラル・モータース（GM）**社は，多様なデザインやカラーの車を求める消費者の多様化ニーズに対応するための新組織の考案という工程イノベーションを起こした。第2次世界大戦後のトヨタによる自動車づくりによって生み出された**カンバン方式**も工程イノベーションといえる。

製品そのものに注目すれば，製品イノベーションと工程イノベーションを明らかにしたアッターバックの見方は，正しいと考えられる（織畑，2001）。

とはいえ，わが国では多くの分野で，なぜ工程イノベーションから製品イノベーションへの移行が求められているのだろうか。従来，わが国では改善を重ねることが，経営者の共通認識であり，TQC（全社的品質管理），トヨタのカンバン方式といった工程イノベーションが大半を占めていた。しかし近年，とくに最先端分野では製品イノベーションが従来にもまして求められるようになった。

一般に，工程イノベーションによって効率性を大幅に増大させることができるが，製品イノベーションは製品に対する新しい**価値創造**であり，効率性のロジックは通用しにくい。工程イノベーションの進化は，確かに，効率性向上を軸に進むが，製品イノベーションについても，開発競争の激化もあって効率性を高めることが求められている。

経済の成熟化が進展すると，生産活動はよりコスト的に有利な地域へシフトせざるをえなくなるため，企業の供給サイドは**設備投資**から**研究開発投資**に注力することになる。これは，製造・販売のプロセス重視から製品開発プロセス重視への戦略転換を意味する。換言すれば，工程イノベーションから製品イノベーションへの回帰である。

4 組織のイノベーション創出メカニズム

組織におけるイノベーション

いうまでもなく，**組織活動**は経営資源のインプット，プロセス，製品／サービスのアウトプットを中心に展開され，多様な**技術システム**に依存している。しかも，組織活動を支援する各技術の間には相互依存や相

互補完の関係があり，それらは，イノベーションのあり方にさまざまな影響を及ぼす。

そのため，組織活動において技術間に整合性がなくなれば，整合性を確保するための新たな技術開発の必要性が高まる。そしてある時期，ある方向に向けて，集中的に技術革新のエネルギーが引きだされるようになり，組織がイノベーションの**焦点化装置**（focusing device）として重要な役割を担うことになる。こうした観点から組織内部には，組織の外部環境とは独立して，技術システム固有のロジックでイノベーションを進行させるメカニズムがあるといえる。

組織におけるイノベーションは，知識として組織内で蓄積され，伝達され，共有されるとともに，**特許**で保護することによって第三者の使用を制限することができる。しかし，それが知識・情報化されるということは，コピー可能で，しかも複数の人が同時に利用することを意味する。それゆえ，組織がイノベーションを起こしたとしても，実質的にその成果の活用停止・排除を長期に続けることは容易でなくなる。

確かに，いったんイノベーションが起これば，その成果が有形だろうと，無形だろうと組織の得る利益は大きい。とはいえ，そのコピーや模倣が容易ならば，イノベーションを起こした組織がその成果（いわゆる**先行者利潤**）を十分に得られないかもしれない。

せっかく多額の資金を投入してイノベーションを実現しても，得るものが少ないというならば，イノベーションに対するインセンティブが低下してしまうであろう。そのために，組織独自のイノベーションに対する仕組みが必要である。

たとえば，組織による製品イノベーションの創出プロセスをみると，イノベーションは，その組織独自の構成要素が巧妙に組み合わさって実現しているのがわかる。消費者にヒットする新製品開発の場合，設計のノウハウ，原材料や部品の処理加工技術，コンピュータ処理のソフトウェ

ア，製品システムとしてまとめあげる技術などが，必要である。また，作った製品が市場で受け入れられるためのさまざまな流通システムやマーケティング，広告ノウハウが求められる。

このように，製品イノベーションは，いろいろな種類の技術，知識，ノウハウから構成されており，それらが組織全体として機能しない限り，実現されない。したがって，イノベーションの創出・実現は，相互依存関係にある組織の構成要素間の問題ともいえる。イノベーションがイノベーションを創出することがよくあるが，それは，イノベーションがまさに**相互依存関係**にある現象であることの証拠である。

おおざっぱにいえば，組織によるイノベーション創出の基本的要因は，組織メンバーの創造性，組織のあり方（イノベーションを肯定する組織文化），技術要因（技術の発展レベル），市場要因（顧客のニーズ）といえよう。また，組織の知識は，イノベーションの成果であるとともに，新しいイノベーションを起こすベースとなる。既存の知識からイノベーションによる新しい知識の創出・蓄積・活用といった，**イノベーションのサイクル**が累積していけば，それを実現する組織はライバル他社より競争優位性を確保し，強固な競争能力にもとづくビジネスを展開することが

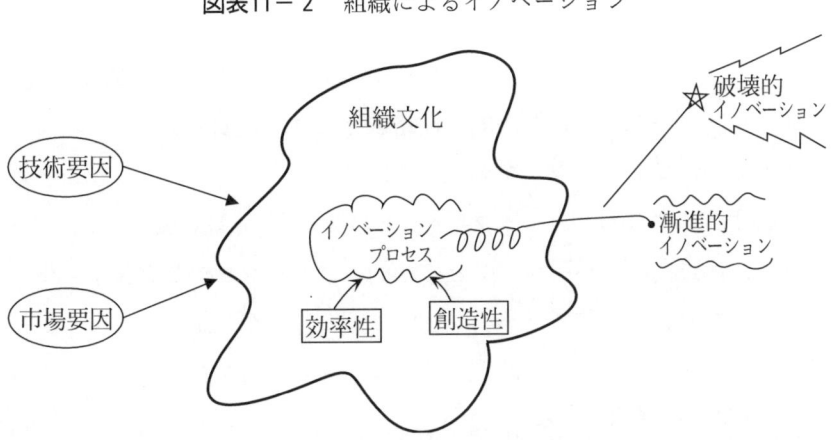

図表11－2　組織によるイノベーション

できるのである。

　しかしながら，組織によるイノベーションは，その累積を通じてイノベーションの方向性を決めていくという性質を有するため，新しい将来のイノベーションの規定要因，制約要因ともなる。**戦略的提携**によって最先端のイノベーション成果を導入しようとしても，受け入れ側がそれに対応できるだけのイノベーション蓄積をもっていなければ，結果的に提携資金が膨大にかかるにもかかわらず，成果を生み出せない提携になってしまうのである。

組織のイノベーション特性

　組織で創出されるイノベーションは，種類のいかんを問わず，他のイノベーションと相互に影響しあうプロセスを前提とするため，イノベーションの創出，普及，進化のプロセスにおいてパターン化の形成がみられる。**イノベーション志向の企業組織**で，研究開発型や製品開発型など，イノベーション創出のパターン化がみられるのは，その一例である。具体的な観点からいえば，イノベーションの創出がパターン化されるのは，イノベーションという事象が本質的に持ち合わせているつぎのような特性が，相互に作用しているからである。

① イノベーションの成果は知識の累積である。
② イノベーションはいくつかの技術の相互依存によって機能する。
③ イノベーションは社会的な経路依存プロセスである。

　当然だが，イノベーションのもつ特性は，イノベーションの起こり方に影響する。すなわち，ライフサイクルの長い製品と短い製品のイノベーション，漸進的イノベーションと破壊的イノベーションなど各イノベーションの特性によってイノベーションの起こり方が規定される。しかし，イノベーションにかかわる問題はイノベーション特性だけでなく，その種類に応じて数多くある。

たとえば，①市場環境に適応する技術開発のペースは技術それ自体の進歩ペースと乖離(かいり)すること，②資源配分の問題と市場と技術の組み合わせ問題を融合する必要性，③組織能力が特定の状況にのみ対応しイノベーションを制約すること，④破壊的技術に対応する情報の欠如，⑤破壊的技術と持続的技術の取り扱い方，⑥イノベーターのジレンマ解決法，などである。

製品の性能を持続的に高めるイノベーションにはつぎつぎに新しい技術が必要となる。これは，**持続的技術**といわれるものであるが，そのなかには，漸進的なものばかりでなく，不連続なものもある。あらゆる持続的技術に共通するのは，顧客が既存の基準で評価すると，現製品が既存製品より性能が向上しているという点である。実際，多くの業界でみられる技術進歩は持続的な性質のものがほとんどである。

一方，**破壊的技術**は，画期的な製品を生み出すという点で少なくとも短期的には，既存製品の性能を低下させる効果をもつ技術である。破壊的技術による製品の性能が既存製品より上回るのは，そこに従来の基準とは異なる価値基準が入ってくるからである。通常，破壊的技術を利用した製品の方が低価格，単純，小型で，使いやすい場合が多い。たとえば，ノート型パソコン，DVD，デジタルカメラなど，多様な例があげられる。

イノベーション・ストリーム

組織がイノベーションを期待するのは，競争優位性を持続的に確保するためである。そして，イノベーションによって競争優位性を得られるかどうかは，**テクノロジー・サイクル**と**イノベーション・ストリーム**のダイナミクスを理解し，不連続の組織変革によってイノベーション・ストリームを予応的に形成できるかどうかにかかっている。

テクノロジー（技術）・サイクルとは，マーケットに投入された製品

がしだいにバリエーションをもつようになった後に，業界の標準的な製品（ドミナント・デザイン）が出現するというプロセスにおいて，テクノロジー（技術）の漸進的な変化の期間が続いて，それを打ち切るかたちでブレークスルーとなるテクノロジー（技術）が出現するというテクノロジー（技術）の変遷のパターンである。

これに対してイノベーション・ストリームとは，長期にわたり系統的に異なる種類のイノベーションの実現を意味する（タシュマンとオライリー，1997）。したがって，組織にイノベーション・ストリームを構築できるかどうかは，同時に複数のタイプのイノベーションに取り組める**組織能力**がどの程度あるかに依存する。

テクノロジー・サイクルを理解すれば，さまざまなタイプのテクノロジーを導入するタイミングとその重要性を知ることができる。それだけでなく，管理者のどのような措置でイノベーション・ストリームを構築できるチャンスが生まれるかを知ることにもなる。

イノベーション・ストリームを構成するイノベーションには，**漸進的イノベーション**（ノートパソコンの薄型化），**構築型イノベーション**（セブンイレブンによるPOSシステム創出），**不連続型イノベーション**（ゼンマイ式時計からクオーツ時計への転換）がある（タシュマンとオライリー，1997）。

企業組織は，こうしたイノベーション・ストリームを構築し，それを積極的にマネジメントすることで，既存のテクノロジーを用いて根本的に新しい市場を有利に活用するとともに，予応的（proactive）に代替品を導入することができる。しかも，その代替品の出現によって既存製品が市場から排除されたとしても，新しい市場と競争ルールを生み出す体制が備わることになる。

組織がイノベーションによって競争優位に立つには，さらに，組織を構成する矛盾要素（パラドックス）のマネジメント，今日と明日のビジ

ネスを考慮したマネジメントが必要である。すなわちそれは、予応的にパラドックスから脱却するイノベーション・ストリームを作り出すマネジメントのことである。

イノベーション・ストリームのマネジメントは、**矛盾した要素**、すなわち、効率性と創造性、漸進的な変革と不連続な変革などをマネジメントすることだといえよう。そこで重要なのは、組織全体に、短期の効率性のための戦略、構造、能力、プロセスをマネジメントしながら、明日の戦略的なイノベーションのための条件づくりができるトップ・チームを築くことである。

こうした**オペレーション能力**と**戦略能力**を備えた組織は、短期間のうちにさらに効率的になり、情報にもとづいて予応的に戦略的な賭けに出る確率を最大限に伸ばすことができる。明確なビジョンにもとづくこうした二重構造の対応能力があれば、マネジャーは企業の未来を形成する専門知識を生み出し、さらなる躍進を期待できるのである。イノベーション・マネジメントの成否は、技術的な能力によるというより、リーダーシップや組織能力に根ざしているといえる。

イノベーションによる成功のワナ

企業は成長するにつれ、構造、プロセス、システムが洗練され、仕事の面で複雑さが増せば、それを処理できるようにしなければならない。こうした構造やシステムは相互に関係しているので、計画した変更を実施するのはむずかしくなり、費用も時間もかかることになる。**構造的な惰性**、すなわち、組織の構造、システム、公式プロセスの規模、複雑さ、相互作用に根ざした**変革への抵抗**がはじまる。

構造上の惰性とまったく異なり、しかもかなり幅広くみられるのは、文化的な惰性であるが、これは組織が事業経験を重ねるとともに生まれてくる。組織が成熟するにつれて、学習されたことの一部はいかにもの

ごとをなすべきかという共通の期待像として根づいてくる。こうしたことは，ときが経つうちに，非公式の規範や価値観となり，社会的なネットワーク，神話や英雄物語に表れてくる。組織が成長すればするほど，こうした学習は制度化され，深く浸透して，文化や組織の惰性をますます助長させる。

組織の構造や文化の惰性は，短期の成功を左右する強い力をもっているが，組織を過去に縛りつける力にもなる。一般的にいえば，構造的惰性より文化的惰性のほうがマネジャーにとって処理が容易でない。**文化的惰性**は，いつの間にか生まれて，直接これを取り込むことはむずかしいので，マネジャーが改革的な変革をうまく導入できないことの重要な要因である。

競争環境において，企業文化が業績向上の推進要因にもなれば，障害要因にもなるというパラドックスは，多くの側面でみられる。

5 組織能力とイノベーション

技術のイノベーションにせよ，事業のイノベーションにせよ，個人の思いつきや直感を生かしたイノベーションの時代から，近年では，計画的に組織能力を生かさなければ，イノベーションを実現できない時代になったといえる。それは，イノベーションの前提となるデータベースや知識の量が昔とは比べ物にならないくらい増大したからである。

電球の開発といった技術イノベーションは，発明家の一室で試行錯誤の末なされたが，そうした例は，もうかなり過去の話である。現代社会では技術が複雑化し，研究開発活動において組織能力を生かした組織的活動なくして画期的なイノベーションを創出することはできなくなっている。そこで，組織能力を生かす研究開発や製品開発を効率的に行なうにはどうすればいいのか，といった**イノベーション・マネジメント**につ

いて研究が進み、**組織能力**の活用と開発を前提としたいろいろな手法が生み出されてきた。

　いまやイノベーションを起こすのに、個人能力はもとより組織能力の活用が問われているのだ。各個人の知識・能力を組織的に活用し、新たな知識創造を起こすことこそ、現代社会において求められるイノベーションといえる。だとすれば、集団主義を特徴とした組織的活動を得意とする日本企業にとって、イノベーションの創出は、それほど困難でないはずだが、そううまくはいかないようである。

　組織の有する**経営資源**（ヒト、モノ、カネ、情報）が組織能力の基盤であることはもちろんであるが、それらを組織的に有効活用できるかどうかも組織能力に依存する。こうした点から、組織においてイノベーションを実現する組織能力を生かすには、どのような組織モデルが必要か、そして、そのあり方が問われるのである。

　効率性と創造性の同時実現という観点からみると、「**両刀使いできる組織**」（タシュマンとオライリー、1997）という組織モデルを考えることができる。組織が競争優位性を持続的に確保するためには、一方で安定的なコントロール・システムを通じ短期の効率性を目指すと同時に、他方でリスク行動を通じ学習しながら長期的なイノベーション（創造性）を目指す運営が必要である。

　両刀使いできる組織は、このような、効率性と創造性の相矛盾するパフォーマンスを同時に実現できる組織モデルである。これは、複雑な組織が、多様な相矛盾する複数の能力、下位文化をもちながら、一方で、効率性、一貫性、信頼性を追求し、他方で、実験性、即興性、運などに影響される特性をもっている、という点に着目した組織像である。両刀使いできる組織という発想は、成功を持続させるためには、今日うまくいかなければ、明日の成功があるはずない、という連続性の観点からきている。

長期的な成功をもたらすには，さまざまなイノベーションを長期にわたってマネジメントする能力，すなわち，組織内で同時進行的に開発しなければならないいろいろなイノベーションを導く能力が必要である。これら根本的に異なるイノベーションがイノベーション・ストリームである。**イノベーション・ストリーム**は，複数のタイプのイノベーションによって，組織が漸新的な変革期の利益を得ると同時に，革命的なイノベーションの速度と方向およびそれ以後の**業界標準**を形成する。

　イノベーションの種類が異なれば，組織も異なる。イノベーションが，漸進的な変化期と革命的な変化期で異なるとすれば，それに応じて組織も異ならざるをえない。それゆえ，組織にとって求められるのは，どのような環境変化にも対応できる組織のあり方であり，両刀使いできる組織は，そうしたことを実現できる組織なのである。

6　組織の知識創造とイノベーション

　20世紀後半から21世紀にかけての社会は，P.ドラッカーやD.ベルが主張したように，すでに知識ベースの社会に突入しているということができる。現在の携帯電話やインターネットの普及にみられるように，IT革命によって，われわれはより便利で快適な生活をおくることができるようになっている。必要な情報を入手することは，目的を達成するためには不可欠であり，また時間や空間の隔たりを克服して知識を活用することは，現代社会においてもはや特別のことではなくなりつつある。

　つまり，情報を獲得し，体系的に統合していくことこそが，社会の発展に欠かすことができない重要な役割を果たすのである。これまでの土地や資本，そして労働に代わり，知識や情報の創造が，社会の発展に重要な要因となっていることを意味している。組織のイノベーションもまた，この知識創造に依存しているのである。

知識とは，一連の情報から構成されるが，その情報もまたデータにより構成されている。「**データ**」は，まさしく外部から入力される刺激，信号，生起する事実である。これに対して，「**情報**」は，そのデータをあるフィルターを通して選別し，意味あるものとして加工したものである。そして，「**知識**」とは，情報をある一定の基準にもとづいて因果を体系化したものである。

　また，プロセスからみると，情報はフロー状態の知であり，情報としてとらえても使えないものならば，まだ知識とはいえない。知識は，ストック状態の知であり，知識は蓄積され自由に使える情報といえる。しかし，知識があれば，即実行できるかというと問題である。知識があればあるほど，それだけ選択肢が多くなるため，有効な決定に至るのは容易でなくなる。知っていることと実行とのギャップの問題が解消されるメカニズム，つまり知識を実行に生かす知恵が組織に求められている。

　組織は，個人の**情報処理能力の限界**を克服する手段としてとらえられ，しかも分業の法則，**専門化の原理**にもとづいて仕事の細分化，階層化が図られてきた。別の観点からいえば，組織は，メンバーの「**制約された合理性**」を克服するための手段として，効率的に仕事が行なえるように構造化されたものである。ところが，この組織観では，知識をベースとするイノベーション現象の説明ができない。ここで，イノベーションを可能とする組織は，どのようにみたらいいのだろうか。

　組織は，個人ができないことをメンバーの協働によって実現するシステムである。個人レベルで，すぐれた知識を会得しても，個人では実現できない場合がよくある。すなわち，技術開発や製品開発において，ある開発者が理論的に可能だということを明らかにしても，多くの場合，一人ではそれを実現できないので，組織的に取り組むことにならざるをえない。

　新製品開発，新薬開発，ソフト開発など，多くの企業組織で求められ

るイノベーションは，最初のきっかけが個人の知識にあったとしても，**組織能力**を生かした組織的活動によってしか実現の道はないのである。知識は，組織内で共有され，学習を通して**組織知**として蓄積されなければならない。そして，組織は，獲得した知識をベースとして組織目的達成のための知恵を絞り，より有効な行動を起こすこと，すなわち，イノベーションを起こすことが必要なのである。

　それでは，組織によってイノベーションを起こせる組織モデルについてはどのように考えたらいいのであろうか。研究開発にすぐれた成果を生み出せる組織のあり方は，どうなのであろうか。これらの解決によって，組織が競争優位性を確保できる手段を得ることができるといえよう。

　その解決策のひとつが，**知識創造**を可能とする組織である。知識創造のメカニズムは，いわゆる**SECIモデル**（野中・竹内，1996）として理論的に解明されつつあるが，それを実現する組織モデルについては，まだ十分解明されていない。

　組織は，知識創造を可能とする場であるという立場からすると，「自己を超越するプロセス」（野中・紺野，1999）ともいえる。個人と組織は，対立項ではなく，知識創造プロセスを介して個人は「我を超えて」組織活動を行なうようになる。これが，組織におけるＳＥＣＩプロセス理解の原点であり，これを実現する理念的モデルとして「**ハイパーテキスト型組織**」の可能性が提案されている。しかし，その実践性については，まだ不透明な点が多い。

　ハイパーテキストは，多次元的なコンテンツのネットワークからなる情報空間の考え方であり，ハイパーテキスト型組織は，階層的な特徴はなく，組織のパーツが相互に関連しあっていて，特定の意味やビジョンによってある種階層組織のような秩序をもって機能的に動くことを特徴としている。

　ハイパーテキスト型組織でも，組織が機能するために，暫定的な境界

が想定される。そして，それは，階層（ハイアラーキー）型の組織観のように確固たるものでなく，境界の外部との相互作用によって，有機的に変化する可能性をもつものである。

　ハイパーテキスト型組織は，①既存の知識体系を再構築するような新しい知識の創造（イノベーション）を戦略的に行なう「知識創造機能」，②既存の知識体系を活用しながら連鎖的な価値創造を行なう「ビジネス・システム機能」，③創造した知識を組織全体の共有財産として貯蔵しておく「知識資産蓄積共有機能」という3つの機能を果たす「3次元構造」からなっている。

　これらは，組織にとって必須の知識の創造・活用・蓄積に対応し，それぞれが有機的に連関しているという特性をもっている。組織は，暗黙知から形式知への転換という知識創造プロセスを通して，新しい知識を獲得することによって，有効性と能率を確保しつつ，競争優位性を持続させるイノベーションを絶えず追求しなければならない。

《参考文献》

Christensen, C. M., *The Innovator's Dilemma*, Harvard Business School Press, 1997.（伊豆原弓訳『イノベーションのジレンマ』翔泳社，2000年）

Kuhn, T.S., *The Structure of Scientific Revolutions*, 2nd ed., University of Chicago Press, 1970.（中山茂訳『科学革命の構造』みすず書房，1971年）

野中郁次郎・紺野登『知識経営のすすめ』ちくま新書，1999年

Nonaka, I. & Takeuchi, H. *The Knowledge-creating Company*, Oxford University Press, 1996.（梅本勝博訳『知識創造企業』東洋経済新報社，1996年）

織畑基一『ラジカル・イノベーション戦略』日本経済新聞社，2001年

Tushman, M. L. & O'Reilly, C. A., *Winning through Innovation*, Harvard Business School Press, 1997.（斎藤彰悟監訳『競争優位のイノベー

ション』ダイヤモンド社，1997年）

Utterbach, J. M., *Mastering the Dynamics of Innovation*, Harvard Business School Press, 1994.（大津正和・小川進監訳『イノベーション・ダイナミクス』有斐閣，1998年）

―《いっそう学習（や研究）をすすめるために》――――――――――――

一橋大学イノベーション研究センター編『イノベーション・マネジメント入門』日本経済新聞社，2001年
イノベーションと企業・経営，経済・制度に関する諸問題について基礎的知識を学ぶことができる。とりわけ，イノベーション問題の経営的側面を扱った第3章から9章の各章は，イノベーションのマネジメント研究の発展と現状を知るうえで大いに参考になる。

織畑基一『ラジカル・イノベーション戦略』日本経済新聞社，2001年
日本企業の事例をベースに，新市場開拓や新製品開発をもたらすイノベーションのメカニズムの事例を豊富に用いて明らかにしている。そのため，イノベーションの源泉，イノベーションを起こすのに必要な戦略とマネジメントを考えるのに役立つ。

M. タシュマン＆C. オライリー著，斎藤彰吾監訳『競争優位のイノベーション』ダイヤモンド社，1997年
持続的な競争優位性の確保に必要なイノベーションを創出する組織のメカニズムについて，イノベーション・ストームといった独自のコンセプトを用いて解明している。組織とイノベーションの問題を考えるのに必須の文献。

《レビュー・アンド・トライ・クエスチョンズ》
① イノベーションにはいろいろな種類があるが，それはなぜか。
② イノベーションを起こす組織の障害要因を明らかにせよ。
③ イノベーションを起こすことができる組織の特徴を説明せよ。
④ 組織によるイノベーション発生のメカニズムを明らかにせよ。

第 12 章

情報ネットワーク社会の組織変革

本章のねらい

　情報ネットワーク社会がもたらす既存組織形態への影響について理解を深めるとともに，それに対する対応策としての組織変革のあり方について検討する。本章を学習すると，以下のことが理解できるようになる。
　① 情報ネットワーク社会の到来と組織形態の発展
　② 組織づくりの考え方
　③ 組織変革のための考え方やモデル

1 情報ネットワーク社会の到来

　20世紀は，工業化社会を進展させ，**科学的管理法**や**フォード・システム**の登場・発展によって工場やオフィスにおける仕事の能率を飛躍的に向上させた時期といえる。**工業化社会**の特色は，量産技術の開発によって大量生産・大量販売を可能とする一方，明確な数値目標にもとづいてその効果的かつ効率的な実現を図るため階層化されたコントロール・システムを確立したことである。

　だが1960年代以降，社会の多くの側面で工業化社会の弊害が目につくようになり，大量生産型システムの問題が顕在化するようになった。また，経済成長の限界も認識されるようになり，それを契機に，「知識社会」「学習社会」など，工業化社会を超える未来像が語られ始めた。さらに，90年代から急激に，**情報通信技術**（IT）の革新によって**情報ネットワーク社会**の到来が現実味を帯びてくると，工業化社会を構成してきた合理的なシステムの閉塞感がますます現実のものとして認識され，その対応が求められるようになった。

　そうしたなかで，組織を取り巻く環境は，情報化やグローバル化の進展を中心に激変し，それに対応すべく，新しい社会の基軸となる情報ネットワークを利用した組織モデルがいろいろと模索され始めている。すなわち新しい情報技術によって，意思決定の遅延や自由の規制をもたらす**階層型システム**の問題点を克服する可能性が明らかにされるにつれ，「**自己組織型システム**」，「**ネットワーク型システム**」，「**境界なきシステム**」，「**学習型システム**」など新しい時代に即した創造性を生かす組織像が提案され始めたのである。

　情報ネットワーク社会の到来は，**情報の偏在（情報の非対称性）**を解消する可能性を引きだすとともに，情報伝達の効率性向上に予想外の飛

躍をもたらしたといえる。そのため，組織の諸問題において，とりわけ競争優位性の問題において，従来あまり取りあげられてこなかった情報の質や時間の観点を取り入れる必要がでてきたのである。

情報は多ければ多いほど良いとは限らない。たとえば，問題解決に不要な情報はいくらあっても単なるゴミ情報にすぎず，かえって悪い決断を引き起こすことにもなる。それはいわゆる「**情報のグレシャムの法則**」という側面である。情報ネットワーク，なかでもインターネットを利用すれば途方もないほどの情報を入手できる。しかし，そのほとんどが，ゴミ情報にすぎない。情報の問題に関して，この点はつねに考える必要があるところである。

問題解決に必要な情報は，どのように選別できるのであろうか。ますます情報技術の発展が以前では考えられないようなスピードで展開されるため，そのスピードに合わせられるかどうかが，組織の存続にとって重大問題となっている。エクセレントな企業といえども，ライバル企業よりも遅れてしか対応できなくなれば，あっという間に組織業績は，致命的なレベルまでに低減してしまう。

では，情報ネットワーク社会の到来によって，新しい組織モデルの可能性がでてきたとはいえ，組織の編成原理は変わらないのであろうか。もし変わるとしたら，どのように変わるのであろうか。

２ 組織の編成原理と組織形態の発展

組織の編成原理による構造化

組織発展の歴史を振り返ると，組織は人類の登場とともに存在してきたともいえる。それは，ある目的の達成を一人ではできない場合，目的を同じくする人と協働して目的達成を実現するという点においてである。

具体的には,**戦闘組織,作業組織,宗教組織**などである。それらは,目的達成のため,長い年月をかけて,より合理的な組織に変容してきた。そして,**組織の組み立て原理(編成原理)** に従うものだけが,目的達成に成功する組織であった。

組織の編成原理が明示化されたのは,**ウェーバー**(Weber, M.)の**官僚制理論**(権限の階層性,専門化,非人格化,規則・手続きの体系化などが特徴)においてである。そして,それを手始めとして,組織の編成原理は,組織が一定の目的達成のための手段であるとする立場から,組織の効率的な運用を持続させる構造づくりを意図し,職能分化の観点から経験的に蓄積されてきた。

組織構造は,組織行動の効率性を高めるために必須の職能分化から規定される。そして,職能分化は,組織の経営規模拡大によって必然的に求められる現象であり,つぎのように分類される。すなわち,経営活動の循環活動(資源調達→製造→販売)に即した**プロセス的分化**,経営活動に必要な要素(ヒト,モノ,カネ,情報)に即した**要素的分化**,そして,経営活動の局面(計画,調整,統制など)に即した**部面的分化**である。

しかし,こうした職能の分化も組織全体として統合されたものでないと,組織として効率的に機能することにはならない。そこで,組織の効率的構造の形成と運営の問題について,職能の分化と統合という観点を踏まえた解決策が求められ,実践的観点から組織の諸原則が経験則として整理されてきたのである。

ファヨール(Fayol, H.)をはじめとして,伝統的理論を主張する論者によって蓄積されてきた組織編成の原理・原則は,経験上の産物である。そのため,原理・原則といっても科学的に裏づけのあるものではない。しかも,各論者によって主張される原則には共通しているものがある一方,若干の相違もみられる。以下は各論者が共通してあげる代表的

なものである。
① **命令統一の原則**：複数の上司から命令がでないように図ること。
② **例外の原則**：組織のトップ層は，定型的問題でなく非定型的問題に専念すること。
③ **スパン・オブ・コントロール**：掌握できる部下の数に限界があること。
④ **階層の原則**：責任と権限のラインを上位から下位へとはっきりさせること。
⑤ **専門化の原則**：仕事を専門分野ごとに分けること。

経験則とはいえ，現実の組織は，このような組織原則をベースとする基本的な組織形態（ライン組織，ファンクショナル組織，ライン・アンド・スタッフ組織）の組み合わせから，職能部門制組織，事業部制組織などが構築されている。

職能部門制組織とは，生産，販売，財務，人事などのように，同種の専門的な知識を必要とする仕事単位に職能分化したものをそれぞれ部門化して編成される組織形態であり，専門化の原則を軸としたライン・アンド・スタッフ組織である。

この組織の長所は，①特定の職能が専門化されるため，担当者の専門的な知識や技術を高め，有効活用できること，②生産や販売が各々の部門で一括して行なわれるので，資源の効率的利用が可能で，**規模の経済**を実現できる点にある。

一方，この組織の短所は，生産部門と販売部門の関係においてみられるように，①過度の専門化が進展すると部門間の対立が生じ，組織の業績に対する責任の所在が曖昧になること，②各部門の調整が困難になり調整コストが増大すること，③組織全体を見わたせる経営陣だけが部門間の調整が可能なため，経営陣の負担が過重になることである。

職能部門制組織は，事業内容が単純な場合に採用されるものであり，

図表12－1　職能部門制組織

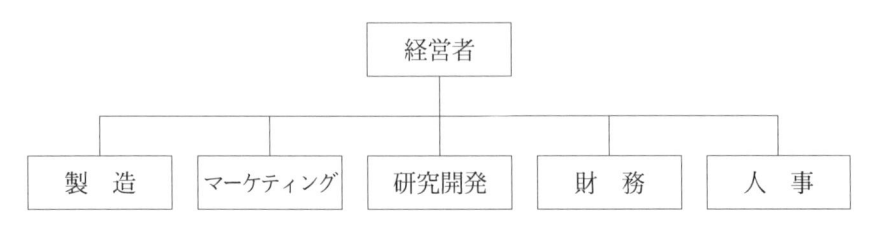

```
          経営者
  ┌────┬────┼────┬────┐
製造 マーケティング 研究開発 財務 人事
```

事業の多角化や規模拡大が実現されない限り，この組織形態が持続的に有効性を確保する。

　事業の多角化や規模拡大が進展する場合，職能部門制組織より**事業部制組織**が有効であることは，すでに多くの研究が明らかにしている。事業部制組織は，製品別，地域別，顧客別などの基準で部門化した各グループを事業部制とし，これらを本社部門が全般的に管理する形態である。

　この形態は，組織が大規模化し，しかも事業が多角化すると，職能別を編成基準とした部門化ではもはや組織の有効性を確保できなくなるということから採用されだしたものである。この形態は，各事業部が利益責任を負う権限が与えられることから，職能部門制組織の**集権的組織**に対して，**分権的組織**といわれる。

　事業部制組織は，アメリカの火薬メーカーであった**デュポン社**が，第１次世界大戦後の需要減を予測し，化学製品分野に進出したことを契機に生み出されたものであり，その後，GM，**シアーズ**といった大企業が相ついで採用し，60年代には多角化した大企業の基本的な組織形態とみなされるようになった。そして，一般的に，事業部制組織の特徴は以下のとおりとされる。

　①　各事業部が独自の製品と市場をもち，**自立的部門**であること。
　②　各事業部は独自の**利益責任**をもつプロフィット・センターであること。
　③　事業部間の取引において**社内振替価格制**と**忌避宣言権**が容認され

ること。
④　各事業部間の調整と統制は本社の役割であること。

わが国では，**松下電器**において，1933年に創業者松下幸之助によってはじめて製品別事業部制組織が運用され始めたが，その後，アメリカとは異なる独自の事業部制組織として展開されてきたといわれる。それは，本来の事業部制組織がもつべき組織特性において，アメリカ企業の場合と比べて各事業部の自立性の観点が弱いなど，相違点がみられるからである。

すなわち，わが国企業の事業部制組織の大半は，自立性やプロフィット・センターの点で，実際に機能していない場合が多いのである。そこで，形としては事業部制であるが，実態は**分権的組織**でなく，本社部門に権力が集中している**集権的組織**にすぎなかったのである。

事業部制組織は，事業部の形態から，製品別，地域別，顧客別など多様である。しかも主力製品に関してのみ事業部制が採用され，全社的には職能部門制とミックスした形態の場合，多数の事業部がある場合，い

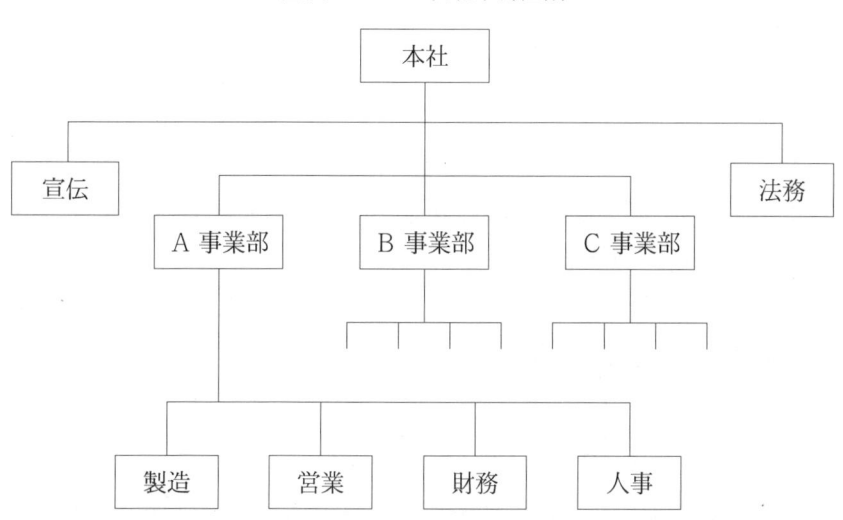

図表12－2　事業部制組織

図表12−3　事業部制組織のメリットとデメリット

メリット	デメリット
・環境変化に迅速に適応 ・利益責任が明確 ・将来の経営幹部養成に有用 ・事業部門の競争促進	・組織内の整合性に欠ける ・短期の利益志向で長期展望に欠ける ・スタッフ職務の重複で管理コストが高い ・事業部門のセクショナリズム

くつかの事業本部によって各事業を統括する事業本部制の形態となる場合もある。

　事業部制組織はメリットがあるからこそ広く採用されてきたといえるが，当然デメリットがあることも否定できない。それらを整理すると図表12−3のようになる。

組織形態の多様化

　組織の形態は事業部制組織の確立で完成したわけではない。その後もいろいろな組織形態が試行錯誤の結果，生まれては消えていった。組織に慣性力のロジックが働くと，組織行動が硬直化の傾向を示し，環境変化に適応できなくなるため，これを防ぐためにいろいろな方策が考えられてきたのである。たとえば，ある問題解決のためにプロジェクトを立ちあげつつも，その完成後はプロジェクトの再構築が行なわれるような柔軟な**プロジェクト組織**である。

　また，職能部門制組織と事業部制組織のメリットだけを生かそうとする**マトリックス組織**も，ダイナミックに環境適応を図る組織といえる。マトリックス組織は，職能部門と事業（製品）部門の設定という2つの基準を同時に満たし統合する組織である。この複雑な組織形態は，**ツーボス・システム**という組織編成によって組織の相反する問題の克服を図

ろうとするものである。

　組織の問題は，構造の変化だけでは解決できない。組織メンバーのモチベーション，パワー・バランス，組織文化などの問題も含まれる。そのため，マトリックス組織の採用は容易だが，それで成果を生み出すのは容易でない。それは，70年代に多くの組織でマトリックス組織が採用されたが，そのほとんどが失敗に終わったことが物語っている。

　わが国では古くから，事業部制の再構築という観点で，事業部制から**分社化**へという動向が多くみられてきた。分社化は事業が多角化・大規模化したとき，事業を本社から切り離し別会社を作る方法である。中堅企業でも，事業領域を拡大する際に，分社化を推進してきたが，それは，分社化が以下のような利点を有するためである。

① 将来性が定かでない事業を別会社として切り離せば，それだけリスクが減少する
② 意思決定のより柔軟さ
③ 組織メンバーに対する有効なモチベーション喚起

　分社化と趣旨は似ているが，法人格が独立してないという点で異なる**カンパニー制**を採用する企業も出てきた。これは90年代に，**ソニー**が最初に採用した組織形態であり，組織における個々の事業を「カンパニー」とよび，それぞれに独立した権限と責任を付与するものである。各カンパニーは経営トップの管轄下にあるとはいえ，独立性が強調されるため，環境変化に対してスピーディな対応を目指す組織といえる。

　こうした個別組織の形態に対して**ネットワーク型組織**は，個々の企業組織が独立性を保持しながら連結している組織形態である。これは，情報のネットワーク化が進展したことによって実現された組織である。ネットワーク型組織は，単独ではできなかったことが，資源・能力の有効活用によって可能になることを示唆している。たとえば，製品・サービスの顧客への提供の時間短縮や新しい製品・サービスの創出が可能になる

のである。

　アウトソーシング（outsourcing）も，一種の新しい組織形態である。しかも，それには，いろいろな形態がある。生産のアウトソーシングといえば，自工場で生産する代わりに他社から買うことである。**ハンディ**（Handy, C.）によれば，アウトソーシングはパートナー・システムへと向かう組織発展のプロセスのなかでみられる特色のひとつであるとされる。

　原則として，企業は「コア事業を除き」すべて活動を外部に依存するという選択ができる。多くの新しく急成長する企業が，その活動の大半を資本と時間の欠如から下請けに出すというのは，当然である。しかしながら，アウトソーシングするのは，若い急成長企業だけでないことは明らかである。

　以上のように，20世紀にはいろいろな組織形態が生み出されては，それに取って代わる新しい組織形態が模索されつづけた。別の観点からいえば，それは「合理性の追求」を中心とした組織の形態から，「創造性を発揮できる」組織形態の探求，さらに「合理性」と「創造性」を同時に達成できる組織形態の模索の表れであるともいえよう。

③ 組織変革モデルの展開

　新しい組織を実現する組織変革が必要となるのは，業績不振を解消するため，組織の活性化を図るため，未来の可能性を開くためなど，いろいろな観点からとらえることができる。とはいえ，要は，新しい情報ネットワーク時代に即した組織のヒト，モノ，カネ，情報といった経営資源に関する諸問題が浮上してきて，その解決が求められる状況が顕在化するからである。

　たとえば，業績不振は，財務的な数値の問題，活性化は人材のモチベー

ション問題，モノは製品開発に関わるイノベーション問題，情報はネットワークの問題として認識される。そして，それらは，トップ経営陣の主導の下に，財務システムの変革，人材システムの変革，製品開発プロセスの変革，情報システムの変革として展開されることになる。

しかしながら，**組織変革**がつねに意図どおりに行なわれるとは限らない。それは，つぎのような変革の障害となる要因が組織行動の各局面で顕在化してくるからである。

第1に，**組織の慣性力**である。長年にわたって構築されてきた既存の行動様式は，合理的にルーティン化されたものとして慣性力をもち，それを壊して新しくするのは容易でない。これは組織メンバーが共有しているメンタリティについても当てはまる。

第2は，組織全体の整合性を壊すのは，容易であるが，それを再構築するには時間とエネルギーが必要な点である。部分的にも整合性を欠くようなことが起これば，組織は混乱してしまう。それゆえ，組織変革は，つねに抵抗勢力の存在に対処しなければならない。

いずれにせよ，近年の情報ネットワーク社会の到来は，組織にとって変革を避けられない状況を作りだし，変革を起こさなければ，競争優位を確保するのに必要な経営資源に係わる諸問題の解決ができなくことを意味している。組織は環境の変化に適応することで生存することができるので，組織変革といえども，環境変化に適応する側面という性格を有するものなのである。

環境適応としての組織変革

組織の環境適応モデルは，一方で**コンティンジェンシー理論**（CT）によって飛躍的に発展したが，他方で，その限界が**戦略的選択論**の立場から明らかにされてしまった。すなわち，CT は，基本的に**環境決定論**を主張するものである。また，一定時点での環境状況が前提条件とされ

るため，近年のダイナミックに変動する環境状況に対する理論枠組みとしては説明力に欠けるのである。現実的問題として，ダイナミックに変動する環境に組織は対応せざるを得ないため，こうした観点から，組織のあり方を問う変革論の必要性がにわかに注目され始めたのである。

すでに指摘したように，組織は階層的なシステムによって効率的な活動を行なってきた。ところが，情報ネットワーク化の技術革新によって，あえて階層的なシステムでなくても，それと同等な，もしくはそれ以上の効率性を確保できるシステムの構築が可能になった。そうなると，階層制をベースにしない，より効率的な組織のあり方が模索されるのは，当然である。はたして階層的システムを超える組織システムはありうるのであろうか。

組織の階層性は，一般に**テクニカル・コア**（technical core）の部分を合理的に確保するために形成されてきたといえるが，それはつぎのような機能が期待されたためである。

① 組織メンバーの動機づけ，訓練，能力開発
② 成果である生産性，品質などの測定
③ チーム内の調整，および他チームとの関係調整
④ 仕事の分担，生産計画，作業方法の確立
⑤ 人員配置
⑥ 組織内のコミュニケーション

しかし，これらは階層的なシステム以外の組織形態でも当然期待される機能である。そのため，階層的システムに取って代わる新しい組織形態は，そうした特性を踏まえたものとなる。たとえば，職務設計，新しい情報技術をベースとしたシステム，成果に結びつく報酬システム，プロジェクトチームの編成などである。これらは，上記の特性を踏まえたものであるが，どちらかというと，階層型というより**フラット型の組織形態**といえよう。

近年，企業組織のために重要になってきているのは，**顧客ニーズ**の観点から考えることである。顧客ニーズをもっとも効率的な方法で満足させるには，企業の事業活動，仕事体系，マネジメント・コントロール・システムを顧客ニーズに対応するように効率よく組織化することが必要となる。それは，変化する顧客ニーズの充足を図るプロセス的見方による組織構築を意味する。

　この種の組織は，時間の経過によって顧客ターゲットが明確になる点を考慮したものであり，**コア・コンピタンス**（core competence）やアウトソーシング，**戦略的提携**（strategic alliance）に収斂していくことにほかならない。それはまた，従業員を「ネットワークにおけるパートナー」としてみることも意味する。従業員をネットワークとして活用しないことには，顧客の利益を企業のなかで最大化するための作業プロセスへと変えることが困難になるからである。

　戦略的提携には，ルースな関係からタイトな関係，部分的な関係から全面的な関係まで，多様な形態が存在する。そして，戦略的提携を成功させるには，以下のようなポイントを充足させる必要がある。これらは組織的なネットワークのすべてに当てはまることであり，提携関係によって組織のパワー関係が変容することを意味している。

① 事業の専門性と資源の補完
② より能率的でスピードアップした製品開発の推進
③ コスト効率の改善
④ 新技術の活用
⑤ より効果的なマーケティングの展開
⑥ 国際的な競争力の確保

　組織変革の内容は，うえでみたように，特定化は多様である。組織の表面的な変革から，深層的な変革まで，その広がりと深さは，一様にとらえることが容易ではない。しかし，組織変革が生起するメカニズムは，

図表12－4　レヴィンの変革モデル

解凍　→　変革　→　再凍結

きわめてロジカルにとらえることができる。それは，**解凍－変革－再凍結**といった**レヴィン・モデル**に代表される変革プロセスに関するもの，また組織変革が断続的なものか，それとも継続的なものかという変革内容に関するものである。

　変革プロセスのロジックは，変革が生起する諸問題を明らかにしてくれるが，変革次元の特定化については不明瞭である。一方，変革内容のロジックは，組織進化のロジックから組織変革のあり方を明らかにしようとするものである。

　組織は，つねに改善などを通じて効率の向上を図っているが，技術革新が起こると，既存の技術では不可能なことが可能になるため，組織は新しい技術システムに適応するため革新が求められることになる。このことは，いつ起こるかわからないが，そうなった場合，それに適応できる組織と適応できない組織では，当然差が大きくなる。ここに革新的な変革の必要性が示唆される。

組織変革の断続的均衡モデル

　企業には，その誕生から成長，発展のプロセスにおいて，また変革ないし崩壊プロセスにおいて，いくつかのパターンのあることが確認されている。

　たとえば，異なる業種でも，企業間で互いに似た発展のパターンをたどるという事例である。いかなる業種においても，企業組織の立ち上がり初期の段階には，試行錯誤の事業取り組みと緩やかな成長が試みられ

るが，やがて製品が顧客に受け入れられるようになるとともに，**ドミナント・デザイン**が出現するにつれ，急激な成長がみられることになる。

しかし，その後，その製品分野が成熟するにつれ，成長は鈍化して，ついには横ばい状態になる。そこから衰退するか，あるいは新しい製品開発が行なわれて既存製品の分野に取って代わる（真空管からトランジスター，LPレコードからCD，ビデオからDVDなど）かして，また同じパターンが繰り返される。こうした同じ業種における製品の出現・発展パターンの様子は，S字曲線として描かれ，すでに多くの研究によって主張されてきた。

ところが，**タシュマン**と**ロマネリ**（Tushman & Romanelli, 1985）らは，典型的なS字曲線の分析をさらに進展させ，S字曲線に沿った変化のプロセスを研究した。そして，さまざまな発展段階における同一業種内の多くの企業で進められる変化の度合いも，バラバラでなく，あるパターンないし規則性があることを明らかにした。

すなわち，どんな業種でも比較的変化の少ない安定期を経験する一方，ある一定の間隔ごとに技術革新などによる大きな変化の時期があり，そのときには業種全体が均衡状態の崩れる状況になるというパターンである。こうした安定均衡の合間に，安定を壊す出来事や業種全体にわたる変革が定期的に起こるというパターンは，さまざまな業種にわたって広く一貫してみられるところである。

企業にとって，業界の均衡が崩れる時期はチャンス到来であり，成功を望む企業は，そのときに大規模な変革を遂げ，組織の戦略，構造，プロセス，メンバーを変えて成長・発展しようとしてきた。このことは，**チャンドラー**をはじめとする大規模企業の経営史研究をみれば，明らかである。

タシュマンとロマネリの研究では，さらに，変化そのもの以外に変化の速度にも関心が向けられ，どの業種もある規則的な頻度で不安定な均

衡を打破する時期に直面することを明らかにしている。しかし，不安定な時期に直面する時期は，取り巻く環境変化の違いから業種によって大きく異なるのである。たとえば，セメント業界では30年ごと，コンピュータ業界では6年ごと，といった具合である。

要するに，組織変革の断続的均衡モデルは，長期にわたる小規模な漸進的変革が，過去の延長線でない不連続で革命的な変革によって中断されるということを仮定したモデルである。この発想は，ダーウィン流の**（漸進的）進化論**に対する，グールド流の**（断続的）進化論**の影響を受けた組織進化モデルに，その源泉があるといえる。

不連続な**革命的変革**が起こる原因は，具体的にいえば，業績悪化，技術革新，競争構造の変化，規制緩和などである。業績が悪化すれば，当然それに対応することが求められるが，往々にして，既存の枠組みを維持することに力点をおいた応急的な処置がとられることが多い。しかし，それでは，製品のライフサイクルからいって，それが陳腐化しつつある場合，ミスマッチとなり，ますます業績は悪化する。

また，組織の不連続な革命的変革は，必ずしも成功するとは限らないのも事実である。なぜなら，その実現には，過去の成功例（**漸進的変革**）が形成する組織の慣性力が障害となるからである。さまざまな業界における組織の進化パターン（漸進的変革と不連続な革命的変革のパターン）をみると，変革への推進力と抵抗力という相反する対照的な力の存在が明らかである。変革をめぐる力関係に対して，組織的にマネジメントすることが容易でないことは明らかである。

漸進的な変革は，将来的に有効な組織へ飛躍する可能性を保証するものではないが，短期的に業績アップを図る組織活動にとって有益となろう。一方，不連続な革命的変革では，組織の各要素（課題，人材，文化，公式構造など）が同時に変更されるため，短期的な業績アップに繋がるかどうかは不透明である。

要するに，不連続な組織変革は，組織要素を断片的に変更するだけでは全体的に整合性が確保できないということを主張するものである。したがって，不連続な変革において経営トップは，つぎのような基本的課題に直面する（大月，1999）。

① **状況の認識**：環境の変化を認識する能力を培い，不連続な変革の必要性を予測できることが重要である。
② **戦略の選択**：環境の変化に対応する戦略策の提案が必要。均衡状態が破れ安定性が崩れると，組織の基本戦略，コア・コンピタンスが問い直され，戦略的対応が必要となる。
③ **変革のマネジメント**：均衡状態が破れたことが認識され，戦略の選択がなされると，経営リーダーは組織変革の実現を図るために，他のすべての要素（戦略とビジョン以外の）をマネジメントすることが必要となる。不連続な変革においては組織のあらゆる構成要素の変革が必要であり，しかも同時にそれをしなければならない場合が多いからである。

組織変革の継続性モデル

変革を考える場合，**コア・コンピタンス**の視点と**組織文化**の視点では，その内容が異なる。大規模な変革を行なうか，それとも継続的で小規模な変革を続けるかは，企業によってはコア・コンピタンスの確保にかかわるというより，文化の問題として考えられる。

インテル，**ソニー**，**キヤノン**といった優秀な企業にとって，大規模な変革は断続的均衡モデルがいうようにまれなものではないし，企業の歴史を彩るエピソード的なものでもない。むしろ，画期的な製品開発をてこに継続的変革の積み重ねによって結果的に大変革をもたらしたとみた方がいい。

多くの実例をみると，製品のライフサイクルが相対的に短いとされる

産業，とくに，コンピュータ関連産業では，絶えず継続的な変革に取り組む能力が競争優位の要件として不可欠であることが判明している (Brown, S. & Eisenhardt, K., 1997)。

ヒューレット・パッカード（HP）社は，部品メーカーからコンピュータ・メーカーに発展したが，それは継続的な製品革新によって実現した好例である。継続的な変革を理解する企業は，製品革新が広い意味の組織革新に関連することを知っており，それを実現する。

ブラウンと**アイゼンハート**（1997）によれば，変革を継続させることができる組織の特性は，以下のふたつである。

第1は，組織がすでに確定された部分と不確定部分から構成されているという組織の「**半構造**」(semi-structures) 特性についてである。「半構造」は組織の部分的な秩序を表すものといえ，機械的な組織構造と弾力的な組織構造の中間形態とみなされる。

第2の組織特性は，「**時間の連結**」(time-in-link) であり，組織の過去，現在，未来について同一次元でとらえ，組織がそれらの間で移行するとみなすものである。成功している企業経営者は，現行の製品に関心を寄せることはもちろん，次世代の製品に関しても，つねに関心をもち，その開発に努めているのが実状である。

組織変革は，「**時間の連結**」から変化の方向性を探り，そして継続的な変革のテンポを生み出すことによって起こすことができる。つまり，現在と未来への関心が変革を引き起こすというのは，現状の把握なくしてその変革は困難であり，未来の姿を想定できなければ，変革は目標を失い，非効率的で，ランダムになってしまうからである。現在から未来への移行期は，変革の継続性とそのテンポを確保し，過去から現在，未来へとリズミカルに組織が変革できるかどうかの重要な時期といえる。

継続的に変革を実現できる組織は，複雑化した環境適応システムになる可能性がある。それは，機械的組織と弾力的組織の中間的性格を有す

る「半構造」の組織であり，時間の連結を志向し，過去，現在，未来を同時に考慮するとともに，それらを結びつけようとするものである。それゆえ，継続的に変革できる組織は何年にもわたって連続的向上を図り成長が追及されるため，競争が激しくそのスピードも速い環境下でも勝ち残る可能性が高いのである。

こうした複雑な環境に適応する組織モデルを**複雑適応システム** (complex adaptive systems) とよぶことができる。これは**複雑系理論** (complex theory) をベースにした組織モデルである。

いずれにせよ，組織変革は，進化論的な見方と複雑系理論の見方からもとらえることができる。前者は，組織変革の断続的均衡モデルを提案し，後者は組織変革の継続性モデルを提案してきたと整理できる。

4　新しい組織形態の探求：階層システムを超えて

組織の構造について，機械的構造と有機的構造に識別できるが，現実の組織構造は機械的なものから有機的なものに変化しつつある。それは，主として，組織を取り巻く環境が安定したものから不安定なものに変わってきたからである。

機械的構造は，工業化社会における支配的な組織像として，階層性の原則を通じて組織の階層化が進展したものであり，大量生産・大量販売に適した組織といえる。これに対して，**有機的構造**は，タスクと行動パターンを事前に決めるのでなく，組織メンバーがどのような仕事を実際に行なうかによって決めるものである。そして，作業方式，定型業務，権限関係などを，多様な仕事関係における対話や協働作業を通じて絶えず再定義するものである。その場合，権限は地位でなく専門知識に依存し，事業の方向づけはコントロール・システムでなく，経営者層の目標，価値観，イデオロギーにもとづく。有機的構造は，コントロール中心の

階層（ハイアラーキー）型組織でなく，ビジョンや信頼を軸とする柔軟な**ネットワーク型組織**が妥当する組織構造である。

　組織の多くは，相対的に予測可能な環境を前提に，効率性向上を軸に，構築されてきた。実際，職能部門制組織，事業部制組織，マトリックス組織といった組織形態の探求は，市場の拡大や組織の行なう事業内容の変化を通じて展開されてきた。しかし，それらは，いずれも基本的には，階層型システムを特徴としている。

　階層型システムの組織は，基本的に分業ないし専門化の原則に合致している。それは，ヨコでなくタテの分業といえる。トップがミドルの権限を与え，ミドルがまたロワーに権限を与えるといった具合に，タテの分業とはいえ，効率的な仕事体系としては有効なモデルといえる。

　これに対して，ネットワーク型組織は，特定課題達成のプロジェクト的性格と持続的活動体としての組織的特性を兼ね備えているため，集権化と分権化，オープン性とクローズド性の２面性をもつ。このことは，プロジェクト組織をみればわかるように，相反する側面に対応する学習が継続的に行なわれることを示唆する。

　論者の間では，学習は，時間の経過とともに進んでいくプロセスであるという点で，意見の一致をみている。また，それを知識の獲得や理解の深化，パフォーマンスの改善に結びつけるという点でも共通している。だが，それ以外の重要な点については意見が分かれている。

　たとえば，**学習する組織**は，「知識を創出・取得・解釈・伝達・保持するスキルを持ち，また新たな知識や洞察を反映させるよう意図的に行動を修正していくスキルをもった組織である」(Garvin, 2001)，という点についてである。

　この定義は「学習を行なうには，新たな知識や洞察が必要不可欠だ」という簡潔な心理を出発点にしている。ときには，洞察や想像力によって新たなアイディアが生まれることもある。ソニー，キヤノン，トヨタ

自動車といった環境変化への適応力に優れた企業組織では，それらが頻繁に起きる状況にあるといえる。また学術論文や専門家の意見，先行研究のレビューなどを通じて新たなアイディアを得ることもある。

　しかしながら，いくら新しい知識・洞察とはいえ，それだけで学習する組織ができあがるとは限らない。馴染みのない知識を解釈する能力がなければ，どんなに優れたアイディアがあっても，活用できないままだからである。

　さらに，新しい知識を解釈できたとしても，そこで**学習プロセス**が終了するわけでない。組織において学習をうまく機能させるためには，知識が特権的な上位の少数のものだけでなく，集団として共有されなければならない。新しい知識は，個人から個人，集団から集団，部門から部門，事業部から事業部へと，素早く組織内に広める必要がある。最終的には，その新しい知識を組織的な「記憶」として埋め込み，それらが長期的に保持されるよう，方法や手続き，規範，文化として表さなければならないのである。

　こうした活動が学習する組織の基盤であるが，それによって，成功が保証されるわけでない。業務手法の変化がなければ，改善の可能性が生まれるだけである。学習には行動が必要であるが，なんの情報もないままに行動してはならない。行動は，机上の知識や思いつきだけで成功にいたることはまれであるため，なんらかの形で事前の省察が必要であるのはいうまでもない。

　ルーティン業務は，組織学習によって蓄積されてくるものであり，結果的に，考えることなしに仕事の実践を続けることを可能にする。現実に組織は，新しい洞察を得ることよりも，業務の一貫した繰り返し学習によって効率の向上を図っている。

　しかしながら，組み立てラインにおける計画どおりの業務進行や，クレーム処理の定型的な業務といったルーティンが確立しているところで

は，組織学習は起きない。このことは，組織学習をすればするほどルーティン業務が増え，組織学習が起きなくなる，というパラドックス問題が組織に生ずることを意味する。

ネットワーク型組織によって学習の範囲は広がる。それはいわば，境界なき組織ともいえる。そうだとすれば，個別には階層型組織でも，ネットワーク全体からみれば，限りなくフラット型の組織に近づくという性質をもつことになる。

こうした意味で，近年の情報ネットワーク化の進展は，ますます階層型組織の弊害を超えたものを可能にしている。ただし，問題は，こうした状況の変化に即した組織，しかも競争優位を実現する組織のあり方が不明な点である。これを解決することが，21世紀に入り，ビジネス社会が直面している緊急の課題である。

《参考文献》

Brown, S. L. & Eisenhardt, K. M., The art of continuous change: Linking complexity theory and time-paced evolution in relentless shifting organizations, *Administrative Science Quarterly*, vol.42: 1-34, 1997.

Brown, S. L. & Eisenhardt, K. M., *Competing on the Edge: Strategy as Structured Chaos*, Harvard Business School Press, 1998.（佐藤洋一監訳『変化に勝つ経営』トッパン，1999年）

Garvin, A. D., *Learning Action*, Harvard Business School Press, 2001. （沢崎冬日訳『アクションラーニング』ダイヤモンド社，2002年）

Nolan, R.L. & Croson, D. C., *Creative Destruction*, Harvard Business School Press, 1995.

大月博司『組織変革とパラドックス』同文舘，1999年

高木晴夫『ネットワークリーダーシップ』日科技連出版社，1995年

Tushman, M. L. & Romanelli, E., Organizational evolution: A metamorphosis model of convergence and reorientation. in Cummings,

C. C. & Staw, B. M. (eds.), *Research in Organizational Behavior*, vol.7: 171-222. JAI Press, 1985.

―《いっそう学習（や研究）をすすめるために》――

R. フォスター＆ S. カプラン著，柏木亮二訳『創造的破壊』翔泳社，2002年

　今起こっている時代の変化は，過去に成功した企業や継続して業績を維持している企業でも，従来とおなじ経営手法では存続が不可能なほど急激なものである。もはや時代の変化に対応するのは不可能であり，むしろ変化を生み出すことこそ重要なのだ。時代の変化をどのように考えればよいかについて，ビジネスのヒントを数多く与えてくれる好著である。

大月博司『組織変革とパラドックス』同文舘，1999年

　環境変化にともなう組織変革の諸問題について，組織のロジックの観点から明らかにするとともに，組織変革のパラドックス現象を多面的に解明しようとした研究書。組織変革論の現状を理解するのに参考になる。

《レビュー・アンド・トライ・クエスチョンズ》
① ネットワークの経済性とは何か。
② 情報ネットワーク化の進展によって，既存の組織が受ける影響は何か。
③ 組織変革実施の有効性を高めるために，どのような対策を採る必要があるか。
④ 階層型組織は将来なくなるのか。議論せよ。

第13章

21世紀の組織―ポストモダンの組織論―

本章のねらい

　現在，社会科学の分野では，さまざまな考え方，つまりパラダイムが混在しており，組織論もその例外ではない。もっともパラダイムの意味は，人により異なり必ずしも同じではない。本章を学習すると，以下のことが理解できるようになる。

① 「目的を達成するための合理的手段の選択」とか「普遍的な組織の本質や法則性の探究」を特徴とする機能主義のパラダイムが，これまで長いこと支配してきたこと。

② モダン理論の限界が明らかになるにつれて，この限界を克服しようとするポストモダン的研究が台頭してきたこと。

③ パラダイムの議論をもとに，このポストモダンの組織とその理論についての考え方。

1 プレモダン，モダン，そしてポストモダンの世界

組織の理論を研究するとしても，現在の社会やその現象を理解することが必要である。そのためには，これまでの社会を振り返り歴史的に検討することが必要である。

歴史を区分する仕方については，たとえば，古くは社会主義革命を唱えた**マルクス**（Marx, K.），官僚制理論で有名な**ウェーバー**（Weber, M.），そして新しく脱工業化社会を提唱した**ベル**（Bell, D.），『第3の波』で有名な未来学者の**トフラー**（Toffler, A.），ノーベル経済学賞を受賞した『不確実性の時代』の**ガルブレイス**（Galbraith, J.K.）などがよく知られているところであるが，ここでは20世紀を総称する「モダン」を中心として，モダン以前の「プレモダン」，そして以後の「ポストモダン」として振り返ってみることにする。

プレモダンの世界

有史以来の農業文明として理解されている世界であり，現在，第一次産業として位置づけられている文明による社会である。この世界は，中世の終わりを告げるルネッサンスとそれに続く産業革命がおこるまでの数千年にわたり続いた世界である。プレモダン世界は，高度に中央集権的国家の出現や商業の発展という例外はあるが，本質的には類似性をもっている。そこでは，土地が生活の基本であり，自給自足の共同体としての社会が成立し，貴族，僧侶，農民，農奴あるいは奴隷という階級があり，人びとはその生まれた地位により一生が決まる，ある意味では，確実な時代であった。そして，世界は神々により創造され，基本的には宗教によって，世界は説明された。世界の知識は宗教として語られ，知識のパワーは教会や寺院に，そして神により神託を受け，そして軍事的パ

ワーをもった王を中心とした貴族階級に社会は支配されてきた。時間は農業を基盤とすることから，自然のサイクルにしたがって緩やかに流れ，支配者がかわるとしてもその基本的な社会システムの変化はなかった。この世界が，産業革命以降，産業文明としてエネルギーに満ちたこれまでに例のない豊かな世界，つまり産業社会としてのモダンの世界へと変貌するのである。

モダンの世界

　モダンの世界は，科学とそれに結びついたテクノロジーにより産業化された社会として，歴史的にみてもこれまでに実現したことのない物質的に豊かな世界である。人びとは，土地から解放され，都市化という人口集中がおこった。そして，神の世界を説く宗教にかわり，理性や合理性を基盤とする科学が世界を客観的に説明することになった。

　19世紀になると旧来の階級は崩壊し，マルクス（Marx, K.）が指摘するような資本家による労働者の支配という新たな階級制度をもった資本主義社会として生まれかわった。産業主義は，大多数の人びとに労働者として規律を求め，世界は能率や生産性，そして合法性により支配される規則正しい秩序による社会となった。その一方で，これまでの自然循環に依存するエネルギーではなく，蒸気機関に始まる膨大なエネルギーを必要とする多くの産業が生まれた。大量生産と大量消費による産業主義は，物理的豊かさを人びとにもたらすとともに，いつしか発展と成長の神話を生み出し，客観性に基盤をおいた科学とテクノロジーは画一的で機能的な社会システムを基礎づけることになった。

　つまり，このモダンと称される世界は，分業，標準化，規格化，同時化，集中化，極大化，均一化，そして発展により特徴づけられるのである。科学技術は富をうみだし，それを個人に配分するとともに，相互に関連する無数の組織によって，個人に役割を割り振る社会システムが成

立し，そのシステムが機能するように情報システムがモダンの世界を作りあげたのであった。

ポストモダンの世界

　この高度に発展した産業社会（資本主義社会といってもよい）は，科学やテクノロジーの進歩にもかかわらず，政治的，経済的，社会的，そして文化的なさまざまな矛盾を解決することができなくなってきた。人びとは近代科学により説明された画一的で機能的な物質的に豊かな社会に疑問を次第にもちはじめ，多様で複雑なそして自由な世界を求めだしてきた。教育水準の向上や情報技術の革命（IT革命）が，これまで教会や国家により独占されたきた知識を，誰でもが自由にアクセスすることを可能とし，人びとは自分自身のいる「われわれの世界」についてより多くのことを知ることとなった。人びとはジェンダー問題を代表とするようなプレモダンの世界から引き継いだ伝統的な社会から，また支配するものと支配されるものといった二項対立的な図式の世界から抜け出し，固定的に構造化されない多元的で豊かな世界へと第一歩踏み出している。「何に価値があり，何に価値がないか」という画一的な答えはなく，特定の社会的地位にとらわれず，時には人びとは資本家であり労働者であり，教師であり生徒である，そしてそのような様々なあり方が容認される主観的で多元的，そして多様な世界，つまりポストモダンの世界が到来しつつある。

2　組織を理解するためのパラダイム

社会科学のパラダイム

　プレモダン，モダン，そしてポストモダンへという世界の移り変わり

を念頭に置いて組織を理解するための科学的方法とその問題点を考えることにする。

組織を理解するための社会科学のパラダイムとして，バーレルとモーガン（Burrell & Morgan, 1979）のパラダイム・モデルが有名である。彼らは，「客観―主観」と「ラディカル・チェンジ―レギュレーション」という2つの次元の組み合わせから，機能主義者のパラダイム，解釈パラダイム，ラディカル人間主義のパラダイム，ラディカル構造主義者のパラダイムを導き出して，分類している。

① 機能主義者のパラダイム

このパラダイムは，社会科学，特に組織の研究に対して中心的な枠組みを提供しており，組織現象に対して客観的視点からアプローチする。

図表13－1　4つのパラダイムによる社会理論の分析

ラディカル・チェンジの社会学

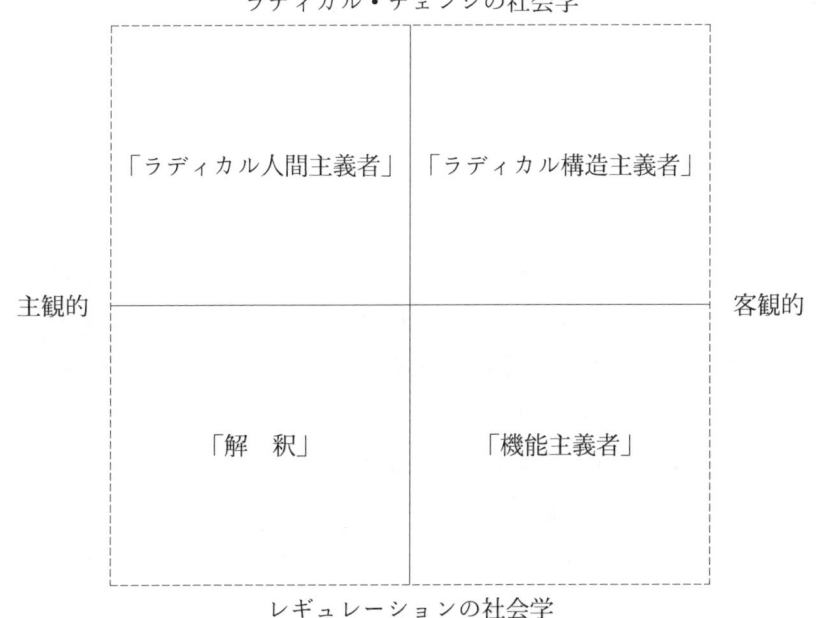

主観的	「ラディカル人間主義者」	「ラディカル構造主義者」	客観的
	「解　釈」	「機能主義者」	

レギュレーションの社会学

出所）Burrell & Morgan, 1979, p.22, 訳28ページ.

つまり，このパラダイムは，現実主義，実証主義，決定論的立場，かつ法則定立的考えによって，社会現象を合理的に説明しようとしている。そして，きわめてプラグマティックな性質から，問題志向的なアプローチをとることにより，諸問題に対して実践的な解決策を用意することに関心をもっている。

この**機能主義者**のパラダイムに特徴的な社会科学のアプローチとは，社会的実証主義の伝統に基盤をもっている。このことは，自然科学のモデルや方法を人々によって起こる現象の研究に適用しようという研究態度を反映している。たとえば，社会的世界を理解するために，機械的や生物学的アナロジーが用いられている。これと同じように，社会的世界を自然的世界の安定性や秩序と同じ性質をもっているものとしてとらえることに，このパラダイムの特徴をみることができる。

② 解釈パラダイム

解釈パラダイムは，世界をあるがままに理解し，社会の本質を主観的経験レベルで理解しようとすることに関心を払っている。それは，人間の活動について観察者として客観的に眺めるのではなく，個人の意識や主観的立場から説明をしようとしている。社会科学の方法的アプローチからいえば，このパラダイムは唯名論者，反実証主義者，主意主義者，ならびに個性記述的な傾向をもっている。したがって，社会は関係する個人によって作りあげられる創発的社会過程としてとらえられる。

ここでは，社会的現実は個人の意識により構成され，認識されると考えられる。解釈的立場に立つ研究者は，人間の意識と主観性を重要視し，社会的生活の基底にある基本的な意味を探究しようとする。

③ ラディカル人間主義者パラダイム

このパラダイムは，多くの点で解釈パラダイムと共通している。つまり，主観主義の立場から展開しており，唯名論者，反実証主義者，主意主義者，および個性記述的な傾向をもっている。しかし，その中心的課

題は，すでにある社会の限界を超えようとする見方に関わっている。このパラダイムの根底にある基本的な観念のひとつは，「人間の意識は，自己と相互作用の関係にある支配的イデオロギーよって自分自身と自己の真の意識との間に**認知的なくさびが打ち込まれている**」という。この「疎外」もしくは「偽りの意識」としてのくさびによって，人間は真の人間となることが妨げられていると理解されている。

このパラダイムは社会科学への主観主義的アプローチをとっているという点で，人間の意識に中心的力点が置かれている。ラディカル人間主義者のパラダイムは，機能主義者パラダイムを規定している諸仮定と本質的に正反対のものである。

④ **ラディカル構造主義者パラダイム**

このパラダイムに位置する論者は，客観主義からラディカル・チェンジの社会学を支持している。このアプローチは，多くの点で機能主義者の理論と共通したものをもっているが，基本的に異なった目的と課題を扱う。ラディカル構造主義は，構造的コンフリクト，支配の諸様式，矛盾，および剥奪の分析を重視している。

ラディカル人間主義者が社会に対するラディカルな批判を「**意識**」に向けているのに対して，ラディカル構造主義者は実際の社会的世界のなかにおける構造的な関係性に着目する。そして，急激な変化は**現代社会の特質と構造**そのものに組み込まれているという事実が強調され，彼らは全体としての社会構成のコンテクストにおける基本的な相互関係性を説明しようとしている。

現代社会の特徴は，**根本的なコンフリクト**にあり，これが政治的あるいは経済的危機を通してラディカル・チェンジを発生させるととらえられる。そして生活する社会構造から人間を解放することは，このコンフリクトの変革によって実現されると考えられている。

組織のパラダイム

これらの社会科学における4つのパラダイムを使って組織を考えると，以下のような視点から組織を理解することになる。

① 組織の機能主義者のパラダイム

組織研究の機能主義者的アプローチには，客観主義，社会システム理論，多元論，官僚制逆機能の理論，および行為の準拠枠の理論が位置づけられる。

それらのなかでも，社会システム論と客観主義は，組織研究の支配的なパースペクティブであり，経営学上の科学的管理法，伝統的組織論をはじめとして，**人間関係論**，**近代的組織論**，そして**コンティンジェンシー理論**は，まさにこの延長線上に位置する。組織は，基本的に機能的に統合されたシステムとされ，組織のもつ公式目標を達成するための合理性と組織メンバーを有効，かつ能率的に管理するということが前提となっている。

その特徴は，組織の均衡ないしホメオスタシスの概念にみられる社会プロセスである。官僚制の逆機能論もまた，組織の研究には少なからぬ貢献をしている。

② 解釈パラダイム

この組織のパラダイムは，社会は個々の人間による主観的構成物であることを強調する。人びとは，共通の言語や日常の生活の相互作用を通して相互主観的に共有された意味としての社会的世界を創造し，維持する。

したがって，この解釈的パラダイムからすると，組織の存在は，確かなかつ具体的なものであるとは考えていない。組織の概念を受け入れ，世界の意味を理解しようとして実際にそれを用いようとする限り，組織を認識することはできない。

解釈主義のパラダイムの観点からみれば，組織は単に実存しているのではない。しかし，多くの組織論者は，研究対象としての組織を「**実在する世界**」に起こる，そして具体的で手に触れることのできる実証可能な現象としてみなそうとする。

この解釈パラダイムの理論としては，**エスノメソドロジー**や**現象学的シンボリック相互作用主義**があげられる。そして，それは分析的には組織構造といった具体的な現実の存在を否定するという主観的な立場を重視する。組織現象の説明は，客観的世界との直接的な反応からではなく，社会的状況のコンテクストのなかで行なわれる説明の意味を了解することによって得られる。組織活動は，このような現実から理解されるのであり，それ自身「客体」としてではなく，言語的説明によって理解されるのである。このような解釈的立場に立った組織論は，機能主義的組織論に対して社会的世界を重視する。

③ 組織のラディカル人間主義者のパラダイム

ラディカル人間主義は，ドイツ観念論やカントの観念論に起源をもち，「宇宙の究極的な存在は本質的に物質的なものではなく，精神的なものである」とされる。このパラダイムは，解釈パラダイムと同じ源流から発しており，ともに本質的には主観主義に位置づけられるが，基本的に異なる目的をもっている。

解釈主義者は，個人が自分の住む世界を創造するプロセスの本質を理解することに甘んじているのに対し，ラディカル人間主義者は，その本質を批判し，人間の本質的疎外状態に焦点を当てようとする。毎日の日常生活の中で創造し維持している社会的組織の様態という罠にとらわれていると自分自身をとらえ，「**意識の病理学**」というべきことに関心をもっている。

このようなラディカル人間主義者による組織への関心は，「**反組織論**」（Anti-Organization Theory）となる。機能主義者のパラダイムとは正反

対の立場をとるので，反組織論は現在の組織論とは基本的に対立する。ここでの組織は，せいぜい相互主観的で，具体化された社会的構成物として存在するのであり，個人はこれによって自分の住む世界と関係をもつことになる。

しかし，この反組織論は，現時点ではいまだ初期の状態にあり，将来の研究フレームワークを提供しているにすぎない。反組織論の教義は機能主義のパラダイムに反するとはいえ，世界の新たな現実を考える手がかりを提供している。

④ 組織のラディカル構造主義者のパラダイム

ラディカル構造主義者のパラダイムは，自然および社会的世界についての物質主義者の見解に，そのルーツをもっている。それは，人間の心の外側に存在する確かで，具体的な現実の本質を強調する存在論を基礎にしている。自然の世界と同様に，われわれの社会も独立した存在でであり，その本質は，精神的なものではなく，物質的なものと考えられている。その多くの研究は，機能主義者のアプローチに固有の問題を批判することにより，展開されている。

組織，とくに経済的組織である企業においては，その生産という側面からして，社会の抱える多くの矛盾が顕在化している。すべてのラディカル構造主義者が，直接的で，特定化された矛盾を強調するわけではないが，このような**矛盾**は，組織レベルでもっとも顕在化する。

この4つの組織のパラダイムのうち，組織の理論として議論されているパラダイムは，主に機能主義者のパラダイムと解釈パラダイムである。このパラダイム間のシフトを中心としてポストモダンの組織論への展開が議論されている。

3 機能主義的組織論から解釈主義的組織論へ
― ポストモダンへのシフト ―

　経営学における組織論の研究は多岐にわたっているが，その基本命題は「組織は合理的である」というメタ理論によって特徴づけられる。組織論では，常に合理性が追求されてきており，この組織の合理性の追求から，**科学的管理法**以来，「経験主義的」・「論理実証主義的な」方法を取り入れることによって，組織現象を説明することのできる規則性の探究が，組織論においては研究の主題であった。さらに，「批判的合理主義」と称される反証主義は，一般的意味においても組織論を含む社会科学の学問分野に大きな影響を及ぼしてきた。

　論理実証主義と**批判的合理主義**には，科学的な実証方法には相違はあるものの，基本的には客観主義であり，法則定立的である。認識論的にいえば，「実証主義者」は，構成要素間の規則性や因果関係性を探求することによって，社会的世界に生起することを説明したり，予測したりしようとする特性をもっている。つまり，この考え方は，本質的に「自然科学を支配している伝統的アプローチ」に基礎をもっている (Burrell & Morgan, 1979)。組織論における機能主義は，この実証主義の立場をとり，機能主義的組織論は，組織現象を客観的に法則定立的にとらえようとする。

　このように，社会現象としての組織を自然科学のフレームワークとアナロジーに捉え，組織現象を法則定立的に，かつ客観的に研究するという視座は，人間の持つ主観を完全に払拭することが前提とならなければならない。個人は，完全に自分の意識とは独立した基準を用いて組織現象を理解することが本当に可能なのであろうか。このような客観主義に対する批判に対し，機能主義は十分な答えを提示してはいないようである。

シルバーマン (Silverman, D., 1970) の批判にみられるように，機能主義的組織論に対する疑問は，**行為の準拠枠の理論**にみることができる。組織は，目的を達成するための機能的存在ではなく，個人が自分の行動をいかに理解し，解釈するか，そしてこれらの行動がいかに関連するか，を考えなければならないことが指摘される。したがって，そこでの組織研究は，① 組織は何をなしとげ，また② 組織はいかにして能率的にそれをなしとげるかという視点よりは，① 組織はいかにしてなしとげ，② 組織化される意味はなにか，という解釈的視点が重要視される。

したがって，組織は，客観的・技術的合理性を基準とするよりは，組織のもつ意味や価値体系，そして組織が生む価値の基準にしたがう主観的で解釈的な合理性によっている。そして，この意味創出は，組織メンバーによってもたらされる。人間は，学習を通して社会化され，社会的・文化的特質を成長の過程で身につけ，その**規範**（個人が形成する**認知マップ**，もしくは**思考パターン**）にしたがって現実を構成し，客観的世界との対比を通して，つねに現実を再解釈し，再構成する。

また人間の行動は，「制約された合理性」による意思決定の結果というよりは，むしろ行った行動を人間は解釈し，正当化し，この事後的な正当化の過程をとおして，組織の合理性が形成されるのである。

個人の意思決定とその結果である行動は，ある時点での，ある状況下で入手できる情報（「認知マップ」というフィルターにかけられた認知情報）とシンボリックに構成される現実との結果であって，必ずしも客観的合理性の論理に支配されるものではない。個人にあっては，世界はつねに主観的に構成されており，その意味において合理的なのである。

しかしながら，**科学観**は変わりつつある。機能主義は，次々に押し寄せる解釈主義，ポスト構造主義，社会的構成主義の挑戦を受けている。社会科学である組織論も，その例外ではなく，実証主義の主張に代わる新しい主張が注目されてきているのである。

このような新しいアプローチの基本的な視点は，「自然科学が社会分野の学問のいとなみに十全にして適切なモデルを提供する」（Skinner, 1985）という想定に疑問を投げかけている。

　人間の行為が自然の出来事とまったく同じ方法で見られ，説明されるということは原理的に十分な根拠があるのであろうか。人間の行為の説明と自然の出来事の説明とは論理的に異なる営みである。それゆえ，「あらゆる成功的な説明は，同一の演繹的モデルに従わなければならない」という**実証主義**の論点は，基本的に誤りなのである（Skinner, 1985）。要するに，人間の行為の説明には，社会的な行為の意味を，その行為を実行する主体の観点から捉え直して解釈することを含んだアプローチが求められている。

　解釈的研究の基本的な視座は，「人間は人間が生きていく社会において適応し，順応しかつ自己生存のために，学習を通して社会的・文化的規範を受け入れ，そして社会的な生活手段を身につけることによって社会メンバーとして成長した社会的存在である」ということである。それゆえ，人間は**社会的価値**を言語・儀式・神話・伝説等を媒介として記憶し，認知マップを各自で作成する。

　そして，個人の外界からの情報は，認知情報として各自のもつ現実のなかで解釈される。各個人は，それによって現実社会を理解し，了解し，行動する。したがって，組織現象もまたどうようの意味・解釈の循環プロセスから組織の現実として，組織メンバーから理解される。

　「組織は目的合理性もしくは技術的合理性達成のための手段的道具である」という機能主義的組織論は十分評価できる。しかし，他方で，組織行動は，人間行動の集体であり，人間から独立ではないのであるから，この意味において組織は共有されたシンボル，あるいは意味のネットワークをもつ社会的構成体であり，組織の価値体系としての意味形成が重要となる。

従来の実証主義，客観主義，合理主義の立場に立つ**機能主義**は，組織論の成立以来，中心的パラダイムとして，社会科学とりわけ組織論の分野では圧倒的な支持を得てきた。しかし，その本質によりポストモダンという新たな研究の挑戦を受けている。

④ 「ポストモダニズム」が意味するもの
　　　―ポスト構造主義と社会構成主義を中心にして―

　神話化された科学的合理性は，客観的基準となり，経営学では，テイラー（Taylor, F.W.）の科学的管理法に代表される生産性や能率の概念が，無条件で広く受け入れられてきた。

　このような機能主義的な組織論が，経営学では研究され，その成果はバーナード（Barnard, C.I.），サイモン（Simon, H.A.），マーチ－サイモン（March, J.G. & Simon, H.A.）を経て，コンティンジェンシー理論の展開として，多くの優れた研究成果を上げることができた。しかしながら，1980年代から，このような機能主義的組織論に対する批判がおこり，文化論や社会学，文化人類学の影響を受けた組織シンボリズムに代表されるような，解釈的な研究アプローチが展開されるようになった。

　このような一連の理論的シフトについて，「ポストモダニズム」という観点から考え，整理することができる（e.g., 高橋, 1998）。ポストモダニズムという言葉は，科学の研究に携わる者にとって，魅力的な響きがあるように思われる。しかし，ポストモダンはとらえどころがなく，とくに従来の組織研究の方法を踏襲する研究者にとっては曖昧で，意味がなく，時には嫌悪感を抱く言葉であるかもしれない。その理由は，ポストモダニズムを一義的に定義することが非常にむずかしいからであり，その内容は多岐にわたり，一貫性を欠き，標準的な意味をもっていないからであるといえる。

　20世紀の科学は，モダニズムの結晶であり，絶対的真理を追究すると

いう科学の姿であった。そこでは，客観的で，規則的な法則性に貫かれた世界が描かれ，合理的で，標準化された社会が措定されていた。組織を含め，われわれの世界は，機械仕掛けの規則的な，かつ客観的合理性に支配された世界であると理解することは疑問の余地がある。まさに，このような命題こそが，ポストモダニズムを特徴づけているとみることができる。ウイズダム（Wisdom, J.O.）によれば，ポストモダニズムは，既成の確立された知識に対する20世紀の最も偉大な挑戦のひとつなのである。

社会科学におけるポストモダニズムは，合理性や真理，進歩の概念に疑問を抱くということを共通の基盤としている。ポストモダン的志向の核心は，社会現象のすべてを説明するというグランド理論を求めるものではないのであり，その「説明」は不確かなそして部分的なものとして考えられるのである（Alvesson & Berg, 1992）。また，ポストモダンなパースペクティブは，組織の秩序を前提とはしていないし，無秩序を重要な要素とみているわけではない。

また，ポストモダニズムは，脱工業化主義との関連でも考察できる。従来の社会科学に基づく組織論は，現実の産業的（技術－経済的）もしくは政治的・制度的側面に焦点をあててきた。ポストモダニズムは，文化の側面，たとえば思想，感情の構造，そして審美的な経験にも焦点をあてる。この意味からすれば，ポストモダンな新しい時代は，生産プロセスを中心に組織化され，そして強固に秩序化された工業社会と比べると，緩やかに結びつけられた多元的で，豊かな，そして可変的な大衆社会である（Alvesson & Berg, 1992）といえる。このように，ポストモダニズムは，多元性によって特徴づけられるのである。

「**モダニズム**」としての近代科学の特徴は，世界を人間の意識と物理的世界に切り離し，世界を**唯一絶対の原理**によって説明できるという命題に見いだされる。自然は，ある一定の普遍的法則に従っているという

考え方から，あらゆるものは，条件さえ分かれば，予測可能であるとみなされてきた。このような近代の科学的神話から，組織論も，また組織を客観的で，法則的に説明しようとしてきた。

しかし，カオスの理論に代表されるように，「世界はある種の機械のように，決定論的に説明される」ということへの疑問が湧いてきている。「**ポストモダニズム**」は，一言でいうと，このような科学的方法を万能な方法とみなすことへの懐疑的態度であり，「近代の合理主義を再考し，人間と科学の在り方を再構築する」ことである。

ポストモダン基本的スタンスは，モダニズムの基本的な諸前提への問題提起とその諸前提の否定である。「ポストモダニズム」では，実存世界の諸形態の裏に潜む法則や構造を考える構造主義は否定され，したがって，究極的真理が存在し，見える世界は隠れた構造の結果であるという考え方も否定されることを意味している。(Burr, 1995)。それゆえ，「**グランド・セオリー**」とか「**メタ理論**」により世界が理解されるとか，説明されると考えることはあり得ない。

社会構成主義の組織論への展開

ポストモダニズムという考え方が組織論で受け入れらたのは，ここ10年くらいの間であるといってもよい。このポストモダンおよびポスト構造主義の考え方は，もともと記号論や文芸批判に由来しているが，物語やテキストのアナロジーが用いられる社会科学の研究領域で，次第に共通の考え方になってきた (Hoffman, 1992)。組織論はモダニズムと称される科学の発達に追従するごとく，着実にその研究成果を機能主義的組織論としてあげてきた。しかしながら，その分析の行き詰まりと限界が認識されるにつれて，ポスト構造主義への傾斜と言語の重要性に着目することになった。

バーガー&ラックマン (Berger & Luckmann, 1966) は，「世界」は人

びとの社会的慣行によって社会的に構成されること，そして人びとは社会的に構成された現実のなかで生きることを明らかにした。つまり，社会はある隠れた構造や法則が表面的にみられる特徴の裏に潜む深層的実在をもち，したがって社会科学の真理は，この裏に潜んだ構造を分析することにより明らかにされるという考え方に，疑問が差しはさまれることになった。

　このような世界の諸形態の裏に潜む法則や構造が存在するという考え方の拒否が，「ポスト構造主義」であり「ポストモダニズム」にほかならないのである。世界は実在しており客観的な確かさをもって認識できるという近代主義的な考え方は，もはや懐疑の対象である。

　究極的真理が存在し，われわれが認識する世界は隠れた構造の結果であるとする構造主義の考え方は排除され，かわって変化に富んだ多様な状況依存的な様式の共存こそが現実の世界であり，われわれはこのような世界に住んでいるということをポストモダニズムは強調している。そこでは，もはやすべてを包括するという知識体系，グランド・セオリー，そしてメタ物語によって世界が理解されるということはない。

　ポストモダニズムやポスト構造主義にしたがえば，人は社会的に構築され，われわれの現実は使用される言語体系に導かれると同時に制約され，世界がどのようであるかは人びとに共有される言葉のやり取りや語り方，すなわちディスコースによって決まるのである。日常的に「本当」だとか「良い」とか判断するときの基準は，社会や人間関係のなかに埋め込まれている（McNamee & Gergen, 1992）のであって，科学的な客観的基準に従っているのではない。社会の変動はそもそも人びとの関係のなかから生まれるのであり，その文化がもつ言語習慣の変容から生じている。こうしたテキスト論的説明方法が重要視され，思想や観念は人びとの関係から形成され，言語によって媒介される。そして人間は，**アイデンティティ**をこの社会的コンテクストから確立するのである。つまり，

社会の発展や変動は、この共有された世界のコンテクストを書き換えることであり、**相対主義的世界観**が必要となる。

5 新たな組織と研究

　組織の理論は、1990年代に入って、理論的にも実践的にも新たな段階をむかえており、ポストモダニズムからの影響を受けつつある。社会科学としての組織論は、複雑系のパラダイムやパラドックス・パラダイムなど、従来の機能主義パラダイムに代わるパラダイムを模索している。

　理論的には、**組織学習**と環境への機敏な適応性といった「**組織能力**」が組織には必要とされ、理論的にも実践的にも、その試みが現実の組織で実現されつつある。情報の共有による**自律的チーム型フラット組織**も、その一つである。また、コンセンサスと信頼に基づいた組織の**インタラクティブ・モデル**、異なる組織の編成原理をもちながら高付加価値を創造する**パラドクシカルな組織**など、の研究も注目される。

組織の概念的タイポロジー

　ポスト官僚制組織を探求する研究が、さまざまなかたちで行なわれてきている。このような組織の研究成果から、以下のような組織のタイプを考えることができる（Heckscher, 1994）。

① 新しい官僚制

　もっとも一般的な組織変革の方向であり、官僚制の原理から離れるのではなく、組織をクリーン・アップすることである。この核心的な変革は、「権限の付与」や「脱官僚制」という名の下でおこなわれ、基本的に組織の各単位の自律性とくに業務部門のそれを増すことにある。他のバージョンとしては、**ジャスト・イン・タイム**（JIT）やＴＱＣなどである。

② 閉鎖的なコミュニティ

　官僚制にかわるタイプとしては，強力な統一化された文化をもつ組織がある。たとえば，変革前のＩＢＭがある。共有された価値によって規則を必要としなくても組織をしっかりとコントロールし，目的の統一化を促進させる。強い文化の概念は，新しいものではなく，1920年代には，企業のリーダーは組織（忠誠心と協働）をコミュニティとして意識的に構築している。日本的経営にみられる組織モデルも，このモデルである。

③ マーケット・モデル

　組織へのマーケット・システムの適用であり，経済学からの組織分析である。内部組織の経済学が，この理論の代表であり，**取引コストの問題**として知られる。新しい官僚制モデルと異なるところは，組織全体にわたり下位単位の自律性があり，単純な金銭的誘因が使用されることである。最近では，経済学による組織へのアプローチとしてエージェンシーの理論からの議論がある。

④ 連邦モデル

　第4番目のモデルは，本質的には階層のないシンプルな連邦組織である。それは，官僚制組織と対極に向かう組織である。ただ，問題点としては，マーケット・モデルと同様に，組織全体にわたる戦略を展開することが困難なことである。行動は，契約ベースではなく，ネゴシエーションのネットワークにより，独立した単位の相互作用によって起こる。このモデルの構造では，人びとが自分の仕事や全体組織との関係を理解するという「自省作用」をもてないという欠点がある。

⑤ プロフェッショナル・モデル

　プロフェッショナル・モデルは，古い制度であり，その特徴は仲間による自己管理を基本として動く組織である。ここでは，共通した社会化が求められる。典型的な専門職業には独自の教育システムがあり，核心となる知識のみならず，一連の倫理や態度が教育される。このモデルで

は，官僚的な権限は避けられるが，権威による意思決定は依然として温存されるといえる。例としては，ギルドのような組合や研究機関をあげることができる。

⑥ インタラクティブ・モデル

ヘクシャーがインタラクティブ・タイプ（interactive type 相互作用タイプ）と呼ぶこのモデルは「コンセンサス」と「対話」に特徴をもっている。コンセンサスをもとにした委員会制度，タスクフォース，製品開発チーム，問題解決集団は，このモデルのメカニズムをもっている。

組織の新しいモデル

新しい組織のモデルとしては，インタラクティブ・モデルであり，ポスト官僚制組織のひとつとして考えることができる。

ポスト官僚制として，このモデルの特徴には，概念的に@制度化された対話によるコンセンサス，ⓑ命令よりも説得による意思決定，ⓒ信頼に基づく影響力，ⓓ重要な統合要因である戦略にまつわる相互作用と組織のミッション（使命）の強調，ⓔ戦略に関する情報の共有と個々の仕事と組織全体のミッションとの意識的な連結，ⓕ規則よりも原則による行動に関するガイドライン，ⓖメタ意思決定のメカニズムというべき決定のプロセス，ⓗ高度に公式化され専門化されたシステム内の関係，ⓘ影響のシステムを機能させるための信望（相互評価システム），ⓙ開かれた組織（労働の流動性など），ⓚ公平さを得るためのうまい方法（客観的で平等なあつかい）ⓛ官僚制と異なる時間の構造化（定期的な年次報告書対仕事の性質に基づく時間の柔軟さ），がある。

さらに，知識創造の視点から，タスクフォース・モデルを使った新しい組織モデルとして，アドホクラシー，フラット組織，ネットワーク組織，サテライト型組織，内部市場組織が検討されている。官僚制的な組織構造は不確実な環境に対応するには，あまりにも動きが鈍い。これに

対して，これらの組織では迅速な戦略実行ができ，さらにいかなる経営上の問題をも解決するように主張されている。

これら新しい組織のコンセプトには，いくつかの特徴が見いだされる。

ⓐ 既成の階層組織に比べ水平型である。
ⓑ 安定した構造よりもダイナミックな構造をもつ。
ⓒ 顧客との親密度を高めるために，社員への権限委譲を行なう。
ⓓ 自社のコンピタンス，すなわちユニークな技術やスキルを強調する。
ⓔ 知性と知識をもっとも価値ある企業資産であると認識している。

これらの特徴をもつ組織は，「**普遍的なモデル**」として描かれがちである。しかし，そのような万能組織モデルは，不可能である。これらの新しい組織モデルのコンセプトは，知識創造の観点からすると，**ビューロクラシー**（官僚制）と**タスクフォース**の二項対立をめぐる相互排他的な誤った議論であるとみなされる。むしろ伝統的なビューロクラシーとタスクフォースは，相互補完的なアプローチなのである。つまり，組織的知識創造による新しい組織構造は，ビュロクラシーの効率とタスクフォー

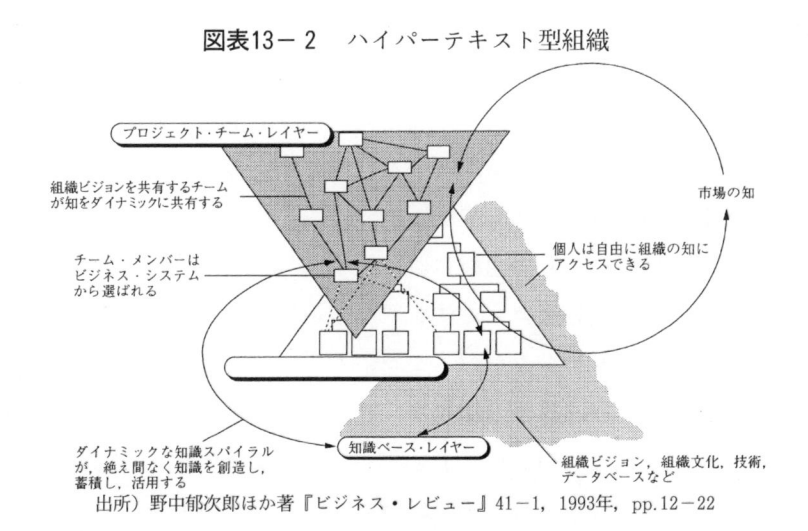

図表13-2　ハイパーテキスト型組織

出所）野中郁次郎ほか著『ビジネス・レビュー』41-1，1993年，pp.12-22

スの柔軟性を統合した「**ハイパーテキスト型組織**」である（Nonaka & Takeuchi, 1995）。

フロントエンド／バックエンド構造組織―高付加価値型企業―

ガルブレイス（Galbraith, J.R. 1993）は，従来の組織のやり方では，これからの環境適応や競争に，もはや通用しないと指摘している。組織は，競争環境のなかでどのようにみずからを変革し，生き残り，勝利を収めるかを考えなければならない。企業形態の多様性とは，企業が各ビジネスユニットに与える付加価値の種類と大きさの違いを組織形態に反映したものである。

高業績企業，すなわち高付加価値企業では戦略と方針が整合しているが，他方で組織の方針自体と戦略が完全に整合しなければならないということを示しているのではない。異なる形態が，組織に同時に存在することもありうるのである。つまり，新しい組織形態の考え方は「異なる付加価値に対して，異なる企業組織の形態が存在する」（Galbraith, 1993, p.23, 訳43ページ）ということである。

フロントエンド／バックエンド・モデルとは，単一事業の形態と事業部制のプロフィットセンター・モデルを統合した，**ハイブリッド型組織**である。利益の評価できる部門には，ある程度分権化する。他方，戦略や業務をかなり強く統制する部門が本社に存在する。

このモデルの特徴は，顧客や地域別に組織された企業のフロントエンドと，製品や技術に応じて組織されたバックエンドの活動を分離したところにあり，顧客対応によって生まれた組織形態である（図表13－3）。

ただ，このモデルは，フロントエンドあるいはバックエンドにともにプロフィットセンターに似た組織をもつことになるが，それらは多角化した事業部制組織より自律性が低い。バックエンドは唯一の顧客であるフロントエンドに対する唯一の供給業者となるからである。

図表13-3　フロントエンド／バックエンド構造

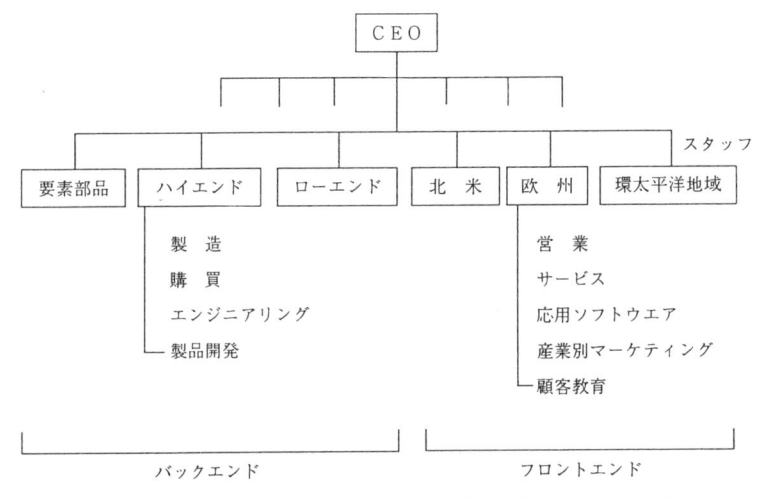

```
                        CEO
    ┌──────┬──────┬──────┬──────┬──────┬──────┐
                                                  スタッフ
 要素部品 ハイエンド ローエンド 北米  欧州  環太平洋地域
         ┌製造              ┌営業
         │購買              │サービス
         │エンジニアリング   │応用ソフトウエア
         └製品開発          │産業別マーケティング
                            └顧客教育

   └──────バックエンド──────┘└──────フロントエンド──────┘
```

出所）J.R. ガルブレイス著，柴田高他訳『21世紀企業の組織デザイン』1996年，p.44

　しかし，重要な点は，このフロントエンド／バックエンド・モデルは異なる組織編成原理を必要とし，組織の形態は複合型となることである。新しい組織の特徴は，付加価値型の組織へ移行しなければならないこと，そして，それは戦略の多様さと付加価値の種類と大きさによって変化するということである。

新しい組織タイプの特徴

新しい組織がもつ特徴をまとめると，以下のような特徴がある。
ⓐ　工場の問題解決集団に代表されるような従業員参加；計画，規律，そして品質に責任をもつ**自己管理型ワークチーム**
ⓑ　機能組織の壁をうち破る**横断的タスク・フォース**およびチーム
ⓒ　時には，伝統的な官僚制組織全体に機能することもある，マルチレベルのコンセンサスに基づいて動く「**水平型組織**」のメカニズム

ⓓ　伝統的官僚制組織より緊密なコミュニケーション・ネットワークを容易にする情報技術
　ⓔ　仲間集団の意思決定能力を構築するための「**組織開発**」(OD)
　ⓕ　閉鎖的組織から開放的組織：組織間のパートナーシップの形成（**アウトソーシング**や**企業間提携**など）
　ⓖ　トップマネジメントに限られていた情報の共有化
　ⓗ　交渉的解決の重要性の認識
　ⓘ　新しい管理者の役割；タスクフォース・リーダー，チェンジ・エージェント，コーディネーター，境界打破者 (boundary-basher)

以上は，**ヘクシャー**と**アップルゲイト**（Hechscher & Applegate, 1994）により指摘されている。

　組織の新しいタイプに共通する点は，スピードに対応するための集団やチームを自律単位として，それをサポートするコントロール・システム，信頼と経営理念という価値共有による文化，情報の共有と適切な考課と報酬制度，新しい管理者の役割等に見出すことができる。そして重要なことは，組織に異なる編成原理を同時にもつということである。

　その結果として，組織の生み出すアウトプットには，高付加価値が要求されるのである。つまり，これらの組織から提供されるものに，画一的なものはなく，独自の価値を創造できる組織が新しいタイプとして認識される。組織の環境は，変化が激しく，競争優位を確保するためには，組織はつねに新しい発見とそのための努力を怠ることはできないのである。

❻　むすび―21世紀の組織への展望―

　近代哲学が出発点としたように，われわれの世界が「一方に人間がいて，他方で物理的世界が存在する」という2分法的なとらえ方によって

理解されるというよりは，われわれが認識する現実世界は，人間がその意識のなかで共有する世界である。伝統と表現されるように，人間は世界を受け継ぎ，後世に引き継ぐものであると理解される。

そこには，人間が理性を持って，普遍的で，絶対な法則によって動く物理的世界を理解するというパラダイムは存在しない。組織の理論を考えるとき，このようなポストモダンな視点が必要となる。

「**唯一最善の方法はない**」として，一定の条件下での最適組織モデルを考えたコンティンジェンシー理論ではなく，現在は同一条件下でも適合モデルは異なるということを想定しなければならない。かつて，組織デザインは組織の構造を考えるものであったが，今日では戦略にしたがって組織構造や経営プロセス，情報システム，報酬体系，従業員，製品など構造やコンテクストの整合性を実現するものとなってきた。

現実にも，新しい組織を実現する試みが多くなされており，理論的にも実践的にも，その試みが結実しつつある。情報の共有による自律的チーム型フラット組織も，そのひとつである。

「実在世界の諸形態の裏に潜む法則や構造」を否定するポスト構造主義や社会的構成主義から組織を眺めると，組織は状況のなかに埋め込まれているのであり，社会コンテクストのなかで組織がどのようなコンフィギュレーションをとるかは，予め設計されているわけではない。組織は，社会的に構成されるのであって，つねにその存在は相対的であるはずである。また，組織の科学的説明は，科学的活動の中に埋め込まれているのであって，フィクションとは異なってはいるけれども，両者は共に歴史的背景をもつ文化的習慣に依存している。

そして，このような習慣が，描き出そうとしている組織の現実の特性を決めるのである。したがって，組織に関する客観的で体系的な知識，つまり科学によって世界の因果関係を正確に予測することが可能になり，将来を支配する可能性を見いだすというモダニストの考えは，もはや説

得力を失っているともいえる。

　企業の成功を導く組織変革は，なにを吸収し，なにを破棄するかという，まさに経営能力に依存している。結局，「なにを切り札とし，資源をいかに使うか，そして，その組織はなにか」については，画一的な解答はなく，組織の数に比例するかもしれない。

　ポストモダンに足を踏み入れつつある現在，われわれの多元的で相対的な世界を十分理解しなければならない。

《参考文献》

　　Alvesson, M., and P.O.Berg, *Corporate Culture and Organizational Symbolism*, New York, Walter de Gruyter, 1992.

　　Berger, P. and T.Luckmann, *The Social Construction of Reality: A Treatise in the Sociology of Knowledge*, New York, Doubleday and Co., 1966.（山口節郎 訳『日常世界の構成 ―アイデンティティと社会の弁証法―』新曜社，1977年）

　　Burr, V. *An Introduction to Social Constructionism*, London, Routledge, 1995.（田中一彦 訳『社会的構築主義への招待―言説分析とは何か―』川島書店，1997年）

　　Burrell, G., and G.Morgan, *Sociological Paradigms and Organizational Analysis: Elements of the Sociology of Corporate Life*, London, Heinemann, 1979.（鎌田伸一・金井 一頼・野中郁次郎 訳『組織理論のパラダイム―機能主義の分析枠組―』千倉書房，1986年）

　　Galbraith, J.R., The Value-Adding Corporation: Matching Structure with Strategy. In Galbraith, J.R., E.E.Lawler Ⅲ, and Associates (eds.), *Organizing for the Future: The New Logic for Managing Complex Organizations*, 15-42. San Francisco, Jossey-Bass, 1993. （柴田 高・竹田昌弘・柴田道子・中條尚子 訳『21世紀企業の組織デザイン』産能大学出版部，1996年）

　　Heckscher, C. Defining the Post-Bureaucratic Type. In C.Heckscher and A. Donnellon (eds.), *The Post-Bureaucratic Organization: New*

Perspectives on Organizational Change, 14-62, Thousand Oaks, CA, Sage, 1994.

Hecksher, C. & M. Applegate, Introduction, In C.Heckscher and A. Donnellon (eds.) The Post-Bureaucratic Organization: New Perspectives on Organizational Change, 1-13. Thousand Oaks, CA, Sage, 1994.

Hoffman, L., A Reflexive Stance for Family Therapy. In S.McNamee and K.J.Gergen (eds.), Therapy as Social Construction, London, Sage, 1992. (野口祐二・野村直樹 訳『ナラティヴ・セラピー─社会構成主義の実践─』金剛出版, 1997年)

McNamee, S. and K.J.Gergen, Introduction, In S.McNamee and K.J. Gergen (eds.), Therapy as Social Construction, London, Sage, 1992. (野口祐二・野村直樹 訳『ナラティヴ・セラピー─社会構成主義の実践─』金剛出版, 1997年)

Nonaka, I. & H. Takeuchi, The Knowledge-Creating Company: How Japanese Company Create the Dynamic of Innovation, Oxford, Oxford University Press, 1995. (梅本勝博 訳『知識創造企業』東洋経済新報社, 1996年)

Silverman,D., The Teory of Organization, London, Heinemann, 1970.

Skinner,Q., Introduction: the Return of Grand Theory, In Q.Skinner (ed.), The Return of Grand Theory in the Human Science, 1-20, Cambridge: Cambridge University Press, 1985 (加藤尚武 訳「序：グランド・セオリーの復権」(加藤尚武 ほか 訳)『グランドセオリーの復権─現代の人間科学─』産業図書, 1988年)

高橋正泰『組織シンボリズム─メタファーの組織論─』同文舘, 1998年

《いっそう学習（や研究）をすすめるために》

J.R. ガルブレイスほか著，寺本義也監訳『21世紀企業の組織デザイン』産能大学出版部，1996年
　南カリフォルニア大学組織有効性研究所が長年実施した研究の成果をまとめたもので，今後どのような企業組織が学習と成長を持続的に実現することが出来るかというテーマに対して，適切な方向性を示している。

P.F. ドラッカー著,上田惇生訳『ネクスト・ソサエティ——歴史が見たことのない未来がはじまる——』ダイヤモンド社,2002年

　21世紀に入り本格的にはじまる未知の世界について,これまでの歴史を振り返りながら人口構造の変化,IT革命などを考察し,ネクスト・ソサエティとして語っている。そこでは,若年人口の減少,労働人口の多様化,製造業の変身,企業とそのトップマネジメントの機能,構造,形態の変容から,集中と多角化についての新しい組織モデルについて論じている。

《レビュー・アンド・トライ・クエスチョンズ》
① モダンとポストモダンの考え方の違いを説明せよ。
② 新しい組織の特徴を説明せよ。
③ ポストモダンの組織論が考えられている背景を述べよ。
④ 「組織を理解するための必要なものは何か」について述べよ。

索引

IBM　251
SECIモデル　206
SCM　11
SWOT　95

あ　行

アイゼンハート，K.M.　226
アイデンティティ　158,249
アウトソーシング　218,256
アウトプットにもとづく部門化　93
アーキテクチャ能力　102
アージリス，C.　174
遊び　157
新しい官僚制　250
アッターバック，J.M.　194
アップルゲイト，M.　256
アバナシー，W.J.　193
ある目的とそのための手段　44
暗黙知　105
いきすぎた合理性　128
移行期　193
意識　239
　──の病理学　241
意思決定　25,42,129
　──の合理性への主要な制約要因　46
意思決定学説　152
偉人　152
偉人学説　151
意図せざる結果　11,40,47
イノベーション　186
イノベーション志向の企業組織　198
イノベーション・ストリーム　199,204
イノベーションのサイクル　197
イノベーション・マネジメント　202
意味　144
　──は社会的につくられる　172
インタラクティブ・モデル　250,252
インタンジブルズ（見えざるもの）　97
インテル　225
インテレクチュアル・キャピタル
　（知的資本）　97
ウェーバー，M.　6,19,212,234
ウェンガー，E.　180
ウォーターマン，R.H.　170
ウッドワード，J.　8,77
有無をいわせぬ指し手　41,46
英雄　147,152,155,156
エスノメソドロジー　241

M型企業　118
演技者　156
オープン・システム　3,27,74
オープン・システムズ　149
横断的組織　80
横断的組織の設計　114
横断的タスク・フォース　255
オハイオ州立大学のリーダーシップ研究　152
オペレーション能力　201

か　行

会計学　96
解釈　144
解釈主義的なアプローチ　144
解釈主義的分析　13
解釈図式　67
解釈パラダイム　238,240
改善　188
階層型システム　210,228
階層構造にもとづく意思決定　113
階層的秩序　44,48
階層の原則　213
解凍−変革−再凍結　222
科学観　244
科学的管理　22
科学的管理法　6,210,243
学習型システム　210
学習棄却　177
学習する組織　228
学習プロセス　229
語るべき物語や神話　156
価値　119,120,171
価値合理性　19
価値前提　88,129
価値創造　195
活動領域（ドメイン）　82
カネ　59
カプラン，B.　143
ガルブレイス，J.R.　81,84,254
ガルブレイス，J.K.　234
環境決定的　86
環境決定論　8,219
環境整備　103
環境適応　26
環境に適合　75
環境の制度的側面　121
環境の不確実性　75,79
環境の不確実性・複雑性　117

261

環境の理解　167
環境不確実性　27
環境を実現するプロセス　167
観察法　153
カンパニー制　99,217
カンバン方式　194
管理者の基本的目的　159
管理とはなにか　150
管理のプロセス学派　151
官僚制　23
官僚制組織　126
官僚制理論　212
官僚的組織　76
機会主義的行動　117
機械的管理システム　76
機械的構造　227
機械的コントロール　113
機械的システム　7
企業家精神学説　152
企業間提携　256
企業組織　2
企業文化　155
儀礼　147,156
技術開発　189
技術革新　187
技術システム　195
技術進歩　189
技術的に合理的　82
技術の日産　177
技術要因説　191
技術力　98
規則・プログラム・手続き　113
機能主義　246
機能主義者　238
　　──のパラダイム　237
機能主義的分析　10
機能にもとづく部門化　93
機能別の部門化　99
規範　244
規範的同型化　121
忌避宣言権　214
規模の経済　5,194
基本的仮定　171
逆機能　167
キヤノン　225
吸収　112
吸収・合併（M＆A）　118
境界なきシステム　210
境界連結単位　28,83
業界標準　204
強制的同型化　121
行政組織　2
競争戦略　112
競争優位性　4

競争優位性確保　12
協調戦略　115
協同戦略　112
共有されたシンボルと意味のシステム　145
虚構性　67
儀礼　156
近代組織論　25
近代的組織論　240
クックバーン，I.　101
グランド・セオリー　248
クローズド・システム　3,27,74
クロックワークス　148
経営資源　94,203
経営者のシンボリックな行動によるコントロール　116
経営者の選抜を通じた組織行動と構造のコントロール　115
経営人　152
経営戦略　131
計画　131
計画された戦略　132
計算可能性　21
形式合理性　21
形式知　105
契約　112
ケース・スタディ　151
決定すること　42
決定論的なアプローチ　88
ケネディ，A.A.　155,170
研究開発投資　195
現実のマネジャー　130
現象学的シンボリック相互作用主義　241
現代社会の特質と構造　239
コア・コンピタンス　94,221,225
行為（こと）　98
行為すること　42
行為の準拠枠の理論　244
工業化社会　210
貢献　110
公式化　100
公式組織の理論　145
構造　57,68
構造＋プロセス　57
構造的な惰性　201
構築型イノベーション　200
硬直化し，創造性を阻害する　134
硬直的組織　126
工程イノベーション　194
行動の可能性の範囲　43
高度な能力　167
合理性追求　11
効率性と創造性の同時実現　203
顧客ニーズ　221
個人の認知　159

262

互酬性　63
互酬的　28
固定期　193
古典学説　151
コミットメント　154,158
コミュニケーション　60
コンティンジェンシー要因　83
コンティンジェンシー理論　7,219,240
コントロール・システムズ　149
根本的なコンフリクト　239

さ　行

再検討活動　43
最適化意思決定　43,46
サイモン，H.A.　25,40,60
サイン　143
作業組織　212
サプライヤー　33
シアーズ　214
シアターもしくはカーニバル　147
GM　214
GM社　127
時間の連結　226
事業部制組織　93,127,214
シグナル　143
資源　95
資源ベース・アプローチ　94
思考パターン　244
自己完結的職務の形成　85,113
自己管理型ワークチーム　255
自己組織型システム　210
事実　131
事実前提　88,129
市場要因説　191
システム　74
持続的技術　199
次代に伝える理念と信念　156
シックス・シグマ　11
実現された戦略　132
実在する世界　241
実質合理性　21
実質非合理性　21
実証主義　245
実践共同体　180
「自明の知識」への批判的スタンス　178
シャイン，E.H.　171
社会組織　149
社会的価値　245
社会的構築主義　172
ジャスト・イン・タイム　32,250
社内振替価格制　214
宗教組織　212
集権化　94
集権的　94

集権的組織　215
終身雇用制　136
集団共有的　28
柔軟性　134
集約型技術　81
シュンペーター，J.　186
状況の認識　225
条件整備　103
象徴の合体　155
焦点化装置　196
情報　59,205
　――の解釈　176
　――のグレシャムの法則　211
　――の配分　176
　――の非対称性　14
　――の偏在（情報の非対称性）　210
情報活動　43
情報処理システム　84
情報処理能力の限界　205
情報通信技術　210
情報ネットワーク社会　210
情報負荷　84
職能部門制組織　93,213
職務活動分析学説　153
処理すべき情報量を減らす方策　113
ショーン，D.A.　174
自律化戦略　115
自律的チーム型フラット組織　250
自立的部門　214
シルバーマン，D.　244
（漸進的）進化論　224
（断続的）進化論　224
シングル・ループ学習　174
人工物　171
新卒一括採用　136
シンボリック・マネジャー　155,170
シンボル　143
シンボル処理システムズ　149
神話　147,155
水平型組織　255
数字や言語によって表現可能な情報　127
スキル　105
ストーカー，G.M.　76
スノー，C.C.　87
スパン・オブ・コントロール　213
スミス，A.　92
スラック・リソースの投入　113
制限された合理性　117
成功　156
成功のワナ　6,14
生産技術　77
生産性のジレンマ　194
生産工程のイノベーション　193
政治戦略　115

精緻さ　176
成長システムズ　149
正統的周辺参加　180
制度的環境　121
製品イノベーション　187,193
製品化　191
製品開発　190
制約された合理性　25,43,45,152,205
設計活動　43
設備投資　195
ゼネラル・モータース（GM）　194
セルズニック，P.　120
セレモニー　147
ゼロックス社　192
先行者利潤　196
漸進的イノベーション　188,189,200
漸進的変革　224
選択　43
選択活動　43
戦闘組織　212
専門化・分業　92
専門化の原則　213
専門化の原理　205
戦略策定　86
戦略実行　86
戦略的選択（戦略を決定する意思決定者の判断）　87
戦略的選択アプローチ　87
戦略的選択論　9,219
戦略的提携　11,198,221
戦略能力　201
戦略の工芸制作　132
戦略の選択　225
創業者　152
相互依存関係　197
相互依存性　63
相互行為　60,62
相乗効果（シナジー）　99
相対主義的世界観　250
総体的な組織能力＝機能別の組織能力の総和　99
創発された戦略　133
組織　44
　——の環境適応理論　166
　——の慣性力　219
　——の機能主義者のパラダイム　240
　——の組み立て原理（編成原理）　212
　——のコンティンジェンシー理論　75,80
　——の自己再生　168
　——の情報処理能力　84
　——の強みと弱み　95
　——のラディカル構造主義者のパラダイム　242
　——のラディカル人間主義者のパラダイム　241
組織イノベーション　149
組織化　66
組織開発　256
組織学習　250
組織学習論　174
組織活動　195
組織均衡　110
組織構造　92,212
組織構造は戦略に従う　86
組織再設計　160
組織自体の情報処理能力を増す方策　113
組織進化モデル　149
組織シンボリズム　144
　——の組織観　151
組織知　206
組織的記憶　177
組織的合理性　81
組織的怠業　22
組織的な記憶　103
組織デザインによるコントロール　113
組織と制度の相互作用　36
組織内政治によるコントロール　116
組織能力　5,94,97,200,203,206,250
組織能力＝知識＋スキル　105
組織文化　88,136,225
組織変革　160,219
組織ライフ・サイクル論　149
ソニー　217,225
ソフトな情報　129
存在　176

た　行

対外均衡　82,110
対外コントロール　111
対環境戦略　82
体系的能力　99
対内均衡　82,110
対内コントロール　111
多義性の削減　64
タシュマン，M.L.　223
タスク（課業）管理　22
タスク環境　29,75
タスクフォース　253
縦系列の情報処理システムの改善　114
ダブル・ループ学習　174
多様性　136
知識　103,104,205
　——の開発　175
　——の獲得　176
　——の活用　175
　——の不完全性　43
知識創造　186,206
知識ダイナミクス　104

知識と社会的行為はあい伴う　179
知識は，社会過程によって支えられている
　　178
知識フレーム　104
知識ベース　104
知的資産　14
チャイルド　173
チャンドラー, A.D.Jr.　86,127,223
中核的なテクノロジー活動　27
中條秀治　67
中範囲理論　8
調整コスト　83
長連結型技術　81
直観　40
ツーボス・システム　216
T型モデル　192
TQC　11,195,250
ディクソン, W.J.　24
テイラー, F.W.　6,22
ディール, T.E.　145,154,155,170
テクニカル・コア　27,82,220
テクノロジー・サイクル　199
徹底さ　176
データ　205
デュポン社　127,214
伝承　131
同型化　121
統合　79
統制の幅　135
遠田雄志　66
特許　98,196
トフラー, A.　234
ドミナント・デザイン　190,223
ドメイン　28
トヨタ方式　32
ドラッカー, P.　204
取引コストの問題　251
取引の少数性　117
トンプソン, J.D.　27,81,166
トンプソン・モデル　150,167

な 行

内部イメージ・システムズ　149
成行管理　22
日産自動車　168
日誌法　153
日本的経営　169
人間関係論　6,146,240
認知的なくさび　239
認知マップ　244
ネオ・コンティンジェンシー理論　87
ネットワーク型システム　210
ネットワーク型組織　217,228
ネットワークの経済性　14

能率性　110
能力ベース・アプローチ　94

は 行

バー, V.　178
ハイアラーキー　68
媒介型技術　81
ハイパーテキスト型組織　206,253
ハイブリット型組織　254
バーガー, P.L.　149,248
破壊的イノベーション　188,189
破壊的技術　199
破壊と創造　168
バケツリレー　68
ハーシー, P.　153
抜本的イノベーション　188
ハードな情報　129
バーナード, C.I.　7,46,60,126,153
バーニー, J.B.　96
パラダイム転換　190
パラダイム変革　10
パラドクシカルな組織　250
バレーラ, F.　56
パワー　114,147
範囲の経済　5
半構造　226
バーンズ, J.　76
反組織論　241
ハンディ　218
反復性　63
非決定論的なアプローチ　88
非合理性　126
ピータース, T.J.　170
必要は発明の母　191
P-D-S　151
ヒト　59
批判的合理主義　243
ヒューレット・パッカード社　226
ビューロクラシー　253
表現不可能な（あるいは困難な）情報　127
標準化　22,93,100
広さ　176
ファヨール, H.　6,150,212
フィードラー, F.E.　153
フォード, H.　6,191
フォード・システム　23,210
フォード社　31
不確実性消滅　81
複合組織　82
複雑系理論　227
複雑性を特定できないシステム　150
複雑適応システム　227
ふたり以上の人びとの意識的に調整された諸力
　　のシステム　126

索引　265

物質（もの）　98
部品供給企業（サプライヤー）　32
部分的能力　99
普遍的なモデル　253
普遍理論　8
部面的分化　212
部門化　92,100
ブラウン，S.L.　226
フラットな組織構造　134
ブランチャード，K.H.　153
ブランド　98
ブランド価値評価モデル　97
ブランド・マネジメント力　98
ブレーク，R.R.　153
フレーム　67
フレームワークス　148
不連続な革命的変革　224
不連続型イノベーション　200
プロジェクト組織　216
プロセス　55,57
プロセス的分化　212
プロセス能力　102
プロフェッショナル・モデル　251
フロントエンド／バックエンド・モデル　254
分化　79
文化的惰性　202
文化ネットワークの働き　157
分権化　94,100
分権的　94
分権的組織　215
分社化　217
文書　93
文書主義　128
閉鎖的なコミュニティ　251
ヘクシャー，C.　256
ベル，D.　204,234
変革のマネジメント　225
変革への抵抗　201
ヘンダーソン，R.　101
ポストモダニズム　248
ホーソン効果　6
ホーソン実験　24
ポーター，M.　86
ボールディング，K.　148
ボルマン，L.G.　145,154
ポンディー，L.R.　167

　　　　　ま　行

マイルズ，R.E.　87
マーケット・モデル　251
マーチ，J.G.　48,60,175
松下電器　4,168,215
マトゥラーナ，H.　56
マトリックス組織　85,216

マニュアル化　93
マネジリアル・グリッド論　153
マルクス，K.　234
満足化意思決定　44,46
満足化基準　44
ミシガン大学の研究　152
ミトロフ，L.R.　167
ミンガース，J.　57
ミンツバーグ，H.　18,127,151,159
矛盾　242
矛盾した要素　201
ムートン，J.S.　153
メイヨー，E.　24
命令統一の原則　213
メタファー　142
メタ理論　248
モーガン，G.　54,142
目的　48
　──の先与性　46
目的合理性　19
目的指向的システム　142
目的─手段の連鎖　45
目的体系の階層性　44
目標設定・目標化　113
モダニズム　247
モティベーション　158
もの　143
モノ　59
物語　147
模倣的同型化　121
モラール　158
問題直視のコンフリクト解決法　80

　　　　　や　行

唯一最善の方法はない　257
唯一絶対の原理　247
誘因≧貢献　110
誘因─貢献理論　7
誘因と貢献のロジック　35
U型企業　118
有機的管理システム　76
有機的構造　227
有機的システム　8
有効性　24,110
ゆとり　134
要素的分化　212
余剰資源（スラック）　30
予測の困難性　43

　　　　　ら　行

ラディカル構造主義者パラダイム　239
　──パラダイム　238
利益責任　214
リエンジニアリング　11

リーダー行動学説　152
リーダーシップの有効性　155
リーダー・パワー学説　153
リーダー有効性学説　153
理念　155
リバイバルプラン　168
流動期　193
両刀使いできる組織　203
リーン方式　32
ルース・カップリングの理論　142
ルーティン　175
ルーティン業務　229
ルール　126
例外　128
例外の原則　213
レイブ, J.　180
レヴィン・モデル　222
歴史的および文化的な特殊性　178

レスリスバーガー, F.J.　24
レビット, B.　175
連合　112
連合体　147
連続的　28
連邦モデル　251
労働疎外　24
ローカル能力　102
ローシュ, J.W.　7,79
ロマネリ, E.　223
ローレンス, P.R.　7,79
論理実証主義　243

わ　行

ワイク, K.E.　60
ワーナー, H.　143
ワーナーフェルト, B.　96

編者紹介

大月博司(おおつきひろし)

1951年生まれ

現　職　早稲田大学商学部教授
　　　　1982年早稲田大学大学院商学研究科博士後期課程単位
　　　　取得退学
　　　　博士（商学）

専　門　経営学　経営組織論

主　著　『組織変革とパラドックス』（単著）同文舘，1999年
　　　　『戦略組織論の構想』（共著）同文舘，1999年
　　　　『組織のイメージと理論』（共著）創成社，2001年

高橋正泰(たかはしまさやす)

1951年生まれ

現　職　明治大学経営学部教授
　　　　1982年明治大学大学院経営学研究科博士後期課程単位
　　　　取得退学
　　　　博士（経営学）

専　門　経営学　経営組織論

主　著　『組織シンボリズム』（単著）同文舘，1998年
　　　　『経営組織論の基礎』（共著）中央経済社，1998年
　　　　『組織とジェンダー』（共著）同文舘，1998年

21世紀経営学シリーズ 4　　経営組織

2003年9月10日　第1版第1刷発行	監修者	齊藤　毅憲
2006年8月10日　第2版第1刷発行		藁谷　友紀
	編著者	大月　博司
		高橋　正泰
	発行所	株式会社 学文社
	発行者	田中千津子

〒153-0064　東京都目黒区下目黒3-6-1
Tel.03-3715-1501　Fax.03-3715-2012

ISBN 4-7620-1217-3

©2003　Otsuki Hiroshi & Takahashi Masayasu　Printed in Japan
乱丁・落丁本は，本社にてお取替致します。　　http://www.gakubunsha.com
定価は，カバー，売上カードに表示してあります。〈検印省略〉　印刷／新灯印刷㈱